MIDDLE SCHOOL

ENGLISH 2
평가문제집 2-2

민찬규 교과서편

이 책의 **구성과 특징**

자기 주도 학습이 가능한 단계별 프로그램

기본 학습 − 실력 확인 − 실전 평가 − 리뷰노트

❶ 기본 학습

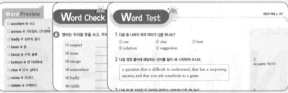

Word Preview ▶ Word Check ▶ Word Test

• 단원의 주요 단어와 숙어를 미리 살펴보고, 기본적인 영영 풀이 문제와 다양한 확인 문제를 통해서 어휘를 점검합니다.

Functions ▶ Listening Scripts ▶ Listening & Speaking Test

• 단원의 주요 의사소통 기능을 다양한 상황에 맞는 대화문으로 학습하며 비슷한 표현이나 관련 표현까지 익힐 수 있습니다.

• 교과서의 듣기 대본 내용을 확인하고, 주요 의사소통 기능을 다양한 확인 문제를 통해서 점검합니다.

❷ 실력 확인

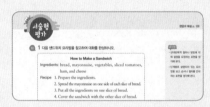

단원평가 / 서술형 평가

• 단원의 전체 내용을 다양한 문제를 통해서 종합적으로 점검합니다.

• 단원평가 문제뿐만 아니라, 서답형 문제와 서술형 평가 문제도 따로 제시하여 수행평가를 철저하게 대비할 수 있습니다.

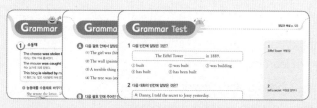 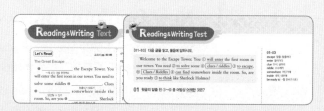

Grammar ▶ Grammar Check ▶ Grammar Test

- 단원의 주요 언어 형식(문법)을 핵심 설명과 다양한 예문으로 학습합니다.
- 주요 언어 형식을 학교 기출 문제 유형 기준으로, 다양한 확인 문제를 통해서 점검합니다.

Reading & Writing Text ▶ Reading & Writing Test

- 교과서 본문(Let's Read)과 쓰기(Let's Write) 예시글의 표현을 확인하고 복습합니다.
- 교과서 본문과 쓰기 예시글의 내용을 다양한 확인 문제를 통해서 점검합니다.

❸ 실전평가

  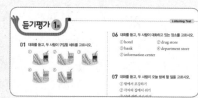

중간고사 / 기말고사 / 듣기평가

- 다양한 종합 문제를 통해서 학교 지필평가를 대비할 수 있습니다.
- 4회로 구성된 실전 듣기평가 문제를 통해 시·도 교육청 및 교내 듣기평가를 대비할 수 있습니다.

❹ 리뷰노트

Words 리뷰노트

단원의 주요 단어와 숙어를 다시 한번 복습합니다.

Grammar 리뷰노트

단원의 주요 언어 형식(문법)을 한눈에 이해할 수 있도록 표와 예문을 통해 정리하고 그에 따른 간단한 확인 문제로 복습합니다.

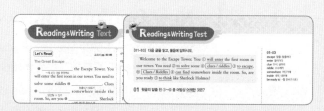

이책의 차례

실전 내신 평가 대비

자기 주도 학습을 위한 Review NOTE

	Lesson 5	Lesson 6	Lesson 7	Lesson 8
Word Preview				
Word Check				
Word Test				
Functions				
Listening Scripts				
Listening & Speaking Test				
Grammar				
Grammar Check				
Grammar Test				
Reading & Writing Text				
Reading & Writing Test				
단원평가				
Words 리뷰노트				
Grammar 리뷰노트				

중간고사 1회		듣기평가 1회	
중간고사 2회		듣기평가 2회	
기말고사 1회		듣기평가 3회	
기말고사 2회		듣기평가 4회	

I Don't Have a Clue

Lesson 5

나는 전혀 모르겠어

Functions
- 설명 요청하기   **Can you explain** how to use the buttons?
- 열거하기   **First,** fold the paper in half. **Second,** turn it over. **Then,** draw a face.

Forms
- 수동태   The cheese **was eaten by** a mouse.
- 조동사의 수동태   Bright stars **can be seen** at night.

Word Preview

알고 있는 단어나 표현에 ☑표 하세요.

☐ **accident** 몡 사고	☐ **escape** 동 탈출하다 몡 탈출	☐ **straight** 뷔 똑바로, 일직선으로
☐ **across** 젠 가로질러, 건너편에	☐ **finally** 뷔 마침내	☐ **suspect** 몡 용의자 동 의심하다
☐ **badly** 뷔 심하게, 몹시	☐ **fold** 동 접다, 개다	☐ **thief** 몡 도둑
☐ **bean** 몡 콩	☐ **half** 몡 반, 절반	☐ **throw** 동 던지다
☐ **block** 몡 구역, 블록	☐ **hide** 동 숨기다, 숨다	☐ **twice** 뷔 두 번
☐ **bottom** 혱 맨 아래쪽에	☐ **luckily** 뷔 다행히	☐ **at a time** 한 번에
☐ **clue** 몡 단서, 실마리	☐ **none** 때 하나도 ~않다	☐ **at the time of** …이 일어나던 때에
☐ **cross** 동 건너다	☐ **question** 동 질문하다, 신문하다	☐ **fill ~ with ...** ~을 …로 채우다
☐ **delete** 동 삭제하다	☐ **read** 동 ~라고 쓰여 있다	☐ **for free** 공짜로
☐ **detective** 몡 탐정, 형사	☐ **riddle** 몡 수수께끼	☐ **make it to** ~에 이르는 데 성공하다
☐ **dragon** 몡 용	☐ **solution** 몡 해결책	☐ **turn over** 뒤집다
☐ **enter** 동 입장하다	☐ **somewhere** 뷔 어딘가에	☐ **write down** (글을) 적다

I Don't Have a Clue   **7**

Word Check

정답과 해설 p. 120

A 영어는 우리말 뜻을 쓰고, 우리말은 영어로 쓰시오.

(1) suspect _____

(2) none _____

(3) escape _____

(4) somewhere _____

(5) badly _____

(6) riddle _____

(7) 삭제하다 _____

(8) 접다, 개다 _____

(9) 반, 절반 _____

(10) 질문하다 _____

(11) 맨 아래쪽에 _____

(12) 입장하다 _____

B 영영 풀이에 해당하는 단어를 〈보기〉에서 골라 쓰시오.

보기	cross	clue	detective	accident	solution

(1) _____ : a police officer who investigates crimes

(2) _____ : a way of solving a problem

(3) _____ : to go from one side of something to the other

(4) _____ : something that helps a person solve a problem

(5) _____ : a sudden event that is not planned or intended

C 우리말과 일치하도록 빈칸에 알맞은 말을 쓰시오.

(1) 나는 그가 무료로 그것을 하리라고 기대하지 않았다.

  ○ I didn't expect him to do it for _____.

(2) 우리 학교 축구팀이 결승전에 오르는 데 성공했다.

  ○ Our school's soccer team _____ it to the finals.

(3) 이제 종이를 뒤집어서 다른 쪽을 읽으시오.

  ○ Now, _____ over the paper and read the other side.

(4) 그녀는 그것을 재미있다고 여겨서 그것을 적어 두었다.

  ○ She found it interesting so she wrote it _____.

(5) 그는 사고가 일어났던 때에 다섯 살이었다.

  ○ He was five years old at the _____ of the accident.

(6) 그릇을 따뜻한 물로 채워 주시겠어요?

  ○ Can you _____ the bowl _____ warm water?

Word Test

1 다음 중 나머지 넷과 의미가 <u>다른</u> 하나는?

① cue   ② clue   ③ hint

④ solution   ⑤ suggestion

2 다음 영영 풀이에 해당하는 단어를 철자 r로 시작하여 쓰시오.

> a question that is difficult to understand, that has a surprising answer, and that you ask somebody as a game

2
as a game 게임으로

3 다음 중 짝 지어진 두 단어의 관계가 나머지와 <u>다른</u> 하나는?

① hide – conceal   ② solution – answer

③ accident – case   ④ ask – question

⑤ luckily – fortunately

3
conceal 숨기다
fortunately 다행히

4 다음 괄호 안에서 알맞은 말을 고르시오.

(1) I reached my arm (cross / across) the table.

(2) I apologize to you from the (top / bottom) of my heart.

(3) They didn't (make / turn) it to the championship.

4
reach 뻗다, 내밀다
apologize 사과하다
championship 선수권, 우승

5 다음 빈칸에 알맞은 말을 <보기>에서 골라 쓰시오.

> 보기   fold   straight   read   badly

(1) The car was ＿＿＿＿＿＿ damaged in the crash.

(2) There was a sign that ＿＿＿＿＿＿ "No Fishing."

(3) ＿＿＿＿＿＿ the paper in half.

5
damage 손상을 주다
crash (충돌, 추락) 사고
sign 표지판, 푯말

6 다음 빈칸에 공통으로 알맞은 말을 쓰시오.

> · How many books can I check out at a ＿＿＿＿＿?
>
> · Luckily, no one was in the building at the ＿＿＿＿＿ of the fire.

6
check out 대출하다
luckily 다행히

7 우리말과 일치하도록 빈칸에 알맞은 말을 쓰시오.

> Tony가 살인 사건의 용의자들 명단에 올랐다.
>
> ➡ Tony was placed on the list of ＿＿＿＿＿s in the murder case.

7
place 두다, 놓다
murder 살인

Functions

1 설명 요청하기

A: **Can you explain** how to use the buttons?
버튼 사용법을 설명해 줄 수 있니?

B: Sure. / I'm sorry but I don't know.
물론이지. / 미안하지만 몰라.

핵심 POINT
• Can you explain ...?은 상대방에게 설명을 요청할 때 쓰는 표현으로 '너는 …을 설명해 줄 수 있니?'라는 뜻이다.
• 설명해 줄 수 있는 경우 Sure. / No problem. 등으로, 설명 해 줄 수 없는 경우는 (I'm) Sorry but I don't know. 등으 로 답할 수 있다.

❶ 설명 요청하기

Can/Could/Would you (please) explain ...? 너는 …을 (부디) 설명해 줄 수 있니?
Would you mind explaining ...? …을 설명해 주겠니?
Can you explain what happened? 무슨 일이 일어났는지 설명해 줄 수 있니?
Do you mind if I ask you to explain ...? …을 설명해 줄 것을 부탁해도 될까?
Could you explain why you like it the most? 왜 그것을 가장 좋아하는지 설명해 줄 수 있니?
Could you tell me how to make it? 그것을 어떻게 만들었는지 알려줄 수 있니?

> Can you explain 다음에 「how + to부정사」 표현 을 사용하여 어떤 절차나 방법을 물어볼 수 있다.

❷ 설명 요청에 답하기

Okay. / Sure. / No problem. 좋아. / 물론이지. / 그럼.
(I'm) Sorry but I don't know. 미안하지만 몰라.

e.g. A: Can you explain how to work this machine? 이 기계를 작동하는 방법을 설명해 줄 수 있니?

B: You just press this button. 그냥 이 버튼을 누르면 돼.

A: Could you explain what that means? 그것이 무슨 의미인지 설명해 줄 수 있니?

B: I'm not sure what it means. 그게 무슨 의미인지 잘 모르겠어.

2 열거하기

A: How did you make it?
너는 그것을 어떻게 만들었니?

B: **First,** fold a paper in half. **Second,** turn it over. **Then,** draw a face.
먼저, 종이를 반으로 접어. 두 번째로, 그것을 뒤집어. 그런 다음, 얼굴 을 그려.

핵심 POINT
• First ... . Second ... . (Third ... .) Then ... .은 '첫 번째로 …. 두 번째로 …. (세 번째로 ….) 그리고 나서 ….' 라는 뜻 으로 서수를 사용하여 어떤 절차나 방법의 순서를 열거하는 표현이다.
• Second, Third 대신에 Next, Then을 쓸 수 있다.

● 열거하기

First (of all), Second, Third, ... (And) Last (but not least), ... 첫 번째, 두 번째, 세 번째, (그리고) 마지막으로 …
Firstly, Secondly, Thirdly, ... (And) Lastly, ... 첫 번째로, 두 번째로, 세 번째로, (그리고) 마지막으로 …
Initially, Next, Then, ... (And) Finally, ... 처음에는, 다음은, 그런 다음, (그리고) 마지막으로 …

> 이외에도, To begin with(첫째), After that(그다음에), In the end(마지막으로) 등을 쓸 수 있다.

e.g. A: How can I use a microwave oven? 어떻게 전자레인지를 사용하나요?

B: It's simple. First, put the food in the microwave. Second, set the timer. Third, push the start button. And last, take the food out when the timer goes off.
간단해요. 첫째, 음식을 전자레인지 안에 넣어요. 둘째, 타이머를 맞춰요. 셋째, 시작 버튼을 눌러요. 그리고 마지막으로 타이머가 울리면 음식 을 꺼내요.

Listening Scripts

○ 우리말에 알맞은 표현을 빈칸에 써 봅시다.

Listen & Speak 1   교과서 p. 78

Ⓐ G: Do you want to play the new game that I bought?

B: Sure, what is it, Jimin?

G: It's like a soccer game but the players are dragons and seahorses. You ❶ _____ 사용해야 한다 these buttons to play.

B: That sounds fun. ❷ _____ 네가 설명해 줄 수 있니 how to use the buttons?

G: Sure.

Ⓑ B: Kelly, here's a riddle. You can see this twice in a week, once in a year, but never in a day. What is this?

G: ❸ _____ 나는 모르겠다.

B: It's the letter "E."

G: I don't get it. ❹ _____ 네가 이유를 설명해 줄 수 있니?

B: Well, there are two "E"s in the word "week," one "E" in the word "year" but no "E"s in the word "day."

G: Aha! Now I ❺ _____ 이해가 된다.

Listen & Speak 2   교과서 p. 79

Ⓐ B: Yujin, look at my paper fox.

G: That's cute. How did you make it?

B: ❻ _____ 첫 번째(먼저), fold a paper in half to make a triangle. ❼ _____ 두 번째로, fold the top of the triangle to the bottom line. ❽ _____ 세 번째로, fold both ends of the bottom line to the top to make ears. ❾ _____ 그런 다음, turn it over and draw a face.

G: That sounds easy.

Ⓑ G: Minsu, do you know the TV show about the student detective?

B: Yes, I love that show, but I didn't see it this week. ❿ _____ 그것은 무슨 내용이었니?

G: Well, all of the bikes at school disappeared.

B: So, what did he do?

G: First, he looked around the school. Then, he met some suspects and asked questions. ⓫ _____ 마침내, he found the thief. The thief was ... .

B: No, don't tell me! I'll watch it later.

Real Life Communication   교과서 p. 80

Ⓐ Emily: Junsu, do you want to solve a riddle?

Junsu: Sure, what is it?

Emily: There is a farmer. First, the farmer buys a fox, a duck, and a bag of beans. Then, the farmer needs to ⓬ _____ 강을 건너다.

Junsu: What's the problem?

Emily: The boat can only hold the farmer and one more thing.

Junsu: Are you saying that the farmer can take only one thing ⓭ _____ 한 번에?

Emily: Yes. Also, the fox will eat the duck or the duck will eat the beans if the farmer isn't there. Can you explain how to move everything ⓮ _____ 강 건너로 safely?

Junsu: Hmm ... .

Answers

❶ need to use ❷ Can you explain ❸ I have no idea ❹ Can you explain why ❺ get it ❻ First ❼ Second ❽ Third ❾ Then ❿ What was it about ⓫ Finally ⓬ cross a river ⓭ at a time ⓮ across the river

I Don't Have a Clue **11**

Listening&Speaking Test

01 다음 우리말과 일치하도록 빈칸에 알맞은 말을 쓰시오.

(1) 이유를 설명해 줄 수 있니?

_____ _____ _____ why?

(2) 먼저, 두 블록을 걸어라. 그런 다음에, 왼쪽으로 돌아라.

_____, walk straight for two blocks. _____, turn left.

02 다음 대화의 괄호 안에서 알맞은 말을 고르시오.

> A: You can't have your cake and eat it.
> B: I don't get it. Could you (tell / explain) me what that means?
> A: It means that you can only choose one of two things, not both.

02
both 둘 다

03 다음 대화의 밑줄 친 부분의 의도로 알맞은 것은?

> A: <u>Can you explain how you helped Tom with the test?</u>
> B: Sure. First, I made a study plan for him. Then, I encouraged him to stick to it.

① 방법 설명하기　② 설명 요청하기　③ 열거하기
④ 도움 제안하기　⑤ 도움 요청하기

03
make a study plan 학습 계획을 짜다
encourage A to B A가 B하도록 격려하다, 북돋다
stick to ~을 고수하다, 지키다

04 다음 괄호 안에 주어진 표현을 바르게 배열하여 대화를 완성하시오.

> A: _____?
> (a taco, can, explain, how to, you, make)
> B: First, fill your tortilla with vegetables and meat. Then, add some sauce on the top.

04
fill ~ with ... ~을 …로 채우다

05 다음 대화의 빈칸에 알맞지 <u>않은</u> 것은?

> A: So, what should I do?
> B: First, draw a circle. _____, put a star inside. Lastly, put a triangle on top of the circle.

① Next　② Second　③ Finally
④ Then　⑤ After that

05
circle 원, 동그라미
inside 안[내부]에
lastly 마지막으로
triangle 삼각형

06 다음 중 두 문장의 의미가 유사하지 <u>않은</u> 것은?

① I don't get it. ≒ I don't understand it.
② I have no idea. ≒ I don't have a clue.
③ What was it about? ≒ Can you explain what it was about?
④ Do you mind explaining it? ≒ Do you mind if I explain it?
⑤ First, you need to close your eyes. ≒ To begin with, you need to close your eyes.

06
get it 이해하다
mind ~하는 것을 꺼리다
to begin with 우선, 먼저 (= to start with)

07 다음 질문에 대한 민수의 대답을 순서대로 바르게 배열하시오.

> So, what did the student detective do, Minsu?
>
> ☐ Then, he met some suspects and asked questions.
> ☐ First, he looked around the school.
> ☐ Finally, he found the thief. The thief was … .
>
> No, don't tell me! I'll watch it later.

07
detective 탐정, 형사
suspect 용의자; 의심하다
thief 도둑

[08-10] 다음 대화를 읽고, 물음에 답하시오.

Emily: Junsu, do you want to solve a riddle?
Junsu: Sure, what is it?
Emily: There is a farmer. First, the farmer buys a fox, a duck, and a bag of beans. Then, the farmer needs to ⓐ cross / across a river.
Junsu: What's the problem?
Emily: The boat can only hold the farmer and one more thing.
Junsu: Are you saying that the farmer can take only one thing at a time?
Emily: Yes. Also, the fox will eat the duck or the duck will eat the beans if the farmer isn't there. Can you explain ⓑ how he should move everything ⓒ cross / across the river safely?
Junsu: Hmm … .

08-10
solve 풀다, 해결하다
riddle 수수께끼
bean 콩
hold 수용하다, 지탱하다
at a time 한 번에
safely 안전하게

08 위 대화의 네모 ⓐ와 ⓒ에서 문맥상 알맞은 말을 골라 쓰시오.

ⓐ _____ ⓒ _____

09 위 대화의 밑줄 친 ⓑ와 바꿔 쓸 수 있는 것은?

① how moving everything ② how everything moving
③ how to move everything ④ how everything to move
⑤ how to moving everything

10 위 대화의 내용과 일치하는 것은?

① Junsu asks Emily for a riddle.
② The boat can't hold three things.
③ The duck will be eaten by the beans.
④ The fox will eat the beans and the duck.
⑤ The farmer can safely take the boat with two things at a time.

10
ask ~ for … ~에게 …을 요구하다, 부탁하다
take + 운송수단 ~을 타다

Grammar

1 수동태

The cheese **was stolen by** the mouse.
치즈는 쥐에 의해 훔쳐졌다.

The mouse **was caught by** the man.
쥐는 남자에 의해 잡혔다.

This blog **is visited by** many people.
이 블로그는 많은 사람들에 의해 방문된다.

> **핵심 POINT**
> • 수동태는 「be동사 + 과거분사[p.p.] (+ by + 행위자)」의 형태로 행위자보다 행동이나 행동의 대상에 초점을 맞출 때 쓰이며 '~가 (행위자에 의해) … 당하다/되다'라고 해석한다.
> • be동사는 능동태의 시제와 일치시킨다.

❶ 능동태를 수동태로 바꾸기

She wrote the letter. 그녀가 그 편지를 썼다.

The letter was written by her. 그 편지는 그녀에 의해 쓰였다.

> 수동태로 바꿀 수 없는 동사
> ① 자동사 e.g. smell, laugh, appear, disappear, happen 등
> ② 타동사 e.g. have, resemble, become, fit, suit 등

(1) 능동태의 목적어(the letter)가 수동태의 주어(The letter)가 된다.
(2) 능동태의 동사(wrote)를 수동태에서 「be동사 + 과거분사(was written)」로 바꾼다. 이때, 수동태 주어의 인칭 · 수 및 능동태 시제와 be동사를 일치시킨다.
(3) 능동태의 주어(She)를 수동태에서 「by + 행위자(by her)」로 바꾼다. 이때, 「전치사 + 목적격」이므로 행위자가 대명사인 경우 목적격의 형태를 사용한다.

e.g. The small village was destroyed by the earthquake. 그 작은 마을은 지진으로 파괴되었다.

The class is taught by Mr. Kim during the week. 주중의 수업은 김 선생님에 의해 지도된다.

❷ 「by + 행위자」의 생략: 행위자가 분명하지 않거나 일반적인 경우, 막연한 일반인인 경우

e.g. His father was killed during the war. 그의 아버지는 전쟁 중에 돌아가셨다.

English is spoken all over the world. 영어는 전 세계적으로 사용되고 있다.

❸ by 이외의 전치사를 사용하는 경우

e.g. The parking lot was filled with cars. 주차장이 차로 가득 차 있었다.

Her life story was known to us all. 그녀의 인생 이야기는 우리 모두에게 알려졌다.

> be known as ~으로 알려지다
> be known for ~ 때문에 알려지다(유명하다)

2 조동사의 수동태

Bright stars **can be seen** at night.
밤에 밝은 별을 볼 수 있다. (밤에 밝은 별이 보일 수 있다.)

The movie **will be shown** at 9 p.m.
영화는 밤 9시에 상영될 것이다.

Delicious food **can be bought** at the food truck.
푸드 트럭에서 맛있는 음식을 구입할 수 있다.
(푸드 트럭에서 맛있는 음식이 구입될 수 있다.)

> **핵심 POINT**
> • 조동사의 수동태는 「조동사(can/will/must) + be + 과거분사[p.p.] (+ by + 행위자)」의 형태로 '~가 (행위자에 의해) … 될 수 있다/될 것이다/되어야 한다'라고 해석한다.
> • 부정문은 조동사 뒤에 not/never를 붙이고, 의문문은 조동사를 문장의 앞으로 보낸다.

● 평서문, 부정문, 의문문 형태

e.g. Harry will be brought up by his aunt. Harry는 그의 이모에 의해 길러질 것이다.

> bring up(기르다), take care of(돌보다) 등과 같은 동사구는 하나의 동사로 취급하여 수동태를 만든다.

They must be informed about the changes. 그들은 변동 사항에 대해 통보받아야 한다.

Pink dolphins can be found in the Amazon River. 분홍돌고래는 아마존강에서 발견될 수 있다.

Will the game be cancelled if it rains? 비가 내리면 경기가 취소될까요?

This problem cannot and should not be ignored. 이 문제는 무시될 수도 없고 무시되어서도 안 된다.

Grammar Check

A 다음 괄호 안에서 알맞은 말을 고르시오.

(1) The girl was (hitting / hit) by a ball.

(2) The wall (painted / was painted) blue.

(3) A terrible thing (happened / was happened) all of a sudden.

(4) The tree was (striking / struck) by lightning.

B 다음 괄호 안에 주어진 단어를 빈칸에 알맞은 형태로 쓰시오.

(1) A birthday gift _____ to me yesterday. (give)

(2) Nothing _____ for me by my boyfriend last Christmas. (buy)

(3) The dog _____ by a brave girl an hour ago. (catch)

(4) Milk _____ in a refrigerator. (must keep)

C 다음 괄호 안에 주어진 단어를 바르게 배열하여 문장을 완성하시오.

(1) He _____ when he was a little boy.
        (called, was, a "Child Wonder")

(2) She probably _____ to use her smartphone.
            (not, will, allowed, be)

(3) _____ by this Friday?
        (be, it, can, done)

(4) You _____ by the guide.
        (to, be, where, told, will, go)

D 다음 문장에서 어법상 어색한 부분을 바르게 고쳐 쓰시오.

(1) The course fees can pay by credit card.

_____ ✪ _____

(2) Chameleons are knew for their ability to change colors.

_____ ✪ _____

(3) A lot of people injured in the train accident.

_____ ✪ _____

(4) The final episode of the drama will show tomorrow.

_____ ✪ _____

Grammar Test

1 다음 빈칸에 알맞은 것은?

> The Eiffel Tower _____ in 1889.

① built ② was built ③ was building
④ has built ⑤ has been built

2 다음 대화의 빈칸에 알맞은 것은?

> A: Danny, I told the secret to Jessy yesterday.
> B: Well, it will be known _____ everyone soon.

① in ② as ③ to ④ for ⑤ with

3 다음 빈칸에 알맞은 말이 순서대로 바르게 짝 지어진 것은?

> The wolf _____ and _____ to the local police station but he _____ soon after.

① found – took – died
② found – took – was died
③ was found – took – died
④ was found – taken – died
⑤ was found – taken – was died

4 다음 주어진 문장을 수동태로 바꿔 쓸 때 올바른 문장은?

> You should not throw away trash anywhere.

① Trash shouldn't be threw away anywhere.
② Trash should not be thrown away anywhere.
③ Trash should not throw away anywhere by you.
④ Trash should not thrown away anywhere by you.
⑤ Trash shouldn't be throw away anywhere by you.

5 다음 중 어법상 어색한 문장은?

① An expensive bag is had by her.
② Korea was hit by a powerful typhoon.
③ A dog whistle can only be heard by dogs.
④ I was told the news as soon as I got home.
⑤ The perfume of the roses filled the bedroom.

1
Eiffel Tower 에펠 탑

2
tell a secret 비밀을 말하다

3
local 지역의, 현지의

4
throw away 버리다
anywhere 어디나, 아무데나

5
powerful 강력한, 강한
typhoon 태풍
whistle 호각, 호루라기
as soon as ~하자마자
perfume 향기, 향수

Reading & Writing Text

우리말에 알맞은 표현을 빈칸에 써 봅시다.

Let's Read   교과서 pp. 83-85

The Great Escape

❶ _____ the Escape Tower. You
   ~에 오신 것을 환영해요
will enter the first room in our tower. You need to
solve some riddles ❷ _____. Clues
                      탈출하기 위해서
❸ _____ somewhere inside the
   발견될 수 있다
room. So, are you ❹ _____ Sherlock
                     ~처럼 생각할 준비가 된
Holmes?

Room #1

Mr. Doodle ❺ _____ a car on Sunday
              ~에 치였다
afternoon. Luckily, he ❻ _____,
                          심하게 다치지 않았다
but he didn't see the driver. Three suspects
❼ _____ a police officer. Ms. A said
   ~에게 신문을 받았다
she was reading a book ❽ _____
                          ~이 일어나던 때에
the accident. Mr. B said he ❾ _____.
                               그의 개를 산책시키고 있었다
Ms. C said she was making breakfast. Who hit
Mr. Doodle? ❿ _____?
              당신은 이유를 설명할 수 있나요
   Do you have the answer? ⓫ _____.
                              그것을 적어 보세요
Then you can move to the next room.

Clue The accident happened in the afternoon.

   Congratulations! You ⓬ _____
                          ~에 오는 데 성공했다
the second room. However, the second room
is ⓭ _____ to escape than the first
     훨씬 더 힘든
one. Good luck!

Room #2

   Jay gets an email from his favorite clothing
store. The title reads "You won our Lucky Day
event!" Jay ⓮ _____. He quickly
              놀라워한다
opens it.

> JayJr@kmail.com
> **You won our 'Lucky Day' event!**
> Congratulations!
> You have won a special prize. During our
> Lucky Day event, you can choose any seven
> items from our store ⓯ _____!
>   공짜로
> Come to our store on November 31. We can't
> wait to see you.
> Truly yours,
> Kay Brown

   However, Jay thinks that the event isn't real and
⓰ _____. Can you explain why?
   그 이메일을 삭제한다
   Do you have the answer? Write it down and
then you ⓱ _____!
           자유롭게 가도 된다
Clue There are usually 30 or 31 days in a month.

Let's Write   교과서 p. 88

   It was last Sunday. Dohun was at home.
Suddenly, he heard a sound in the next room.
When he went into the room, the window
⓲ _____. When he looked outside,
   깨져 있었다
Sujin was holding a baseball bat and Ted was
throwing a ball to his dog. ⓳ _____
                               누가 깨뜨렸는가
the window? ⓴ _____?
              그것은 어떻게 설명될 수 있는가

Answers

❶ Welcome to ❷ to escape ❸ can be found ❹ ready to think like ❺ was hit by ❻ wasn't badly hurt ❼ were questioned by
❽ at the time of ❾ was walking his dog ❿ Can you explain why ⓫ Write it down ⓬ made it to ⓭ much harder
⓮ is surprised ⓯ for free ⓰ deletes the email ⓱ are free to go ⓲ was broken ⓳ Who broke ⓴ How can it be explained

[01-03] 다음 글을 읽고, 물음에 답하시오.

Welcome to the Escape Tower. You ① will enter the first room in our tower. You need ② to solve some ⓐ clues / riddles ③ to escape. ⓑ Clues / Riddles ④ can find somewhere inside the room. So, are you ready ⑤ to think like Sherlock Holmes?

01 윗글의 밑줄 친 ①~⑤ 중 어법상 <u>어색한</u> 것은?

02 윗글의 네모 ⓐ와 ⓑ에서 문맥상 알맞은 말을 골라 쓰시오.

ⓐ _____ ⓑ _____

03 윗글을 읽고 대답할 수 있는 것은?

① Who built the Escape Tower?
② How can you escape the tower?
③ What is Sherlock Holmes doing?
④ Where is the Escape Tower located?
⑤ How many rooms are there in the tower?

[04-06] 다음 글을 읽고, 물음에 답하시오.

Mr. Doodle ___ⓐ___ by a car on Sunday afternoon. Luckily, he wasn't badly ① hurt, but he didn't see the driver. Three ___ⓑ___ ② question by a police officer. Ms. A said she ③ read a book at the time of the accident. Mr. B said he ④ walk his dog. Ms. C said she ⑤ make breakfast. Who ___ⓒ___ Mr. Doodle? Can you explain why?

04 윗글의 빈칸 ⓐ와 ⓒ에 hit의 올바른 형태를 쓰시오.

ⓐ _____ ⓒ _____

05 윗글의 밑줄 친 ①~⑤에 주어진 동사의 올바른 형태로 알맞은 것은?

① hurting   ② was questioned   ③ was read
④ has walked   ⑤ was making

06 윗글의 빈칸 ⓑ에 아래 영영 풀이를 참고하여 s로 시작하는 단어를 쓰시오.

a person who is believed to be possibly guilty of a crime

01-03
escape 탈출; 탈출하다
enter 들어가다
clue 단서, 실마리
riddle 수수께끼
somewhere 어딘가에
inside 내부, 내부에
be ready to ~할 준비가 되다

03
be located (in) ~에 위치하다

04-06
luckily 다행히
badly 심하게, 몹시
hurt 다치다, 아프다; 다친
question 질문하다, 신문하다
police officer 경찰관
at the time of ~이 일어나던 때에
accident 사고
walk one's dog 개를 산책시키다

06
possibly 아마도
guilty 유죄의(↔ innocent)
crime 범죄, 범행

07-09
clothing store 옷 가게
delete 삭제하다
write down (글을) 적다

[07-09] 다음 글을 읽고, 물음에 답하시오.

Jay gets an email ___①___ his favorite clothing store. The title reads "You won our Lucky Day event!" Jay is surprised. He quickly opens ⓐ it.

JayJr@kmail.com
You won our 'Lucky Day' event!
Congratulations!
You have won a special prize. ___②___ our Lucky Day event, you can choose any seven items ___③___ our store ___④___ free! Come to our store ___⑤___ November 31. We can't wait to see you.
Truly yours,
Kay Brown

However, Jay thinks that the event isn't real and deletes the email. Do you have the answer? Write ⓑ it down and then you are free to go!

07 윗글의 빈칸 ①~⑤에 알맞은 말이 바르게 연결된 것은?

① in ② While ③ to ④ by ⑤ on

08 윗글의 밑줄 친 ⓐ와 ⓑ의 it이 가리키는 것을 본문에서 찾아 쓰시오.

ⓐ _____ ⓑ _____

09 윗글의 내용과 일치하지 <u>않는</u> 것은?

① Jay는 행사 당첨 이메일을 받았다.
② Jay는 이메일을 읽어 보고 삭제했다.
③ Jay는 행사가 진짜가 아니라고 생각했다.
④ Jay는 공짜로 일곱 개의 상품을 가지게 될 것이다.
⑤ 이메일 발송자는 Jay가 좋아하는 옷 가게로 되어 있었다.

[10-11] 다음 글을 읽고, 물음에 답하시오.

10-11
suddenly 갑자기
outside 바깥, 밖에
baseball bat 야구 방망이
throw 던지다

It was last Sunday. Dohun was at home. Suddenly, he heard a sound in the next room. ___ⓐ___ he went into the room, the window was broken. ___ⓐ___ he looked outside, Sujin was holding a baseball bat and Ted was throwing a ball to his dog. Who broke the window? _____ⓑ_____?(explained, it, can, how, be)

10 윗글의 빈칸 ⓐ에 공통으로 알맞은 것은?

① If ② Since ③ When
④ Because ⑤ Although

11 윗글의 빈칸 ⓑ에 괄호 안에 주어진 단어들을 바르게 배열하여 쓰시오.

단원평가

01 다음 짝 지어진 두 단어의 관계가 〈보기〉와 같은 것은?

> **보기**
> injure – injury

① wise – wisdom ② luck – lucky
③ sweat – sweaty ④ itch – itchy
⑤ solve – solution

02 다음 대화의 빈칸에 알맞은 것은?

> A: What is it that has one eye and one leg?
> B: Let me guess. Give me a(n) _____.

① case ② clue ③ answer
④ riddle ⑤ question

03 다음 영영 풀이에 알맞은 단어는?

> to remove something that has been written or stored on a computer

① hide ② fold ③ delete
④ save ⑤ escape

04 다음 두 문장의 빈칸에 공통으로 알맞은 단어를 쓰시오.

> · If you _____ that you have food poisoning, see your doctor right away.
> · The police chased the _____ but lost him.

05 다음 중 주어진 문장과 의미가 <u>다른</u> 것은?

> Can you explain it in detail?

① Explain it in detail, please.
② Can you tell me about it in detail?
③ Could you please explain it in detail?
④ Do you mind if I explain it in detail?
⑤ Can I ask you to explain it in detail?

06 다음 대화의 빈칸에 알맞지 <u>않은</u> 것은?

> A: Which letter is a vegetable?
> B: _____ What is it?
> A: It's the letter "P."

① I got it. ② I don't know.
③ I'm not sure. ④ I have no idea.
⑤ I haven't got a clue.

07 다음 ⓐ～ⓔ는 두 사람이 주고받은 대화이다. 이 대화를 순서대로 바르게 배열할 때 세 번째로 오는 것은?

> ⓐ Can you explain how to make a taco?
> ⓑ We are going to have tacos for dinner. Help yourself.
> ⓒ Sounds delicious!
> ⓓ Wow! Something smells really good, Mom. What is it?
> ⓔ First, fill your tortilla with vegetables and meat. Then, add some sauce on top.

① ⓐ ② ⓑ ③ ⓒ ④ ⓓ ⑤ ⓔ

[08-09] 다음 대화를 읽고, 물음에 답하시오.

> A: Yujin, look at my paper fox.
> B: That's cute. How did you make it?
> A: First, fold a paper in half to make a triangle. Second, fold the top of the triangle to the bottom line. Third, fold both ends of the bottom line to the top to make ____ⓐ____. Then, ⓑ 그것을 뒤집어라 and draw a face.
> B: That sounds easy.

08 위 대화의 빈칸 ⓐ에 알맞은 것은?

① eyes ② ears ③ cheeks
④ a nose ⑤ a mouth

09 위 대화의 밑줄 친 ⓑ의 우리말을 세 단어로 쓰시오.

10 다음 중 빈칸에 알맞은 말이 나머지와 <u>다른</u> 하나는?

① The door opened _____ itself.

② I can only do one thing _____ a time.

③ You must hand in your report _____ next Tuesday.

④ We can save Earth _____ taking good care of it.

⑤ These chocolate cookies were baked for me _____ my mother.

11 다음 문장을 수동태로 바꿔 쓸 때 올바른 문장은?

> We took Tony to the food festival.

① Tony is take to the food festival by we.

② Tony has taken to the food festival by us.

③ Tony was took to the food festival by we.

④ Tony was took to the food festival by us.

⑤ Tony was taken to the food festival by us.

12 다음 중 어법상 <u>어색한</u> 문장은?

① A boat appeared on the horizon.

② He was born and raised in the USA.

③ His first play performed at the theater.

④ The top of the mountain is always covered with snow.

⑤ Hangeul was created in 1443 and published in 1446.

13 다음 중 어법상 올바른 문장을 <u>모두</u> 고르면?

① A light was seen in the garden.

② The flowers were sent her yesterday.

③ The dog was fed by Seho this morning.

④ This doll was made to me by my sister.

⑤ The amazing picture can be drew by a six-year-old boy.

14 다음 밑줄 친 ①~⑤ 중 어법상 <u>어색한</u> 것은?

> ① These books ② should return ③ to their owner ④ in a week ⑤ by Tom.

[15-16] 다음 글을 읽고, 물음에 답하시오.

> Welcome ___ⓐ___ the Escape Tower. You will enter the first room ___ⓑ___ our tower. You need to solve some riddles to escape. (A) You can find clues somewhere inside the room. So, are you ready to think ___ⓒ___ Sherlock Holmes?

15 윗글의 빈칸 ⓐ~ⓒ에 알맞은 말이 순서대로 바르게 짝지어진 것은?

① in – to – as   ② in – to – like

③ to – in – as   ④ to – to – as

⑤ to – in – like

16 윗글의 밑줄 친 (A)를 주어진 단어로 시작하는 문장으로 바꿔 쓰시오.

➡ Clues _____.

17 다음 글을 읽고, 누가 Doodle 씨를 차로 치었으며 그렇게 보는 이유가 무엇인지 빈칸에 알맞은 말을 쓰시오.

> A car hit Mr. Doodle on Sunday afternoon. Luckily, he wasn't badly hurt, but he didn't see the driver. A police officer questioned three people. Ms. A said she was reading a book at the time of the accident. Mr. B said he was walking his dog. Ms. C said she was making breakfast.
>
> ➡ _____ hit Mr. Doodle. Because he/she said he/she was _____ on Sunday afternoon. It doesn't make sense.

[18-20] 다음 글을 읽고, 물음에 답하시오.

Congratulations! You ⓐ ~에 성공적으로 도달했다 the second room. However, the second room is ⓑ <u>much</u> harder to escape than the first ⓒ <u>one</u>. Good luck!

18 윗글의 밑줄 친 ⓐ의 우리말을 세 단어로 쓰시오.

◯ _____ _____ _____

자주 출제

19 윗글의 밑줄 친 ⓑ와 바꿔 쓸 수 <u>없는</u> 것은?

① far　　　② even　　　③ very

④ still　　　⑤ a lot

고난도

20 윗글의 밑줄 친 ⓒ와 쓰임이 같은 것은?

① I have <u>one</u> thing to do.

② He is <u>one</u> of my best friends.

③ I know <u>one</u> cannot love and be wise.

④ When you need a pen, you can use this <u>one</u>.

⑤ They learned to help themselves and <u>one</u> another.

[21-23] 다음 글을 읽고, 물음에 답하시오.

Jay gets an email from his favorite clothing store. The title ① <u>is read</u> "You won our Lucky Day event!" Jay ② <u>is surprised</u>. He quickly ③ <u>opens</u> it.

JayJr@kmail.com
You won our 'Lucky Day' event!
Congratulations!
You ④ <u>have won</u> a special prize. During our Lucky Day event, you can choose any seven items from our store for free! Come to our store on November 31. We can't wait to see you.
Truly yours,
Kay Brown

_____(A)_____ , Jay thinks that the event isn't real and ⑤ <u>deletes</u> the email. Can you explain why?

Do you have the answer? Write it down and then you are free to go!

21 윗글의 밑줄 친 ①~⑤ 중 어법상 <u>어색한</u> 것을 바르게 고쳐 쓰시오.

_____ ◯ _____

22 윗글의 빈칸 (A)에 알맞은 것은?

① So　　　② Besides　　　③ However

④ Because　　　⑤ Therefore

23 윗글의 내용과 일치하는 것은?

① Kay Brown is Jay's friend.

② Jay deletes the email by accident.

③ Jay isn't that interested in clothes.

④ Jay doesn't take the email seriously.

⑤ Jay plans to visit the store during the event.

[24-25] 다음 글을 읽고, 물음에 답하시오.

> It was last Sunday. Dohun was at home. ① Suddenly, he heard a sound in the next room. When ② he entered the room, the window ___ⓐ___ . When ③ he looked inside, ④ Sujin was holding a baseball bat and ⑤ Ted was throwing a ball to his dog. Who ___ⓑ___ the window?

24 윗글의 밑줄 친 ①~⑤ 중, 글의 흐름상 어색한 것은?

25 윗글의 빈칸 ⓐ와 ⓑ에 break의 올바른 형태를 쓰시오.

ⓐ _____   ⓑ _____

[26-27] 다음 글을 읽고, 물음에 답하시오.

> Riddles in Africa are mostly about nature. They are a form of art.
> ❶ I hear him all the time but I don't see him.
>
> This is the famous riddle of the Sphinx. Oedipus needs to solve it to go into Thebes. This is the question that the Sphinx asks him:
> ❷ Which creature walks on four legs in the morning, two legs in the afternoon, and three legs in the evening?
>
> A lot of riddles in the UK use letters and sounds.
> ❸ Which letter can you drink?

26 윗글의 ❶에 대한 답으로 알맞은 것은?

① the sun   ② the sky   ③ the stars
④ the moon   ⑤ the wind

27 윗글의 제목이 아래와 같을 때 빈칸에 알맞은 한 단어를 본문에서 찾아 쓰시오.

> _____ Around the World

서답형 1
28 다음 그림을 보고, 질문에 대한 알맞은 대답을 주어진 단어를 활용하여 완성하시오.

Q: What happened to your bicycle?
A: It _____ .
(fix, my father)

서답형 2
29 다음 그림을 보고, 주어진 단어를 활용하여 거실 풍경을 묘사하는 문장을 완성하시오.

(1) The state of the sofa is not normal.
The sofa _____ . (tear)
(2) The TV used to be in the middle of the living room, but it is not there now.
It _____ . (steal)
(3) Later, the living room _____
_____ .
(the police, examine, will)

서술형 1 **고난도**
30 우리말과 일치하도록 주어진 표현을 활용하여 완전한 문장을 쓰시오.

(1) 그 경기는 어제 TV로 방영되었다.
(game, show, on TV)
→ _____

(2) 그것은 날것으로 먹을 수 있다.
(raw, eat, can)
→ _____

하 **1** 다음 샌드위치 요리법을 참고하여 대화를 완성하시오.

유의점
• 상대방에게 절차나 방법에 대해 설명을 요청하는 표현을 생각해 본다.
• 단계별로 설명되어 있는 요리법을 보고 순서나 절차를 안내하는 표현을 생각해 본다.

> **How to Make a Sandwich**
> Ingredients: bread, mayonnaise, vegetables, sliced tomatoes, ham, and cheese
> Recipe 1. Prepare the ingredients.
> 2. Spread the mayonnaise on one side of each slice of bread.
> 3. Put all the ingredients on one slice of bread.
> 4. Cover the sandwich with the other slice of bread.

A: Can you explain (1) _____?
B: Sure. (2) _____, _____ such as bread and vegetables. (3) _____, _____ on one side of each slice of bread. Then, (4) _____ on one slice of bread and cover them with the other slice. (5) _____, enjoy the sandwich.
A: Thank you. That's simple.

중 **2** 다음 포스터를 보고, 주어진 단어를 활용하여 대화를 완성하시오.

유의점
• 포스터의 내용을 정확하게 파악한 후 시제에 유의한다.
• 주어진 동사와 주어가 능동 관계인지, 수동 관계인지를 생각해 본다.

Remarkable Exhibition:
Vincent van Gogh
When: 1-15 November 20XX
Where: Seoul Museum of Art
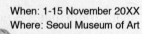

A: Look at this poster. The Van Gogh exhibition (1) _____ (hold) at Seoul Museum of Art next month. It's a pity that one of his paintings (2) _____ (destroy, fire) in Japan.
B: You're right. Until when (3) _____ (the paintings, display)?
A: Until November 15.

상 **3** 다음 질문에 대한 대답을 주어진 단어를 활용하여 자신의 입장에서 완전한 문장으로 쓰시오. (단, 수동태를 사용할 것.)

유의점
• 질문에 사용된 동사의 종류와 형태를 정확히 파악한 후 주어와 동사의 관계를 파악한 후 대답한다.

(1) Q: When and where were you born?
   A: _____
(2) Q: Where is your house?
   A: _____ (locate)
(3) Q: What do you think of the use of paper cups? Why?
   A: _____ (should, reduce)

We're Here to Dance

우리는 춤을 추기 위해 여기에 있어요

Functions
- 의견 표현하기 **In my opinion,** he really enjoys dancing.
- 확실성 정도 표현하기 **I'm sure** you'll feel great.

Forms
- 이유 · 결과 so ... that ~ The dance is **so** popular **that** everybody learns it.
- 동등 비교 as ... as ~ The dancers looked **as** beautiful **as** flowers.

Word Preview

알고 있는 단어나 표현에 ☑ 표 하세요.

□ **behind** 전 ~ 뒤에	□ **enemy** 명 적	□ **popular** 형 인기 있는
□ **between** 전 사이에	□ **express** 동 표현하다	□ **powerful** 형 강한, 힘 있는
□ **brave** 형 용감한	□ **fan** 명 부채	□ **scary** 형 무서운, 겁나는
□ **bright** 형 밝은, 똑똑한	□ **field** 명 들판, 경기장	□ **strength** 명 힘
□ **character** 명 등장인물	□ **gracefully** 부 우아하게	□ **through** 전 ~을 통해
□ **cheer** 동 응원하다	□ **happiness** 명 행복	□ **totally** 부 완전히
□ **comfortable** 형 편안한	□ **hold** 동 쥐다, 수용하다, 개최하다	□ **traditional** 형 전통의, 전통적인
□ **costume** 명 의상, 복장	□ **movement** 명 동작, 움직임	□ **uniform** 명 제복, 유니폼
□ **couple** 명 두 사람[개], 남녀	□ **nowadays** 부 요즘에	□ **wild** 형 야생의
□ **creative** 형 창의적인	□ **opinion** 명 의견, 견해	□ **be allowed to** ~이 허용되다
□ **culture** 명 문화	□ **originally** 부 원래, 본래	□ **good and evil** 선과 악
□ **drop** 동 떨어뜨리다	□ **perform** 동 행하다, 공연하다	□ **such as** ~과 같은

Word Check

A 영어는 우리말 뜻을 쓰고, 우리말은 영어로 쓰시오.

(1) perform _____ (7) ~을 통해 _____

(2) originally _____ (8) 전통의, 전통적인 _____

(3) wild _____ (9) 우아하게 _____

(4) nowadays _____ (10) 밝은, 똑똑한 _____

(5) brave _____ (11) 행복 _____

(6) hold _____ (12) 선과 악 _____

B 영영 풀이에 해당하는 단어를 〈보기〉에서 골라 쓰시오.

| 보기 | movement | express | enemy | comfortable | opinion |

(1) _____ : someone who hates, attacks or tries to harm another person

(2) _____ : one's thoughts or views about something or someone

(3) _____ : an act of moving

(4) _____ : to convey a feeling or thought in words or by gestures

(5) _____ : physically relaxed

C 우리말과 일치하도록 빈칸에 알맞은 말을 쓰시오.

(1) 이 박물관에서는 사진 촬영이 허용되지 않습니다.

　○ You are not _____ to take photos in this museum.

(2) 그것은 심지어 암과 같은 심각한 질병을 유발할 수도 있다.

　○ It can even lead to serious diseases _____ _____ cancer.

(3) 소년과 소녀 사이에 많은 편지들이 오갔다.

　○ Many letters were exchanged _____ the boy and the girl.

(4) 그 연극은 올해 독일에서 공연될 것이다.

　○ The play will be _____ in Germany this year.

(5) 왜 몇몇 사람들은 다른 사람들보다 더 창의적일까요?

　○ Why are some people more _____ than others?

(6) Smith 씨는 올림픽 경기에서 금메달을 땄던 힘 있는 선수였다.

　○ Mr. Smith was a _____ athlete who won a gold medal at the Olympic Games.

Word Test

정답과 해설 p. 129

1 다음 중 나머지를 <u>모두</u> 포함할 수 있는 단어는?

① ballet　　② samba　　③ dance　　④ waltz　　⑤ cancan

2 다음 영영 풀이에 해당하는 단어로 알맞은 것은?

> special clothing worn by members of a group

① fan　　② culture　　③ custom　　④ socks　　⑤ uniform

3 다음 중 짝 지어진 두 단어의 관계가 나머지와 <u>다른</u> 하나는?

① strong – strength　　② powerful – power
③ happy – happiness　　④ express – expression
⑤ traditional – tradition

4 다음 괄호 안에서 알맞은 말을 고르시오.

(1) I had a (scary / scared) dream last night and I'm still (scary / scared).

(2) He started a campaign to protect (tame / wild) animals in the forest.

(3) Potatoes are (totally / originally) from South America.

5 다음 빈칸에 알맞은 말을 〈보기〉에서 골라 쓰시오.

> 보기　　brave　　through　　behind　　enemy

(1) I'm going _____ a hard time, but I'll get over it.

(2) The cat is a natural _____ of the mouse.

(3) When you believe in yourself, you can be _____.

6 다음 빈칸에 공통으로 알맞은 말을 쓰시오.

> · He reached for her hand and _____ it tight.
> · She _____ an exhibition of her pictures at the art gallery last week.

7 우리말과 일치하도록 빈칸에 알맞은 말을 쓰시오.

> 시험 중에는 이야기하는 것이 허용되지 않는다.
> ◐ You _____ during the exam.

1
ballet 발레
cancan 캉캉

2
clothing 옷

3
expression 표현
tradition 전통

4
campaign 캠페인
protect 보호하다
forest 숲

5
get over 극복하다, 처리하다
natural 자연의, 천연의
believe in ~을 믿다

6
reach for ~을 잡으려고 손을 뻗다
tight 단단히, 꽉
exhibition 전시회

7
during the exam 시험 중에

Functions

1 의견 표현하기

A: What do you think about this painting?
이 그림에 대해 어떻게 생각하니?

B: **In my opinion,** it's interesting.
내 생각에 그건 흥미로워.

핵심 POINT

- In my opinion, ...은 자신의 생각이나 의견을 표현하는 말로 '내 생각에는 ... .', '내 의견으로는 ... .'이라는 뜻이다.
- 문장 맨 앞에 두고 뒤에 콤마(,)를 찍는다.

❶ 의견 묻기

What do you think about[of] ~? ~에 대해 어떻게 생각하니?

How do you feel about ~? / What's your feeling about ~? ~에 대해 어떻게 생각하니?

How do you like ~? ~은 어때(마음에 드니)?

> about[of]은 전치사로 뒤에 명사(구)나 동명사(-ing)가 온다.

❷ 의견 표현하기

To my mind, / In my view, / In my eyes, / In my book, 내 생각으로는, / 내 견해로는, / 내가 보기에는, / 내 의견으로는,

I think (that) ... . / I believe (that) ... . / It seems to me that ... . …라고 생각한다. / 믿는다. / …인 것 같다.

e.g. A: What do you think about our new English teacher? 새로 오신 영어 신생님에 대해 어떻게 생각하니?

B: In my opinion, he is very kind and humorous. 내 생각에 그는 매우 친절하고 재미있으신 것 같아.

A: How do you feel about my new hairstyle? 내 새로운 머리 모양에 대해 어떻게 생각하니?

B: I think it really suits you. 너에게 정말 잘 어울린다고 생각해.

2 확실성 정도 표현하기

A: I will try my best to be a great dancer.
나는 멋진 무용수가 되기 위해 최선을 다할 거야.

B: **I'm sure** you can make it.
난 네가 해낼 수 있을 거라고 확신해.

핵심 POINT

- I'm sure ... .는 자신의 추측이나 생각을 확신할 때 쓰는 표현으로 '나는 …을 확신한다.'라는 뜻이다.
- sure 뒤에는 접속사 that을 쓰거나 생략할 수 있고 주어와 동사가 온다.

● 확실성 정도 표현하기

I'm certain[convinced/positive] (that) ... . / I bet (that) ... . 나는 …임을 확신한다.

I'm quite[fairly/absolutely] sure (that) ... . 나는 꽤[상당히/전적으로] …임을 확신한다.

Are you sure about that? 너는 그것에 대해 확신하니[그것이 확실하니]?

I'm not sure[certain] about that. 나는 그것에 대해서 확신이 없다[잘 모르겠다].

I'm not sure[certain] if ... . 나는 …인지 아닌지 잘 모르겠다.

I couldn't really tell you (that) ... . 저는 당신에게 확실히 …라고 말씀드릴 수가 없습니다.

> 「I'm sure about + 명사(구)」로 표현할 수도 있다.

e.g. A: Jina has a great talent for playing volleyball. 지나는 배구에 대단한 재능이 있어.

B: You're right. I'm sure she'll be a great player. 맞아. 나는 그녀가 훌륭한 선수가 될 거라고 확신해.

A: Are you coming to the free concert tonight? 너는 오늘 밤 무료 콘서트에 올 거니?

B: I'm not sure if I can. I have to ask my mom first. 갈 수 있을지 잘 모르겠어. 엄마께 먼저 여쭤봐야 해.

Listening Scripts

우리말에 알맞은 표현을 빈칸에 써 봅시다.

Listen & Speak 1 교과서 **p. 94**

A 1 G: Minsu, what do you think about that painting?

B: Umm ... The people ❶ _____ 〜처럼 보인다 they're having fun.

G: I agree. ❷ _____ 내 생각에는, the dancing boy really enjoys dancing.

2 B: Jimin, what do you think about this painting?

G: In my opinion, it's interesting. I smiled when I first saw it.

B: Me, too. The dancers in the painting ❸ _____ 행복해 보인다.

B G: Hojun, did you know that some male birds dance?

B: No. Why do they dance?

G: They dance to show their love to female birds.

B: That's interesting. Do you know any other animals that can dance?

G: Yes, some bees dance to show ❹ _____ 찾을 수 있는 곳 food.

B: That's cool! In my opinion, dancing is a great way to communicate.

G: I ❺ _____ 전적으로 〜에게 동의한다 you.

Listen & Speak 2 교과서 **p. 95**

A 1 W: I use my voice to make music. Listen to my music. My voice is soft and cool. ❻ _____ 나는 확신한다 you will like it.

2 W: I move my body ❼ _____ 표현하기 위해 my feelings. Look at my movements. Why don't you jump like me? I'm sure you'll feel great.

3 W: I use my hands ❽ _____ 소리를 내기 위해. Come and listen to my music. I'm sure you'll want to dance when you listen to it.

B B: What are you reading, Kelly?

G: I'm reading a story about Michaela DePrince.

B: Michaela DePrince? Can you tell me more about her?

G: Sure. Michaela lost her parents when she was three. After that, she had a lot of difficulties. But she ❾ _____ 결코 〜을 포기하지 않았다 her dream of becoming a dancer.

B: Wow, she worked very hard to be a good dancer. Kelly, you also have a dream to be a dancer, right?

G: Yes. I will ❿ _____ 최선을 다하다 to be a great dancer like her.

B: Keep up the good work. I'm sure ⓫ _____ 네가 해낼 수 있다.

Real Life Communication 교과서 **p. 96**

A Junsu: You know what? The school dance contest ⓬ _____ 개최될 것이다 soon.

Emily: That's right. I heard Jimin's class is going to perform a taekwondo dance and Tim's class is going to do a K-pop dance.

Brian: We should also ⓭ _____ 무엇을 할지를 결정하다.

Mina: How about a *Buchaechum*? In my opinion, it is ⓮ _____ 배우기에 쉬운, and it's also beautiful.

Emily: That sounds like a good idea. But who will teach us?

Brian: Mina is good at traditional dances. Can you help us, Mina?

Mina: Of course, I will. I'm sure we'll have a lot of fun.

Junsu: Great. Let's give it a try.

Answers

❶ look like ❷ In my opinion ❸ look happy ❹ where to find ❺ totally agree with ❻ I'm sure ❼ to express ❽ to make sounds ❾ never gave up on ❿ try my best ⓫ you can make it ⓬ will be held ⓭ decide what to do ⓮ easy to learn

01 다음 우리말과 일치하도록 빈칸에 알맞은 말을 쓰시오.

(1) 내 생각에는 너희 둘 다 맞아.

_____ _____ _____, you are both right.

(2) 나는 네가 다음번에 더 잘할 거라고 확신해.

_____ _____ you'll do better next time.

02 다음 대화의 괄호 안에서 알맞은 말을 고르시오.

> A: (How / What) do you think about wearing school uniforms?
> B: (In / To) my view, we shouldn't have to wear them.

03 다음 대화의 밑줄 친 부분의 의도로 알맞은 것은?

> A: Do you think I can do that?
> B: Absolutely. I'm certain about it.

① 칭찬하기   ② 비난하기   ③ 충고하기
④ 제안하기   ⑤ 확실성 표현하기

04 다음 대화의 빈칸에 공통으로 알맞은 말을 주어진 철자로 시작하여 쓰시오.

> A: Are you s_____ we won't be late?
> B: Yes, I'm quite s_____ we can make it on time.

05 다음 대화의 빈칸에 알맞지 <u>않은</u> 것은?

> A: Dongjun, what's your feeling about this painting?
> B: _____ it's interesting.

① In my eyes,   ② I'm sorry
③ If you ask me,   ④ From my point of view,
⑤ As I see it,

06 다음 중 의견을 표현하는 문장이 <u>아닌</u> 것은?

① I believe that he is honest.
② To my mind, you should stop eating fast food.
③ I think students should not be allowed to wear make-up.
④ It means that the North and South poles are getting warmer.
⑤ It seems to me that exchanging gifts on Valentine's Day is a way to make people spend money.

01
both 둘 다
do better 더 잘하다

02
school uniforms 교복

03
absolutely 전적으로; 물론이지

04
quite 꽤, 상당히
make it 시간 맞춰 가다; 해내다
on time 정시에, 제시간에

05
point of view 견해, 관점

06
be allowed to ~이 허용되다
the North Pole 북극
the South Pole 남극
seem 보이다, ~인 것 같다
exchange 교환하다
way 방법

07 다음 대화를 순서대로 바르게 배열하시오.

> ☐ No. Why do they dance?
>
> ☐ Yes, some bees dance to show where to find food.
>
> ☐ Hojun, did you know that some male birds dance?
>
> ☐ They dance to show their love to female birds.
>
> ☐ That's interesting. Do you know any other animals that can dance?

07
bee 벌
male 남성, 수컷
female 여성, 암컷

08 다음 대화의 빈칸에 알맞지 <u>않은</u> 것은?

> A: Do you think the Korean team will win the final?
>
> B: _____

① Yes, I think so.　　　② Well, I doubt it.

③ I can't believe it.　　④ I'm quite positive about it.

⑤ I couldn't really tell you.

08
final 결승전
doubt 의심하다
positive 긍정적인, 확신하는

[09-10] 다음 대화를 읽고, 물음에 답하시오.

> Tony: What are you reading, Kelly?
>
> Kelly: I'm reading a story about Michaela DePrince.
>
> Tony: Michaela DePrince? Can you tell me more about her?
>
> Kelly: Sure. Michaela lost her parents when she was three. After that, she had a lot of difficulties. But _____ (gave, on, of, up, she, dream, never, her) becoming a dancer.
>
> Tony: Wow, she worked very hard to be a good dancer. Kelly, you also have a dream to be a dancer, right?
>
> Kelly: Yes. I will try my best to be a great dancer like her.

09-10
difficulty 어려움, 곤경
try one's best 최선을 다하다

09 위 대화의 괄호 안에 주어진 단어들을 바르게 배열하시오.

◆ _____

10 위 대화의 내용과 일치하지 <u>않는</u> 것은?

① Kelly knows a lot about Michaela.

② Tony wants to know Michaela's story.

③ Michaela grew up without her parents' care.

④ Kelly and Tony are talking about a great dancer.

⑤ Tony got to know about Kelly's dream during the conversation.

10
grow up 자라다, 성장하다
care 돌봄, 보살핌
get to know 알게 되다
conversation 대화

Grammar

1 이유·결과 so ... that ~

The dance is **so** popular **that** everyone learns it.
그 춤은 매우 인기가 많아서 모두가 그것을 배운다.

I was **so** happy **that** I sang all day.
나는 매우 행복해서 하루 종일 노래를 불렀다.

I was **so** scared **that** I hid under my bed.
나는 너무 무서워서 침대 아래에 숨었다.

핵심 POINT
- 「so + 형용사/부사 + that ~」은 '매우[너무] …해서 ~하다'라는 의미로 that 이하는 앞의 「so + 형용사/부사」에 대한 '결과'를 나타낸다.
- so는 '형용사/부사'를 수식하여 그 의미를 강조하고 that 이하의 결과에 대한 '이유'를 나타낸다.
- that이 접속사이므로 that 이하에는 주어와 동사가 쓰여야 한다.

❶ 「so + 형용사/부사 + that + 주어 + 동사 ~」 '매우[너무] …해서 ~하다'
I was <u>so tired</u> that <u>I went to bed earlier than usual.</u>
　　　 이유 (강조)　　　　　　　　　 결과

> 「such + (a(n)) + 형용사 + 명사 + that ...」
> e.g. He is such a kind person that all of his classmates like him.

e.g. The weather was so nice that I walked my dog. 날씨가 매우 좋아서 나는 개를 산책시켰다.
The movie was so scary that I screamed a lot. 영화가 너무 무서워서 나는 소리를 많이 질렀다.

❷ 「so + 형용사/부사 + that + 주어 + can/could + 동사원형 ~」 '매우 …해서 ~할 수 있다'
e.g. He was so rich that he could buy an expensive sports car. 그는 매우 부유해서 값비싼 스포츠카를 살 수 있었다.
= He was rich enough to buy an expensive sports car.

> 「enough to부정사」 혹은 「too ~ to부정사」로 바꿀 경우 앞 절의 주어와 that 이하의 주어가 같을 때는 to부정사의 의미상 주어를 쓰지 않고, 다를 경우 to부정사 앞에 의미상 주어인 「for + 목적격」을 둔다.

❸ 「so + 형용사/부사 + that + 주어 + can't/couldn't + 동사원형 ~」 '너무 …해서 ~할 수 없다'
e.g. She was so sick that she coulnd't go to school. 그녀는 너무 아파서 학교에 갈 수 없었다.
= She was too sick to go to school.

2 동등 비교 as ... as ~

The dancers looked **as** beautiful **as** flowers.
무용수들은 꽃처럼 아름답게 보였다.

Sujin is **as** brave **as** a lion.
수진이는 사자만큼 용감하다. (→ 매우 용감하다)

Ted is **as** busy **as** a bee.
Ted는 벌만큼 바쁘다. (→ 매우 바쁘다)

핵심 POINT
- 「as + 형용사/부사의 원급 + as ~」는 '~만큼 …한'의 의미로 비교 대상의 같은 성질을 비교할 때 사용하며 두 대상의 정도가 같음을 나타낸다.
- 각 동물의 특성을 이용하여 as ... as ~(동물)로 표현할 때는 '매우 …한'이라는 뜻을 나타낸다.

❶ 긍정문 「as + 형용사/부사의 원급 + as ~」 '~만큼 …한'
e.g. I finished my report as quickly as Sena. 나는 세나만큼 빨리 보고서를 끝냈다.
cf. Come home as soon as possible. = Come home as soon as you can. 가능한 한 빨리 집에 와라.
※ 관용적 표현: as big as a whale(덩치가 매우 큰), as wise as an owl(매우 현명한), as free as a bird(매우 자유로운), as strong as an ox(매우 강한), as blind as a bat(시력이 매우 나쁜), as quiet as a mouse(매우 조용한), as sly as a fox(매우 교활한)

❷ 부정문 「not + as[so] + 형용사/부사의 원급 + as ~」 '~만큼 …하지 않은'
e.g. He is not as tall as Junho. 그는 준호만큼 크지 않다.
= He is shorter than Junho. 그는 준호보다 작다. = Junho is taller than him. 준호는 그보다 크다.

❸ 최상급 표현 「no other + 단수 명사 + as + 형용사/부사의 원급 + as ~」 '어떤 (명사)도 ~만큼 …하지 않은'
e.g. No other student in the class is as fast as Jim. 그 학급의 어떤 학생도 Jim만큼 빠르지 않다.
= Jim is the fastest student in the class. Jim이 그 학급에서 가장 빠른 학생이다.

Grammar Check

A 다음 괄호 안에서 알맞은 말을 고르시오.

(1) His bathroom is (as / so) large (as / than) my bedroom.

(2) Mr. Brown is as (busy / busier) as a bee these days.

(3) Jamie is (pretty / prettier) than her sister.

(4) I run (fast / the fastest) among my friends.

B 다음 괄호 안에 주어진 단어의 알맞은 형태를 빈칸에 쓰시오.

(1) My brother is as _____ as a bat without his glasses. (blind)

(2) She got a(n) _____ grade on the test than before. (good)

(3) This ring is _____ in the store. (expensive)

(4) No other student is as _____ as Jim. (smart)

C 다음 괄호 안에 주어진 단어를 바르게 배열하여 문장을 완성하시오.

(1) The food here _____ it used to be.
   (so, not, good, as, is)

(2) This house _____ down.
   (fall, that, old, is, might, it, so)

(3) My room was _____ for about half a day.
   (to, messy, clean, I, so, it, had, that)

(4) Ted _____ what to say.
   (know, he, so, that, embarrassed, didn't, was)

D 다음 문장에서 어법상 어색한 부분을 찾아 바르게 고쳐 쓰시오.

(1) He was as strong that he could carry ten thick books at a time.

   _____ ○ _____

(2) This blanket is as lighter as a feather.

   _____ ○ _____

(3) Could you ask Ms. Benett to call me back as soon as possibly?

   _____ ○ _____

(4) The painting was so beautiful that I can't take my eyes off it.

   _____ ○ _____

Grammar Test

1 다음 빈칸에 알맞은 것은?

> The little boy is as _____ as a button.

① bright ② brighter ③ more bright
④ brightest ⑤ the most bright

2 다음 문장의 빈칸에 알맞은 말끼리 순서대로 바르게 짝 지어진 것은?

> Ms. Taylor spoke _____ fast _____ I _____ understand her.

① too – that – can't ② too – as – couldn't
③ as – as – can't ④ as – that – can't
⑤ so – that – couldn't

3 다음 대화의 빈칸에 알맞은 것은?

> A: You always wear glasses, don't you?
> B: I am as _____ without my glasses.

① weak as a kitten ② blind as a bat
③ busy as a bee ④ brave as a lion
⑤ healthy as a horse

4 다음 중 나머지와 의미가 다른 문장은?

① This bag is cheaper than that one.
② This bag isn't so expensive as that one.
③ This bag is less expensive than that one.
④ This bag is more expensive than that one.
⑤ That bag is more expensive than this one.

5 다음 중 어법상 올바른 문장은?

① My cousin has as more books as I have.
② Rebecca doesn't look so older that she really is.
③ The room was so dirty that I can't stay in there.
④ He woke up so late that he had to take a taxi to school.
⑤ Jake finished his homework as more quickly than Kevin.

1
bright 밝은, 똑똑한

2
understand 이해하다, 알아듣다

3
wear 입다, 착용하다
kitten 새끼 고양이

5
cousin 사촌
wake up late 늦게 일어나다

○ 우리말에 알맞은 표현을 빈칸에 써 봅시다.

Let's Read 교과서 pp. 99-101

Dance with a Story

Why do people dance? They dance to express feelings, ❶ ______________ (다른 사람들에게 행복감을 준다), or enjoy themselves. Let's ❷ ______________ (~을 살펴보다) different kinds of dance around the world.

India: *Kathakali*

Kathakali tells a story. The dancers tell stories ❸ __________ (~을 통해) their body movements. These stories are usually about a fight ❹ ______________ (선과 악 사이에). Dancers who are playing good characters paint their faces green. ❺ ____________ (~하는 사람들) are playing evil characters ❻ ______________ (검은색 화장을 한다). Interestingly, in *Kathakali*, only men ❼ ______________ (춤추는 것이 허락된다). The body movements are ❽ ______________ (매우 힘이 넘쳐서 ~하다) the dancers need to train ❾ ______________ (수년 동안).

New Zealand: *Haka*

When people visit New Zealand, they may meet a group of *haka* dancers. The dancers perform this traditional dance ❿ ______________ (무서운 얼굴들로). This dance ⓫ ______________ (원래 ~에 의해 행해졌다) the Maori before a fight. They wanted to show their strength to the enemy. The dancers ⓬ ______________ (야생동물들만큼 무섭게 보였다) before fighting. Nowadays, in New Zealand, rugby players usually perform a *haka* ⓭ ______________ (경기 전에) to show their strength to the other team.

Korea: *Buchaechum*

Buchaechum is a traditional Korean fan dance. The dancers wear colorful *hanbok*. They dance with large fans that ⓮ ______________ (밝은 색들로 칠해지다). The dancers move the fans gracefully to show ⓯ ______________ (다양한 종류의 아름다움). Their movements look ⓰ ______________ (~만큼 아름다운) flowers or flying birds. In Korea, *Buchaechum* is ⓱ ______________ (매우 인기가 있어서 사람들이 그것을 볼 수 있다) in many traditional festivals.

Let's Write 교과서 p. 104

Come and Enjoy the Step Dance

A step dance is a traditional dance in Ireland. The dancers wear colorful costumes. ⓲ ______________ (내 생각으로는), the dancers look ⓳ ______________ (인형들만큼 귀여운). The dancers move their feet ⓴ ______________ (매우 빨라서 그들은 ~처럼 보인다) they're flying!

Answers

❶ give happiness to others ❷ take a look at ❸ through ❹ between good and evil ❺ Those who ❻ wear black make-up
❼ are allowed to dance ❽ so powerful that ❾ for many years ❿ with scary faces ⓫ was originally performed by
⓬ looked as scary as wild animals ⓭ before a game ⓮ are painted in bright colors ⓯ different kinds of beauty ⓰ as beautiful as
⓱ so popular that people can see it ⓲ In my opinion ⓳ as cute as dolls ⓴ so fast that they look like

[01-03] 다음 글을 읽고, 물음에 답하시오.

_____ ⓐ _____ They dance to express feelings, give happiness to others, or enjoy themselves. Let's take a look at different kinds of dance around the world.

Kathakali tells stories. These stories are usually about a fight between good and evil. Dancers who are playing good characters paint their faces green. ___ ⓑ ___ are playing evil characters wear black make-up. The body movements are _____ ⓒ _____ (train, that, powerful, to, so, need, the dancers) for many years.

01-02
express 표현하다
happiness 행복
take a look at ~을 살펴보다
good and evil 선과 악
character 등장인물
wear make-up 화장하다
movement 동작, 움직임
train 훈련하다
powerful 강한, 힘 있는

01 윗글의 빈칸 ⓐ에 알맞은 것은?

① How do people dance?
② When do people dance?
③ What makes people dance?
④ Why do people express their feelings?
⑤ How many kinds of dance are there in the world?

02 윗글의 빈칸 ⓑ에 알맞은 것은?

① They ② The dancers ③ Characters that
④ He who ⑤ Those who

03 윗글의 빈칸 ⓒ에 괄호 안에 주어진 단어를 어법에 맞게 배열하시오.

○ _____

[04-05] 다음 글을 읽고, 물음에 답하시오.

Haka dancers perform this traditional dance with (A) scared / scary faces. This dance was originally performed by the Maori before a fight. They wanted to show their _____ ⓐ _____ (strong) to the enemy. The dancers looked as (B) scared / scary as wild animals before fighting. Nowadays, in New Zealand, rugby players usually perform a *haka* before a game to show their strength to the other team.

04-06
perform 행하다, 공연하다
traditional 전통의, 전통적인
originally 원래, 본래
enemy 적
wild 야생의
nowadays 요즘 (= these days)

04 윗글의 네모 (A)와 (B)에서 알맞은 말을 골라 쓰시오.

(A) _____ (B) _____

05 윗글의 빈칸 ⓐ에 주어진 단어를 어법에 맞게 고쳐 쓰시오. ○ _____

[06-08] 다음 글을 읽고, 물음에 답하시오.

Buchaechum is a traditional Korean fan dance. The dancers _____①_____ colorful *hanbok* dance _____②_____ large fans that are painted _____③_____ bright colors. The dancers move the fans gracefully to show different kinds of beauty. Their movements (A) 꽃만큼 아름답게 보인다 or flying birds. _____④_____ Korea, *Buchaechum* is so popular that people can see it _____⑤_____ many traditional festivals.

06-08
fan 부채
colorful 다채로운, 화려한
bright 밝은, 똑똑한
gracefully 우아하게
popular 인기 있는
festival 축제

06 윗글의 빈칸 ①~⑤에 알맞은 말 중 나머지 넷과 다른 하나는?

07 윗글의 밑줄 친 (A)의 우리말을 어법에 맞게 다섯 단어로 쓰시오.

○ _____

08 윗글의 내용과 일치하지 않는 것은?

① 부채는 밝은 색으로 칠해져 있다.
② 무용수들은 다채로운 한복을 입는다.
③ 마치 나는 새처럼 아름답게 부채를 움직인다.
④ 다양한 종류의 아름다운 부채를 사용하여 우아함을 표현한다.
⑤ 이 춤은 한국의 전통 축제에서 많이 볼 수 있을 정도로 인기가 많다.

[09-10] 다음 글을 읽고, 물음에 답하시오.

09-10
costume 의상, 복장
doll 인형

Come and Enjoy the Step Dance

A step dance is a traditional dance in Ireland. The dancers wear colorful costumes. In my opinion, the dancers look as cute _____ⓐ_____ dolls. ⓑ The dancers move their feet very fast. ⓒ So they look like they're flying.

09 윗글의 빈칸 ⓐ에 알맞은 말을 쓰시오.

○ _____

10 윗글의 밑줄 친 ⓑ와 ⓒ를 한 문장으로 바꿔 쓰시오.

○ _____

단원평가

01 다음 중 나머지를 <u>모두</u> 포함하는 단어는?

① art ② customs ③ culture
④ lifestyle ⑤ language

02 다음 빈칸에 주어진 철자로 시작하는 단어를 쓰시오.

> The cat is a natural e_____ of the mouse.

03 다음 중 밑줄 친 부분의 쓰임이 <u>어색한</u> 것은?

① Earthquakes are very <u>scary</u>.
② Carl <u>originally</u> came from German.
③ I feel <u>comfortable</u> when I'm all by myself.
④ The twins are <u>totally</u> different in many ways.
⑤ My movements became more <u>gracefully</u> with his help.

04 다음 두 문장의 빈칸에 공통으로 알맞은 표현을 쓰시오.

> • Italians dance the *tarantella* on happy days _____ _____ weddings.
> • Fish _____ _____ salmon and tuna are good for your brain.

자주 출제

05 다음 대화의 밑줄 친 부분과 의도하는 바가 <u>다른</u> 것은?

> A: Some bees dance to show where to find food.
> B: That's cool! <u>In my opinion</u>, dancing is a great way to communicate.

① I think ② In my view,
③ To my mind, ④ It is true that
⑤ It seems to me that

06 다음 대화의 밑줄 친 ①~⑤와 바꿔 쓸 수 <u>없는</u> 것은?

> A: ① Do you still want to be a figure skater?
> B: Yes. ② I'll try my best to be a great figure skater like Kim Yuna.
> A: ③ Keep up the good work. ④ I'm sure ⑤ you can make it.

① Do you still have a dream to be a figure skater
② I'll do my best
③ Cheer up
④ I'm positive
⑤ you can achieve your goal

07 다음 대화 중 자연스럽지 <u>않은</u> 것은?

① A: Are you coming to the party?
   B: I'm not sure if I can.
② A: What do you think about this bag?
   B: In my eyes, it's too small.
③ A: How about Chinese food for lunch?
   B: I think it's a little oily.
④ A: Sehun has a great talent for cooking.
   B: You're right. I'm sure he'll feel great.
⑤ A: In my opinion, this picture is very creative.
   B: I agree with you.

[08-09] 다음 대화를 읽고, 물음에 답하시오.

> Junsu: You know what? ① The school dance contest will be held soon.
> Emily: That's right. I heard Jimin's class is going to perform a taekwondo dance and Tim's class is going to do a K-pop dance.
> Brian: ② We should also decide what to do.
> Mina: How about a *Buchaechum*? ③ In my opinion, it is easy to learn, and it's also beautiful.
> Emily: ④ That sounds like a good idea. But who will teach us?

Brian: Mina is good at traditional dances.
⑤ <u>What do you think about that, Mina?</u>

Mina: Of course, I will. <u>나는 우리가 매우 즐거울 거라고 확신해.</u> (a lot of fun)

Junsu: Great. Let's give it a try.

08 위 대화의 밑줄 친 ①~⑤ 중 흐름상 <u>어색한</u> 것은?

09 위 대화의 밑줄 친 우리말을 괄호 안에 주어진 표현을 사용하여 영작하시오.

○ _____

⭐중요
10 다음 두 문장을 한 문장으로 바꿔 쓸 때, 빈칸에 알맞은 말을 쓰시오.

· The cookies were really delicious.
· I couldn't stop eating them.
○ The cookies were _____ delicious _____ I couldn't stop eating them.

⭐중요
11 다음 대화의 밑줄 친 ①~⑤ 중 어법상 <u>어색한</u> 것은?

A: ① <u>How</u> do you feel about your new car?
B: Well, ② <u>actually</u> it's not new. I bought a ③ <u>used</u> car. However, I think it's ④ <u>as well as</u> ⑤ <u>new</u> one.

자주 출제
12 다음 중 어법상 올바른 문장은?

① My face turned as red as a tomato.
② Ms. Wilson isn't as older as she looks.
③ The girl is so young to drive a car.
④ It was so a dark night that I could see nothing.
⑤ The book was so thick that I can't finish it in a day.

13 다음 대화의 빈칸에 알맞은 말을 쓰시오.

A: Kate, you're very tall. Are you taller than Jamie?
B: No.
A: Then, is Jamie taller than you?
B: No.
A: Aha. You are _____ _____ _____ Jamie.
B: Yes. We are the same height.

고난도
14 다음 중 의미가 나머지 넷과 <u>다른</u> 문장은?

① The library was very quiet, so I could focus on my studies.
② I could focus on my studies because the library was very quiet.
③ The library was quiet enough for me to focus on my studies.
④ The library was so quiet that I couldn't focus on my studies.
⑤ The very quiet library helped me to focus on my studies.

[15-17] 다음 글을 읽고, 물음에 답하시오.

Why do people dance? They dance ⓐ <u>to express</u> feelings, give happiness to others, or enjoy themselves. Let's take a look at different kinds of dance around the world.

Kathakali tells a story. (①) The dancers tell stories through their body movements. (②) Dancers who are playing good characters paint their faces green. (③) Those who are playing evil characters wear black make-up. (④) Interestingly, in *Kathakali*, only men _____ⓑ_____. (⑤) The body movements are so powerful that the dancers need to train for many years.

15 윗글의 밑줄 친 ⓐ와 쓰임이 같은 것은?

① I have something to ask you.

② I had to run to arrive on time.

③ Do you understand what to do?

④ Don't forget to turn off the lights.

⑤ Eddy is learning to play the drums.

16 윗글의 ①~⑤ 중 주어진 문장이 들어갈 알맞은 곳은?

> These stories are usually about a fight between good and evil.

17 윗글의 빈칸 ⓑ에 알맞은 것은?

① allows dancing

② allow to dance

③ is allowed to dance

④ are allowed dancing

⑤ are allowed to dance

[18-20] 다음 글을 읽고, 물음에 답하시오.

When people visit New Zealand, they may meet ① a group of *haka* dancer. The dancers perform this traditional dance ② with scary faces. This dance ③ originally performed ④ with the Maori before a fight. They wanted to show their _____ⓐ_____ to the enemy. The dancers looked ⑤ so scary as wild animals before fighting. Nowadays, in New Zealand, rugby players usually perform a *haka* before a game to show their _____ⓐ_____ to the other team.

18 윗글의 밑줄 친 ①~⑤ 중 어법상 올바른 것은?

19 윗글의 빈칸 ⓐ에 문맥상 알맞지 <u>않은</u> 것은?

① evil　　　② force　　　③ power

④ energy　　⑤ strength

★중요

20 윗글의 *haka*에 대한 설명과 일치하지 <u>않는</u> 것은?

① It is a kind of dance.

② The Maori performed it before a fight.

③ You can see it at rugby games these days.

④ It expresses the beauty of wild animals.

⑤ It is one of the traditions of New Zealand.

[21-23] 다음 글을 읽고, 물음에 답하시오.

Buchaechum is a traditional Korean fan dance. ① The dancers wear colorful *hanbok*. ② They dance with large fans that are painted in bright colors. ③ Exhibitions of the fans are often held in Korea. ④ The dancers move the fans gracefully to show different kinds of beauty. ⑤ Their movements look very beautiful. (A) In Korea, *Buchaechum* is as popular that it can see in many traditional festivals.

21 윗글의 밑줄 친 ①~⑤ 중 글의 흐름상 어색한 것은?

22 윗글을 읽고 대답할 수 <u>없는</u> 것은?

① What is *Buchaechum*?

② What do the dancers wear?

③ When did *Buchaechum* start?

④ What do the dancers dance with?

⑤ Where can you see *Buchaechum*?

★중요　고난도

23 윗글의 밑줄 친 문장 (A)에서 어법상 어색한 부분을 두 군데 찾아 바르게 고쳐 쓰시오.

_____ ➡ _____

_____ ➡ _____

[24-25] 다음 글을 읽고, 물음에 답하시오.

A step dance is a traditional dance in Ireland. The dancers wear colorful _____s. In my opinion, the dancers look very cute. The dancers move their feet so fast that they look like they're flying.

24 윗글의 빈칸에 알맞은 단어를 아래 영영 풀이를 참고하여 쓰시오.

> the clothes that performers wear in a play, film, etc.

⭐중요
25 Why do the dancers look like they're flying?

⟹ Because _____.

[26-27] 다음 글을 읽고, 물음에 답하시오.

In the past, people danced the *tarantella* for sick people. Nowadays, it is a couple's dance.
Adumu ① performs before a fight. It ② is also called a jumping dance. Dancers ③ jump highly in the air. When a dancer jumps, other dancers ④ cheer on him with loud noises.
Nongakmu ⑤ performed by farmers. They dance it to thank each other for their hard work in the fields. They wear special hats and move their heads to the music they play.

26 윗글의 밑줄 친 ①~⑤ 중 어법상 올바른 것은?

27 윗글의 내용과 일치하지 않는 것은?
① 과거에 아픈 사람들이 tarantella를 추었다.
② 요즈음 tarantella는 두 사람이 춘다.
③ adumu는 전투 전에 추는 춤이다.
④ 농악무는 밭일의 고된 노동에 관해 서로에게 감사하기 위한 춤이다.
⑤ 농악무에는 특수한 모자가 필요하다.

 서술형 1
28 다음 영화 포스터를 보고, 질문에 대한 자신의 대답을 완전한 문장으로 쓰시오.

Q: What do you think about this movie?
A: _____.

서답형 1
29 다음 그림을 보고, 주어진 단어를 사용하여 대상들을 비교하는 문장을 완성하시오.

(1) Sera got an A on the test. Andy got the same score on the test. (smart)
⟹ Sera is _____ Andy.
(2) Sam can jump up to 1m 20cm. Ben can also jump up to 1m 20cm. (jump, high)
⟹ Sam _____ Ben.

서답형 2 고난도
30 우리말과 일치하도록 주어진 표현을 사용하여 완전한 문장으로 쓰시오.

(1) Sally는 매우 배가 고파서 피자 한 판 전부를 먹었다. (hungry, a whole pizza)
⟹ _____

(2) 그의 목소리는 매우 커서 먼 곳에서도 들릴 수 있다. (loud, from far away)
⟹ _____

하 **1** 〈보기〉의 단어들을 사용하여 두 대상을 동등하게 비교하는 표현으로 다음 수수께끼 카드를 완성하시오.

| 보기 | hot   white   black   sweet   snow   a fire   honey |

Who am I?
(1) I am _____ a dark night.
(2) I am _____ .
(3) I am _____ .
(4) My close friend is _____ .
You can drink me at home or at a café.

○ Answer: _____

유의점
· 유사한 성질의 두 대상을 동등하게 비교하는 표현을 생각해 본다.
· 어떤 성질이 어떤 대상과 어울리는지를 생각해 본다.

중 **2** 다음 대화를 주어진 표현을 활용하여 시제와 문맥에 맞게 완성하시오.

A: How was your English listening test?
B: Oh, it was terrible. It (1) _____ (not difficult) the last test, but it was still difficult to me. Besides, I (2) _____ _____ (nervous, miss) the first two questions.
A: I'm sorry to hear that. Didn't others also do badly on the test?
B: Well, not really. Actually, Ted's face (3) _____ (shine, bright) the sun after the test. And he was not the only one. Many others looked (4) _____ (happy, larks).
A: Oh, cheer up. I (5) _____ (sure, do better) next time if you study harder.

유의점
· 대화 분위기와 내용을 주어진 어구를 대입해 가며 파악한다.
· 원인과 결과를 나타내는 구문, 동등한 대상의 비교, 확실성을 표현하면서 상대방을 격려하는 방법 등을 생각해 본다.

상 **3** 다음 질문에 대한 자신의 대답을 완전한 문장으로 쓰시오.

(1) Q: What do you think about bringing cell phones to school?
　　A: _____
(2) Q: Why do you think that?
　　A: _____
(3) Q: What do you think about using cell phones in class?
　　A: _____

유의점
· 질문에 제시된 문제에 찬성하는지 아니면 반대하는지에 대한 자신의 입장을 정리하고 자신의 의견을 나타내는 표현을 사용한다.

Magic or Science?

마술인가 과학인가?

● **Functions**
- 질문하기   **Which sport** do you want to learn?
- 희망 · 기대 표현하기   **I can't wait to** see the difference.

● **Forms**
- It is ~ to ...   **It's** exciting **to** watch a magic show.
- How come ... ?   **How come** the water rose into the glass?

Word Preview

알고 있는 단어나 표현에 ☑ 표 하세요.

☐ abracadabra 몡 수리수리마수리 (주문)	☐ experiment 몡 실험	☐ rise 통 오르다, 올라가다
☐ absorb 통 흡수하다	☐ flame 몡 불꽃, 불길	☐ sink 통 가라앉다
☐ balloon 몡 풍선	☐ float 통 뜨다, 떠가다	☐ trick 몡 마술, 속임수
☐ bottom 몡 맨 아래, 바닥	☐ freezer 몡 냉동고	☐ weigh 통 무게를 재다, 무게가 ~이다
☐ candle 몡 양초	☐ last 통 계속하다, 지속하다	☐ burn out 타 버리다, 다 타다
☐ compare 통 비교하다	☐ light 통 (불을) 붙이다, 켜다	☐ cool down 차가워지다, 식다
☐ confuse 통 혼란시키다, 혼동하다	☐ lightning 몡 번개, 번갯불	☐ instead of ~ 대신에
☐ contract 통 수축하다, 줄이다	☐ magic 몡 마술, 마법	☐ pick out 고르다, 선발하다
☐ difference 몡 차이점	☐ material 몡 재료, 물질	☐ see through 속을 들여다보다
☐ disappear 통 사라지다	☐ necessary 형 필요한	☐ sign up for ~을 신청하다, 가입하다
☐ dry 형 마른	☐ pressure 몡 압력, 압박	☐ stick to ~에 달라붙다
☐ expand 통 팽창하다, 확대되다	☐ push 통 밀다	☐ turn ... into ~ …이 ~으로 변하다

Word Check

정답과 해설 p. 138

A 영어는 우리말 뜻을 쓰고, 우리말은 영어로 쓰시오.

(1) contract _____

(2) absorb _____

(3) weigh _____

(4) magic _____

(5) see through _____

(6) flame _____

(7) 계속하다, 지속하다 _____

(8) (불을) 붙이다, 켜다 _____

(9) 실험 _____

(10) 냉동고 _____

(11) ~에 달라붙다 _____

(12) 양초 _____

B 영영 풀이에 해당하는 단어를 〈보기〉에서 골라 쓰시오.

보기	expand	lightning	material	trick	necessary

(1) _____ : needed in order to do something

(2) _____ : a substance that things can be made from

(3) _____ : to become larger in size, range, or amount

(4) _____ : the flashes of light in the sky during thunderstorms

(5) _____ : something done to surprise or confuse someone

C 우리말과 일치하도록 빈칸에 알맞은 말을 쓰시오.

(1) 나는 풍선에 가스를 채웠다.

　◐ I filled a _____ with gas.

(2) 오르내리는 파도를 타라.

　◐ Ride the waves that _____ and fall.

(3) Amy는 계단의 맨 아래에 앉아 있었다.

　◐ Amy sat at the _____ of the stairs.

(4) 열을 식히기 위해 무릎에 얼음주머니를 올려라.

　◐ Put a bag of ice on your knees to _____ _____ a fever.

(5) 나는 도망가는 대신에 현실에 맞서기로 결정했다.

　◐ I've decided to face reality _____ _____ running away.

(6) 그들은 쌍둥이라서, 나는 그들을 볼 때마다 그와 그의 형을 혼동한다.

　◐ They are twins, so I _____ him with his brother every time I see them.

Word Test

1 다음 중 단어의 쓰임이 나머지 넷과 <u>다른</u> 하나는?

① rise   ② push   ③ weigh   ④ difference   ⑤ disappear

2 다음 영영 풀이에 해당하는 단어로 알맞은 것은?

> force that you make when you press hard on something

① candle   ② experiment   ③ flame

④ pressure   ⑤ trick

3 다음 중 짝 지어진 두 단어의 관계가 나머지와 <u>다른</u> 하나는?

① pick out – choose   ② needless – necessary

③ expand – contract   ④ appear – disappear

⑤ sink – float

4 다음 괄호 안에서 알맞은 말을 고르시오.

(1) The stone (sank / rose) to the bottom of the river.

(2) You should stop (comparing / confusing) yourself to others.

(3) This material will (absorb / expand) sweat and cool you down.

5 다음 빈칸에 알맞은 말을 〈보기〉에서 골라 쓰시오.

> 보기   float   material   turn   necessary

(1) The magician showed a rose, then _____ed it into a bird!

(2) Can you believe that the hardest _____ is diamond?

(3) I think it's _____ to get enough sleep for good health.

6 다음 빈칸에 공통으로 알맞은 말을 쓰시오.

> · Are you the person who spoke with me _____ time?
>
> · The meeting _____ed longer than I expected.

7 우리말과 일치하도록 빈칸에 알맞은 말을 쓰시오.

> 이 컴퓨터 프로그래밍 수업을 신청하는 방법을 알려주실래요?
>
> ○ Could you tell me how to _____ _____ _____ this computer programming class?

2
force 힘
press 누르다

4
material 재료, 물질
sweat 땀

5
magician 마술사

6
meeting 회의
expect 예상하다

7
how to ~하는 방법

Functions

1 질문하기

A: **Which sport** do you want to learn?
너는 어떤 운동을 배우고 싶니?

B: I want to learn tennis. How about you?
나는 테니스를 배우고 싶어. 너는?

핵심 POINT
- Which ...?는 어떤 것을 선택하고자 하는지 묻는 표현으로 '어떤 …?'이라는 뜻이다.
- What ...?과는 달리 정해진 범위 내에서 어떤 것을 선택할지 묻는 표현이다.

● 질문하기

Which class do you want to sign up for this semester?
이번 학기에는 어떤 수업을 신청하고 싶니?

Which color looks better on me, white or blue?
흰색과 파란색 중에 어느 색이 나에게 더 잘 어울리니?

which 뒤에는 activity, color, flavor, movie 등의 표현이 오고, 뒤에 두세 가지의 선택 사항이 제시되기도 한다.

Which drink would you like to have, tea or coffee? 차와 커피 중에 어느 음료를 마시고 싶니?

Which movie are you going to watch? 어떤 영화를 볼 거니?

e.g. A: Which subject do you like more, English or math? 영어와 수학 중 어느 과목을 더 좋아하니?

B: I like English more. 나는 영어를 더 좋아해.

A: Which countries have you visited? 너는 어느 나라에 가 봤니?

B: I've visited Japan and Thailand. 나는 일본과 태국에 가 봤어.

2 희망 · 기대 표현하기

A: **I can't wait to** see the difference.
나는 그 차이점을 빨리 보고 싶어.

B: Me too. Let's test it now.
나도 그래. 어서 그것을 시험해 보자.

핵심 POINT
- I can't wait to ... .는 기다릴 수 없을 정도로 그 일을 몹시 하고 싶다는 희망과 기대를 나타내는 표현으로 '몹시 …하고 싶다.' '…가 기대된다.'라는 뜻이다.
- to 뒤에는 동사원형이 온다.

● 희망·기대 표현하기

I can't wait to ... .(= I can't wait for ... .) 나는 빨리 …하고 싶다.
I'm looking forward to ... . 나는 …하는 것이 기대된다.
I'm eager to ... . 나는 몹시 …하고 싶다.
I'm longing to ... . 나는 …하는 것을 갈망한다.
I'm dying to ... . 나는 빨리 …하고 싶다(…하고 싶어 죽겠다).

I can't wait 뒤에 to가 오면 동사원형, for가 오면 명사(구)를 써야 한다.

I'm looking forward to 뒤에는 명사 또는 동명사 형태가 와야 한다. 동사원형은 올 수 없음에 주의한다.

e.g. A: Mary, this is the house we're going to move into. Mary, 이곳이 우리가 이사 올 집이란다.

B: Are you sure, Mom? I can't wait to move in. 정말요, 엄마? 저는 빨리 이사 오고 싶어요.

A: School is starting tomorrow. How do you feel? 내일 개학이네. 기분이 어때?

B: Actually, I'm excited. I'm looking forward to going back to school.
사실 저는 신나요. 학교로 돌아가는 것이 기대되요.

Listening Scripts

○ 우리말에 알맞은 표현을 빈칸에 써 봅시다.

교과서 p. 110

Listen & Speak 1

Ⓐ W: Today we'll make ice cream. ❶ _____ do
   (어떤 맛)
   you want to make? How about strawberry?
   First, mix two cups of milk, two cups of heavy
   cream, and half a cup of sugar. Next, cut five
   strawberries into small pieces. Then, mix
   everything together and put it in the freezer.
   That's it. It's ❷ _____, isn't it? Why
   (만들기 쉬운)
   don't you ❸ _____ at home?
   (그것을 한번 만들어 보다)

Ⓑ B: Yujin, why did you put the eggs in water?

G: ❹ _____ the bad eggs.
   (나는 고르는 중이다)

B: ❺ _____, and which ones are not?
   (어떤 달걀들이 신선하니)

G: Eggs that sink in water are fresh. When eggs
   float in water, they're not fresh. You shouldn't
   eat them.

B: That's interesting. Why do the bad eggs float?

G: ❻ _____ they have gas inside. The gas
   (~ 때문이다)
   acts like the air in a balloon.

B: Oh, I see.

Listen & Speak 2

교과서 p. 111

Ⓐ B: Ms. Jeong, does a glass of water weigh
   more when there's a fish in it?

W: Yes, it does. We can test it now.

B: But how? We don't have a fish.

W: We can use a finger ❼ _____.
   (물고기 한 마리 대신에)

B: How will that work?

W: I'll weigh a glass of water first. Then I will
   put my finger in the water and weigh it
   ❽ _____.
   (비교하기 위해)

B: Oh, I ❾ _____ see the difference.
   (몹시 ~하고 싶다 (~을 기다릴 수 없다))

Ⓑ King Sejong: It hasn't rained for a long time.

Jang Yeongsil: Yes. The dry season is lasting too
   long. The farmers are very worried.

King: We should do something to help them.

Jang: How about making a special clock?

King: A clock? How will that help?

Jang: The clock will show the time and the
   seasons. We can use it to ❿ _____.
   (건기를 대비하다)

King: That sounds like a good idea. But who's
   going to make it?

Jang: I'll ⓫ _____. I know a lot about
   (한번 해 보다)
   time and the seasons.

King: Okay, I can't wait to see your clock.

Real Life Communication

교과서 p. 112

Ⓐ Brian: Mina, will you join our tennis club?

Mina: It sounds interesting, but I ⓬ _____
   (~을 신청했다)
   a special class this fall.

Brian: Which class did you sign up for?

Mina: I signed up for a magic class. I can't wait
   to learn new magic tricks there.

Brian: That sounds cool! ⓭ _____
   (배워 본 적 있니)
   magic tricks before?

Mina: Yes, I learned some before, but I need
   more practice.

Brian: ⓮ _____ your magic tricks
   (볼 수 있기를 바라다)
   some day.

Answers

❶ Which flavor ❷ easy to make ❸ try making it ❹ I'm picking out ❺ Which eggs are fresh ❻ Because ❼ instead of a fish ❽ to compare ❾ can't wait ❿ prepare for the dry season ⓫ give it a try ⓬ signed up for ⓭ Have you learned ⓮ I hope I can see

Listening & Speaking Test

01 다음 우리말과 일치하도록 빈칸에 알맞은 말을 쓰시오.

(1) 어떤 맛을 드시고 싶나요?

_____ flavor do you want to have?

(2) 나는 그를 어서 만나고 싶다.

I can't _____ to meet him.

02 다음 대화의 괄호 안에서 알맞은 말을 고르시오.

A: (Which / Why) trick do you want to learn?
B: I want to learn the balloon trick. I can't wait (for / to) try it!

03 다음 대화의 밑줄 친 부분의 의도로 알맞은 것은?

A: I want to take the badminton class. Why don't you join me?
B: Sure. I can't wait to do it!

① 주의 끌기   ② 기대 표현하기   ③ 충고하기
④ 칭찬하기   ⑤ 관심 말하기

04 다음 대화의 빈칸에 알맞은 말을 쓰시오.

A: _____ eggs are fresh, and _____ ones are not?
B: Eggs that sink in water are fresh. When eggs float in water, they're not fresh. You shouldn't eat them.

05 다음 대화의 빈칸에 알맞은 것은?

A: Which _____ do you want to do at the science museum?
B: I want to make lightning.

① flavor   ② way   ③ weather   ④ program   ⑤ instrument

06 다음 대화 중 자연스럽지 않은 것은?

① A: I've decided which club I'll join.
B: Have you? Which one?
② A: I can't wait to go to her concert.
B: Do you know how long I waited for you?
③ A: Look. This ride looks really fun.
B: I know! I'm dying to try it.
④ A: Which sandwich would you like to have?
B: I'd like to have this one with a large cola.
⑤ A: I'm excited about the field trip tomorrow.
B: So am I. I'm looking forward to it.

01
flavor 맛, 풍미

02
trick 마술, 속임수

03
take (수업을) 듣다
Why don't you ... ?
…하는 것이 어떠니?

04
sink 가라앉다
float 뜨다

05
lightning 번개

06
ride 놀이 기구
field trip 현장 학습

07 다음 대화를 순서대로 바르게 배열하시오.

> A: I'm reading a book about magic and science.
> ☐ That sounds interesting.
> ☐ Sure. I can show you a balloon trick now.
> ☐ Yes. This book introduces 100 magic tricks that use science. I've learned about half of them.
> ☐ That's cool. Can you show me some of the tricks?
> B: Great! I can't wait to see it.

07
half 반, 절반

08 다음 대화의 밑줄 친 부분과 바꿔 쓸 수 <u>없는</u> 것은?

> A: Look at that girl. She's driving a robot.
> B: That looks really fun. <u>I can't wait to try it.</u>

① I'm eager to try it.
② I'm dying to try it.
③ I'm afraid to try it.
④ I'm longing to try it.
⑤ I'm looking forward to trying it.

08
drive 몰다, 운전하다
eager 열렬한, 열심인
long 간절히 바라다

[09-10] 다음 대화를 읽고, 물음에 답하시오.

> Yeongsil: The dry season is lasting too long. The farmers are very worried.
> Sejong: We should do something to help them.
> Yeongsil: How about making a special clock? It will show the time and the seasons. We can use it to prepare for the dry season.
> Sejong: That sounds like a good idea. But who's going to make it?
> Yeongsil: I'll give it a try. I know a lot about time and the seasons.
> Sejong: Okay. _____

09-10
dry season 건기
last 지속되다, 계속되다
prepare 준비[대비]하다
give it a try 시도하다

09 위 대화의 빈칸에 들어갈 말로 알맞은 것은?

① I can't wait to see your clock.
② I'd like to know what time it is.
③ I'm looking forward to making a clock.
④ Let me know how you invented the clock.
⑤ I'm waiting for someone to make a clock.

09
invent 발명하다
wait for ~을 기다리다

10 위 대화를 읽고 알 수 있는 내용이 <u>아닌</u> 것은?

① Who will make the clock
② When the dry season started
③ Why the farmers are worried
④ How the clock will help the farmers
⑤ What Yeongsil knows a lot about

Grammar

1 It is ~ to ...

It is interesting **to learn** foreign languages.
외국어를 배우는 것은 재미있다.

It is not hard **to say** "I'm sorry."
'미안해.'라고 말하는 것은 어렵지 않다.

Is it necessary **to bring** my umbrella?
내 우산을 가져갈 필요가 있을까?

핵심 POINT
• to부정사가 주어로 사용되는 경우 주어 자리에 가주어(It)를 두고 진주어(to부정사)를 뒤로 보내서 문장을 만든다.
• 이때 가주어인 It은 의미가 없으므로 해석하지 않고, 진주어인 to부정사를 '～하는 것'이라고 해석한다.

① It is ～ to ...의 형태

e.g. It is very difficult to live without a smartphone these days.
요즘 스마트폰 없이 생활하는 것은 매우 어렵다.

> It is ~ to ...에서 to부정사는 명사적 용법으로 쓰이고 주어진 문장에서 주어 역할을 한다.

It is important not to skip meals every day.
매일 식사를 거르지 않는 것이 중요하다.

> 부정의 의미를 나타낼 때는 to 앞에 not을 붙인다.

It is not possible to succeed without trying. 노력 없이 성공하는 것은 가능하지 않다.

Was it hard to get these tickets for the concert? 콘서트 표를 구하는 것은 어려웠니?

② 진주어의 동작을 하는 대상(의미상 주어)을 명시하고 싶은 경우: to부정사 앞에 「for / of + 목적격」을 사용

e.g. It is fun for teenagers to go camping with friends.
십 대들에게 친구들과 캠핑가는 것은 재미있다.

> 「for + 목적격」은 앞의 형용사가 상황에 대한 의견(easy, difficult, strange, interesting 등)을 나타낼 때, 「of + 목적격」은 앞의 형용사가 사람의 성격(kind, nice, careful, polite, rude 등)을 나타낼 때 쓰인다.

It is nice of you to look after your little brother.
네가 너의 남동생을 보살피다니 참 착하구나.

※ 비인칭 주어 it

e.g. It is sunny today, so we should do something outside.
오늘 날씨가 화창하니 밖에서 무언가 하는 것이 좋겠어.

> 날씨, 시각, 요일, 날짜, 거리, 명암을 나타낼 때, 주어를 It으로 둔다. 이때 비인칭 주어 It은 해석하지 않는다.

2 How come ... ?

How come that happened?
도대체 왜 그 일이 일어난 거니?

How come you look angry?
어째서 너는 화가 나 보이니?

How come they couldn't make it?
도대체 왜 그들은 올 수 없었니?

핵심 POINT
• How come ... ?은 '도대체 왜 …?', '어째서 …?'라는 의미로 이유를 묻는 표현이다.
• 의미상으로는 Why와 비슷하지만, 어순의 차이가 있음에 유의한다.

● How come ... ? vs. Why ... ?

How come that happened? *vs.* **Why** did that happen?
How come you look angry? *vs.* **Why** do you look angry?
How come they couldn't make it? *vs.* **Why** couldn't they make it?

> 의문사 why를 쓸 경우 「Why + 조동사(do/does/did) + 주어 + 동사원형 + …?」의 어순으로 쓴다.

e.g. How come he is so nervous today? 어째서 그는 오늘 이렇게 긴장한 거니?

How come Jane stayed up all last night? 도대체 왜 Jane은 어젯밤을 꼬박 새웠니?

How come you aren't eating dinner? 어째서 너는 저녁을 먹지 않는 거니?

How come none of you invited me to the party? 도대체 왜 너희들 중 아무도 나를 파티에 초대하지 않았니?

Grammar Check

A 다음 괄호 안에서 알맞은 말을 고르시오.

(1) (It / That) is very kind of him to help me.

(2) (How come / Why) Tina hasn't shown up?

(3) Isn't it natural for everybody (that / to) want to look beautiful?

(4) (How come / Why) does it feel the same?

B 다음 괄호 안에 주어진 단어를 알맞은 형태로 빈칸에 쓰시오.

(1) It is not safe _____ into the river. (jump)

(2) Isn't it nice _____ to bring me cookies? (she)

(3) It is necessary _____ your hands before meals. (wash)

(4) Was it fun _____ to several different countries? (travel)

C 다음 괄호 안에 주어진 단어를 바르게 배열하여 문장을 완성하시오.

(1) How come _____ so well?
　　　　　　(knew, it, you, about)

(2) It is _____ say that to him.
　　　　　(to, of, you, rude)

(3) How come _____?
　　　　　(isn't, this TV, working)

(4) I think _____ this computer.
　　　　(it, impossible, fix, to, is)

D 다음 문장에서 어법상 어색한 부분을 찾아 바르게 고쳐 쓰시오.

(1) Why Ann looks so sad?

_____ ➔ _____

(2) How come are there so many people?

_____ ➔ _____

(3) It is difficult for Alex to not gain weight.

_____ ➔ _____

(4) It is polite for he to say that.

_____ ➔ _____

Grammar Test

1 다음 빈칸에 알맞은 것은?

> It is dangerous _____ a smartphone while driving.

① use   ② uses   ③ used
④ using   ⑤ to use

1
dangerous 위험한

2 다음 대화의 빈칸에 알맞은 것은?

> A: _____ you arrived so late?
> B: Because there was a terrible traffic jam.

① How come   ② How many   ③ How far
④ How long   ⑤ How often

2
traffic jam 교통 체증

3 다음 중 어법상 올바른 문장은?

① Isn't it natural for we to be scared of dying?
② I think that isn't hard to care about your friends.
③ It's of you so nice to take care of your little brother.
④ Do you know it's necessary to puts on sunscreen?
⑤ Dr. Brown thinks it's fun to do science experiments.

3
care about ~에 대해 신경 쓰다, 관심을 가지다
take care of ~을 돌보다
put on (얼굴·피부 등에) ~을 바르다
sunscreen 자외선 차단제

4 다음 중 어법상 <u>어색한</u> 문장은?

① Why do you look so nervous tonight?
② How come he knows all about you?
③ Why don't the twins look same?
④ How come James failed the exam?
⑤ How come is there no one here?

4
nervous 초조한
twin 쌍둥이

5 다음 문장의 밑줄 친 <u>it</u>과 쓰임이 같은 것은?

> Do you think <u>it</u> is necessary to study abroad?

① How far is <u>it</u> from here to the train station?
② <u>It</u> might be difficult to apologize first.
③ What happened to your room? Clean <u>it</u> up!
④ Since <u>it</u> rained a lot, I stopped playing soccer.
⑤ What a beautiful day <u>it</u> was!

5
abroad 해외에서, 해외로
apologize 사과하다

○ 우리말에 알맞은 표현을 빈칸에 써 봅시다.

Let's Read

교과서 pp. 115-117

The Super Science Magic Show

Jina: Welcome to the Super Science Magic Show! It's always exciting ❶ _____. 마술 속임수를 보는 것 And it's more exciting ❷ _____ 그 비밀들을 알아내는 것 behind them. Some people think the secret of magic is science. Today, Ken, a member of the School Magic Club, will use science to perform his tricks. ❸ _____ will he show us? 어떤 속임수 ❹ _____ them. 나는 어서 보고 싶다

The Amazing Rising Water

Ken: Hello, everyone. Today, I'm going to show you ❺ _____. 멋진 무언가 Here's a dish with water in it. Now, I'll put a candle ❻ _____ of the dish. 한가운데에 Next, I'll ❼ _____ 그 양초를 켜다 and cover it with a glass. "Abracadabra!"

Jina: Look at the water! ❽ _____ 어째서 그것이 올라갔지 into the glass?

Ken: Air expands when it gets hot and creates ❾ _____. 더 높은 압력 When it gets cold, ❿ _____ 공기가 수축하다 and creates lower pressure. When ⓫ _____, 그 불꽃이 다 타버렸다 the air inside the glass cooled down. As the air cooled down, the air pressure dropped. So the air outside the glass was at a higher pressure. It pushed the water into the glass.

The Secret of the Disappearing Water

Ken: Now, I'm going to fill one of these cups with water. I will move them around

⓬ _____. 너를 혼란스럽게 하기 위해 Jina, which cup has the water in it?

Jina: That's easy! It's the middle one.

Ken: Okay, let's check. See? No water.

Jina: Show me the other cups.

Ken: See? There's no water.

Jina: Wow! How come the water disappeared?

Ken: Before the trick, I put a special material into one of the cups. ⓭ _____ 그 물질이 물을 흡수했다 _____ and turned it into Jelly. Then the jelly ⓮ _____. 바닥에 달라붙었다 If you want to try this trick, it's necessary to use cups that you can't ⓯ _____. 속을 들여다보다

Jina: Thank you for your great performance. It was really amazing!

Let's Write

교과서 p. 120

A Dancing Coin

Can a coin dance? Let's test it. You need a coin and a bottle. Before you start, it is ⓰ _____ 차갑게 하는 것이 중요한 _____ the bottle.

How do you do it? First, put a coin on the mouth of the bottle. Then, hold the bottle in your hands ⓱ _____. 잠시 동안

What happens? The coin ⓲ _____. 위아래로 움직이다

How come the coin moves? Your hands warm the cold air inside the bottle. As the air gets warm, it expands. The expanding air ⓳ _____ 탈출하려고 노력하다 from the bottle.

Answers

❶ to see magic tricks ❷ to find out the secrets ❸ Which tricks ❹ I can't wait to see ❺ something amazing ❻ in the middle ❼ light the candle ❽ How come it rose ❾ higher pressure ❿ air contracts ⓫ the flame burnt out ⓬ to confuse you ⓭ The material absorbed the water ⓮ stuck to the bottom ⓯ see through ⓰ important to cool ⓱ for a while ⓲ moves up and down ⓳ tries to escape

[01-02] 다음 글을 읽고, 물음에 답하시오.

Welcome to the Super Science Magic Show! It's always exciting to see magic tricks. And it's more exciting to find out the secrets behind them. Some people think the secret of magic is science. Today, Ken, a member of the School Magic Club, will use science to perform his tricks. Which tricks will he show us? I can't wait to see <u>them</u>.

01 윗글의 밑줄 친 them이 가리키는 것을 본문에서 찾아 쓰시오.

➡ _____

02 윗글을 읽고 대답할 수 <u>없는</u> 것은?

① Who is Ken?
② What is the name of this show?
③ What will Ken use to perform this show?
④ How does the speaker feel about watching the magic tricks?
⑤ How long has the speaker waited to see Ken's tricks?

[03-05] 다음 글을 읽고, 물음에 답하시오.

Ken: Here's a dish with water in it. Now, I'll put a candle in the middle ____ⓐ____ the dish. Next, I'll light the candle and cover it ___ⓑ___ a glass. "Abracadabra!"

Jina: Look at the water! How come ① <u>it</u> rose into the glass?

Ken: Air expands when ② <u>it</u> gets hot and creates higher pressure. When ③ <u>it</u> gets cold, air contracts and creates lower pressure. When the flame burnt out, ④ <u>the air</u> inside the glass cooled down. As the air cooled down, the air pressure dropped. So the air outside the glass was at a higher pressure. ⑤ <u>It</u> pushed the water into the glass.

03 윗글의 빈칸 ⓐ와 ⓑ에 알맞은 말끼리 바르게 짝 지어진 것은?

① with – with   ② with – of   ③ of – of
④ of – with   ⑤ of – into

04 윗글의 밑줄 친 ①~⑤ 중 가리키는 것이 나머지와 <u>다른</u> 하나는?

05 윗글을 읽고, 아래 질문에 알맞은 대답을 영어로 쓰시오.

> What happened to the water after the flame burnt out?

➡ _____

01-02
trick 마술, 속임수
find out 알아내다
perform 공연하다
can't wait to ~하기를 몹시 기다리다

03-05
candle 초
light (불을) 켜다
expand 팽창하다
pressure 압력
contract 수축하다
burn out 다 타버리다
cool down 차가워지다
drop 떨어지다, 낮추다

[06-08] 다음 글을 읽고, 물음에 답하시오.

> Ken: Now, I'm going to fill one of these cups with water. I will move them around to confuse you. Jina, ⓐ cup has the water in it?
>
> Jina: That's easy! It's the middle one. (①)
>
> Ken: Okay, let's check. See? No water.
>
> Jina: Wow! How come the water disappeared? (②)
>
> Ken: Before the trick, I put a special material into one of the cups. (③) Then the jelly stuck to the bottom. (④) If you want to try this trick, it's necessary to use cups that you can't see through. (⑤)

06 윗글의 빈칸 ⓐ에 알맞은 것은?

① which　　　　② what　　　　③ why
④ how　　　　⑤ when

07 윗글의 ①~⑤ 중 주어진 문장이 들어갈 알맞은 곳은?

> The material absorbed the water and turned it into jelly.

08 윗글을 읽고, 아래 질문에 알맞은 대답을 우리말로 쓰시오.

> What is necessary to try this trick?

○ _____

06-08
confuse 혼란시키다
disappear 사라지다
stick to ~에 달라붙다
see through 속을 들여다보다
material 재료
turn ~ into ... ~을 …로 변하게 하다

[09-10] 다음 글을 읽고, 물음에 답하시오.

> ⓐ Can a coin dance? Let's test it. You need a coin and a bottle. Before you start, it is important ___(A)___ (cool) the bottle.
>
> First, put a coin on the mouth of the bottle. ⓑ Then, hold the bottle in your hands for a while. Then the coin moves up and down.
>
> ⓒ How come does the coin move?
>
> Your hands warm the cold air inside the bottle. ⓓ As the air gets warm, it expands. ⓔ The expanding air tries to escape from the bottle.

09 윗글의 밑줄 친 ⓐ~ⓔ 중 어법상 어색한 것을 찾아 바르게 고쳐 쓰시오.

○ _____

10 윗글의 빈칸 (A)에 주어진 단어의 형태로 어법상 올바른 것은?

① cool　　② cools　　③ to cool　　④ cooling　　⑤ cooled

09-10
cool 차갑게 하다
for a while 잠시 동안
hold 잡고 있다
up and down 위아래로
warm 따뜻하게 하다
expand 팽창하다
escape from ~로부터 탈출하다

단원평가

01 다음 중 단어의 우리말 뜻이 올바른 것은?

① light – (불을) 끄다   ② confuse – 수축하다
③ freezer – 얼음   ④ instead of – 대신에
⑤ sign up for – 사인하다

02 다음 짝 지어진 두 단어의 관계가 나머지와 <u>다른</u> 하나는?

① last – continue
② pick out – choose
③ necessary – required
④ lightning – thunder
⑤ magic – trick

03 다음 영영 풀이에 알맞은 단어는?

> to consider things and discover their differences or similarities

① compare   ② disappear   ③ expand
④ weigh   ⑤ sink

04 다음 두 문장의 빈칸에 공통으로 알맞은 단어를 쓰시오.

> · Luckily, the firefighters arrived before the building burnt _____.
> · It's not easy to pick _____ delicious watermelons.

05 다음 대화의 빈칸에 알맞은 것은?

> A: _____
> B: Well, I want to learn taekwondo.

① What's your favorite sport?
② When do you like to learn taekwondo?
③ Which sport do you want to learn?
④ What kinds of sport do you like?
⑤ Why do you learn taekwondo?

자주 출제

06 다음 대화의 빈칸에 알맞지 <u>않은</u> 것은?

> A: Does a glass of water weigh more when there's a fish in it?
> B: Yes, it does. We can use a finger to test it. I'll weigh a glass of water first. Then I'll put my finger in the water and weigh it to compare.
> A: _____

① I can't wait to see the difference.
② I'm eager to see the difference.
③ I'm longing to see the difference.
④ I'm dying to see the difference.
⑤ I'm sorry to see the difference.

07 다음 대화 중 자연스럽지 <u>않은</u> 것은?

① A: Are you set for the trip tomorrow?
　B: Yes. I'm looking forward to it.
② A: How did you like my present?
　B: I can't wait to give you a present.
③ A: Which animal do you like, dogs or cats?
　B: I like cats. I'm not really a dog person.
④ A: Why is he awake now?
　B: He's dying to see Santa come at night.
⑤ A: Which way is the bus stop, right or left?
　B: I think you should go right to get there.

[08-09] 다음 대화를 읽고, 물음에 답하시오.

> A: Mina, will you join our tennis club?
> B: It sounds interesting, but I signed up for a special class this fall.
> A: Which class did you sign up for?
> B: I signed up for a ___ⓐ___ class. ⓑ <u>나는 거기서 새로운 마술 기법을 어서 배우고 싶어.</u>

08 위 대화의 빈칸 ⓐ에 알맞은 것은?

① tennis   ② science   ③ dance
④ English   ⑤ magic

09 위 대화의 밑줄 친 ⓑ의 우리말과 일치하도록 문장을 완성하시오. (단, wait라는 단어를 사용할 것.)

○ _____ new magic tricks there.

10 다음 빈칸에 알맞은 말이 순서대로 바르게 짝 지어진 것은?

- It's fun _____ him to watch TV all day.
- It's kind _____ her to help her friends.

① for – for ② for – of ③ for – to
④ of – for ⑤ of – of

★중요
11 다음 밑줄 친 ①~⑤ 중 어법상 어색한 것은?

I think ① it was ② so boring ③ for Sam ④ to play computer games. How come ⑤ did he feel that way?

고난도
12 다음 중 밑줄 친 it의 쓰임이 나머지와 다른 하나는?

① It's getting hotter and hotter.
② How far is it to the nearest hospital?
③ Isn't it easy to ride a bike?
④ Did it rain heavily last night?
⑤ What day is it today?

자주 출제
13 다음 중 어법상 어색한 문장은?

① Do you think it's important to read lots of books?
② Isn't it dangerous to look at the sun directly?
③ It was rude of Dennis to act that way.
④ It's interesting for me to travel abroad.
⑤ I think it's natural for parents love their children.

자주 출제
14 다음 중 어법상 올바른 문장은?

① How come do you stop visiting me?
② Why they didn't show up last night?
③ How come did you fail the exam?
④ Why Ms. White called you yesterday?
⑤ How come Sue broke up with Ryan?

[15-17] 다음 글을 읽고, 물음에 답하시오.

Welcome to the Super Science Magic Show! ① It's always exciting to see magic tricks. And it's more exciting (ⓐ) find out the secrets behind them. ② Some people think the secret of magic is science. ③ It is a difficult subject, but some students like it. ④ Today, Ken, a member of the School Magic Club, will use science (ⓑ) perform his tricks. ⑤ Which tricks will he show us? ⓒ I'm looking forward to seeing them.

15 윗글의 밑줄 친 ①~⑤ 중 흐름상 어색한 것은?

16 윗글의 괄호 ⓐ와 ⓑ에 공통으로 알맞은 것은?

① is ② at ③ of ④ to ⑤ for

★중요
17 윗글의 밑줄 친 ⓒ와 바꿔 쓸 수 있는 것은?

① I can't wait to see them.
② I'm afraid to see them.
③ I don't like to watch them.
④ I'm allowed to see them.
⑤ I'm looking at them.

[18-20] 다음 글을 읽고, 물음에 답하시오.

Ken: Hello, everyone. Today, I'm going to show you ① amazing something. Here's a dish with water in it. Now, I'll put a candle in the middle of the dish. Next, I'll light the candle and cover it with a glass. "Abracadabra!"

Jina: Look at the water! ② How come it rose into the glass?

Ken: Air expands when it gets hot and creates higher pressure. When it gets cold, ③ air contract and create ④ more low pressure. When the flame burnt out, the air inside the glass cooled down. As the air cooled down, ⑤ the air pressure droped. So the air outside the glass was at a higher pressure. ⓐ It pushed the water into the glass.

★중요
18 윗글의 밑줄 친 ①~⑤ 중 어법상 올바른 것은?

19 윗글의 밑줄 친 ⓐ It이 가리키는 것은?

① the dish   ② the candle
③ the water   ④ the air
⑤ the glass

★중요 고난도
20 윗글의 내용과 일치하는 것은?

① Ken said nothing while performing his trick.
② Ken used a change of air pressure for this trick.
③ Jina already knew why the water rose into the glass.
④ Air is not strong enough to push water.
⑤ Air temperature has nothing to do with air pressure.

[21-23] 다음 글을 읽고, 물음에 답하시오.

Ken: Now, I'm going to fill one of these cups with water. I'll move them around to confuse you. (①) Jina, which cup has the water in it?

Jina: That's easy! It's the middle one.

Ken: Okay, let's check. See? No water.

Jina: Show me the other cups.

Ken: See? there's no water. (②)

Jina: Wow! How come the water ____ⓐ____?

Ken: (③) Before the trick, I put a special material into one of the cups. (④) The material absorbed the water and turned it into jelly. (⑤) If you want to try this trick, it's necessary to use cups that you can't see through.

Jina: Thank you for your great performance. It was really amazing!

21 윗글의 ①~⑤ 중 주어진 문장이 들어갈 알맞은 곳은?

Then the jelly stuck to the bottom.

22 윗글의 흐름상 빈칸 ⓐ에 알맞은 것은?

① appeared   ② contracted
③ disappeared   ④ extended
⑤ froze

23 윗글을 읽고 알 수 있는 것은?

① What part of the cup the material stuck to
② How long it took to finish this trick
③ Why Ken decided to perform this trick
④ How much water Ken put in the cups
⑤ Which jelly Ken used for this trick

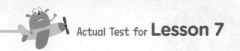

[24-25] 다음 글을 읽고, 물음에 답하시오.

Can a coin dance? First, prepare a coin and a bottle. <u>그 병을 차게 하는 것이 중요하다.</u> (cool, the bottle, to, it, important, is) Put a coin on the mouth of the bottle. Hold the bottle in your hands for a while. The coin moves up and down.

How come the coin moves? Your hands warm the cold air inside the bottle. As the air gets warm, it expands. The expanding air tries to escape from the bottle.

24 윗글의 밑줄 친 우리말과 일치하도록 주어진 단어를 바르게 배열하시오.

➡ _____

25 윗글의 내용과 일치하도록 문장을 완성하시오.

➡ _____ inside the bottle makes the coin dance.

[26-27] 다음 글을 읽고, 물음에 답하시오.

North Atlantic Ocean – The Bermuda Triangle
A number of airplanes and ships have disappeared in the Bermuda Triangle. _____? It's still a mystery.

USA – The moving rocks in Death Valley
_____ the rocks move on their own? Some scientists have watched their movements closely for a long time. Now we know that ice and wind move the rocks.

26 윗글의 빈칸에 공통으로 알맞은 말을 쓰시오.

➡ _____

27 윗글의 제목으로 알맞은 것은?

① How Rocks Move
② Solved Mysteries of World
③ World Mysteries and Science
④ Science Solves Everything
⑤ Reason for Disappearance

28 다음 그림을 보고, 대화의 빈칸에 알맞은 대답을 완성하시오.

A: I'm excited about going to an amusement park tomorrow.
B: Me too. I _____.

29 다음 그림을 보고, 주어진 단어를 사용하여 각 인물에 대한 묘사를 완성하시오.

(1) Mr. Smith isn't interested in watching soccer games.
➡ It's _____. (boring, for)
(2) Luna likes to play computer games.
➡ It's _____. (for, fun)
(3) Ann is helping her mother.
➡ It's _____. (nice, of)

30 우리말과 일치하도록 주어진 표현을 사용하여 완전한 문장으로 쓰시오.

(1) 도대체 왜 너는 어젯밤에 나에게 전화하지 않았니? (last night, call)
➡ _____

(2) 너는 어떤 색깔을 좋아하니? (like, color)
➡ _____

하 **1** 다음 그림을 보고, 대화를 완성하시오.

(1) Q: I heard you're going to visit your aunt in London next week.
   A: Yes. It's been a quite so long since I met her.
      So I _____.
(2) Q: Which one do you like to ride?
   A: Well, I _____.
(3) Q: _____, vanilla or chocolate?
   A: I like to have a chocolate ice cream.

> **유의점**
> • 여러 개 중에 무엇을 선택할지 물어볼 때 사용하는 Which ...? 와 그에 대한 응답을 할 때 쓰이는 표현을 알아둔다.
> • 그림과 질문을 보고 응답에 쓰일 동사를 파악한다.

중 **2** 주어진 단어를 사용하여 Ryan에게 보내는 친구들의 롤링페이퍼를 완성하시오.

Dear Ryan,
(1) I'm Eric. It was kind of _____ (visit) when I was in hospital. Thank you.
(2) I'm Amanda. It _____ (understand, difficult) the rules of the game in the P.E. class. At that time, you helped me to understand them. Thanks.
(3) I'm Remy. Do you remember you lent me your book? It _____ (nice) to do that. Thanks.

> **유의점**
> • 「It is + 형용사 + to부정사」의 형식을 알아둔다.
> • 빈칸 뒷부분과 주어진 단어를 참고하여 빈칸의 내용을 생각해 본다.

상 **3** 다음 질문에 대한 대답을 자신의 입장에서 완전한 문장으로 쓰시오.

(1) Q: Which sport do you like better, soccer or basketball?
   A: _____
(2) Q: Which subject do you like?
   A: _____
(3) Q: Which seat do you like better, window seats or aisle seats?
   A: _____

> **유의점**
> • 질문에 사용된 동사의 종류와 형태를 정확히 파악한 후 'I'를 주어로 할 때의 형태와 문장의 어순에 유의하여 응답한다.

Call It Courage

용기라 부르세요

Functions
- 알고 있는지 묻기
  Have you heard of the Gobi Desert?
  Have you heard about the soccer match on Saturday?
- 격려하기
  Don't give up!

Forms
- 사역동사 make/let/have
  My mom **made** me **clean** my room.
- 접속사 although
  Although it was raining, I played soccer.

Word Preview

알고 있는 단어나 표현에 ☑표 하세요.

- □ achievement 몡 성과
- □ against 쩐 ~에 맞서
- □ although 쩝 비록 ~일지라도
- □ bare 쪙 벌거벗은, 맨-
- □ completely 쀼 완전히
- □ courage 몡 용기
- □ desert 몡 사막
- □ discouraged 쪙 낙담한
- □ everywhere 쀼 모든 곳에, 어디나
- □ excellent 쪙 탁월한, 훌륭한
- □ gather 똥 모으다
- □ historic 쪙 역사적으로 중요한

- □ impossible 쪙 불가능한
- □ match 몡 경기, 시합
- □ nail 똥 못질하다
- □ proud 쪙 자랑스러워하는
- □ semi-final 몡 준결승전
- □ shaky 쪙 흔들리는, 휘청거리는
- □ shoot 똥 슛하다
- □ still 쀼 여전히, 그런데도
- □ tournament 몡 토너먼트
- □ ugly 쪙 못생긴, 추한
- □ unlike 쩐 ~와 달리
- □ until 쩐 쩝 ~까지

- □ villager 몡 마을 사람
- □ weak 쪙 약한
- □ wide 쪙 넓은
- □ be about to 막 ~하려고 하다
- □ fall into ~에 빠지다
- □ give it a try 시도해 보다
- □ give up 포기하다
- □ in fact 사실은
- □ laugh at 비웃다
- □ take off (옷·신발 등을) 벗다
- □ thanks to ~ 덕분에
- □ try one's best 최선을 다하다

Word Check

정답과 해설 p. 147

A 영어는 우리말 뜻을 쓰고, 우리말은 영어로 쓰시오.

(1) discouraged _____

(2) everywhere _____

(3) gather _____

(4) desert _____

(5) tournament _____

(6) unlike _____

(7) 약한 _____

(8) 성과 _____

(9) 준결승전 _____

(10) 슛하다 _____

(11) 여전히, 그런데도 _____

(12) 못질하다 _____

B 영영 풀이에 해당하는 단어를 〈보기〉에서 골라 쓰시오.

보기	shaky	match	courage	give it a try	proud

(1) _____ : to try to do something

(2) _____ : feeling pleased about something that you own or have done

(3) _____ : the ability to do right or good, though it's dangerous or very difficult

(4) _____ : not firm and likely to fall

(5) _____ : a sports event where people or teams compete against each other

C 우리말과 일치하도록 빈칸에 알맞은 말을 쓰시오.

(1) 비록 비가 왔지만, 우리는 축구를 했다.

○ _____ it rained, we played soccer.

(2) Jenny는 맨발로 걷는 것을 좋아한다.

○ Jenny likes to walk around in _____ feet.

(3) 병사들은 적군에 맞서 싸웠다.

○ The soldiers fought _____ the enemy.

(4) 나는 실수로 내 모자를 강에 빠뜨렸다.

○ I let my hat _____ _____ the river by mistake.

(5) Charlie는 전화기가 울렸을 때 재킷을 벗고 있었다.

○ Charlie was taking _____ his jacket when the phone rang.

(6) 사실은, 나는 Koh Panyee에 대해 전혀 들어본 적이 없다.

○ _____ _____, I have never heard of Koh Panyee.

62 Lesson 8

Word Test

1 다음 중 짝 지어진 두 단어의 관계가 나머지와 다른 하나는?

① shaky – stable   ② proud – ashamed

③ excellent – outstanding   ④ impossible – possible

⑤ discouraged – encouraging

2 다음 영영 풀이에 해당하는 단어를 쓰시오.

> one of the two matches in a competition to decide who will compete in the final

♦ _____

3 다음 괄호 안에서 알맞은 말을 고르시오.

(1) That experience changed me (completely / although).

(2) I don't think the ducks look (ugly / windy).

(3) I was just (about / still) to ask you the same thing.

4 다음 빈칸에 알맞은 말을 〈보기〉에서 골라 쓰시오.

> 보기   until   historic   desert   everywhere

(1) I'd like to visit _____ places in Europe.

(2) Never put off _____ tomorrow what you can do today.

(3) This area of the country is mostly _____.

[5-6] 빈칸에 공통으로 알맞은 말을 쓰시오.

5
> · I couldn't laugh _____ his idea this time.
> · _____ first, they thought we were hopeless.

6
> · Don't give up. Just give it a _____.
> · It is always important to _____ your best.

7 우리말과 일치하도록 빈칸에 알맞은 말을 쓰시오.

> 마을 사람들은 그것을 용기라 부르고 그들을 자랑스러워한다.
> ♦ The _____ call it _____ and feel _____ of them.

1
stable 안정적인
ashamed 부끄러운
outstanding 뛰어난

2
competition 대회, 시합
decide 결정하다
compete 경쟁하다

3
experience 경험

4
put off 미루다

5
hopeless 가망 없는

6
give up 포기하다

7
call A B A를 B라고 부르다

Functions

1 알고 있는지 묻기

A: **Have you heard of** the Gobi Desert?
고비 사막에 대해 들어 봤니?

B: Yes, I have.
응, 들어 봤어.

A: **Have you heard about** the movie *E.T.*?
영화 'E.T.'에 대해 들어 봤니?

B: No, I haven't.
아니, 들어 본 적 없어.

핵심 POINT

• Have you heard of[about] ...?은 상대방에게 무언가에 대해 알고 있는지 묻는 표현으로 '너는 …에 대해 들어 봤니?'라는 뜻이다.

• 들어 본 적이 있으면 긍정의 답으로 Yes, I have.로, 들어 본 적이 없을 때는 부정의 답으로 No, I haven't.로 대답할 수 있다.

❶ 알고 있는지 묻기

Have you (ever) heard of ~? (지금껏) 너는 ~에 대해 들어 봤니?

Have you (ever) heard about ~? (지금껏) 너는 ~에 대해 들어 봤니?

Do you know anything about ~? 너는 ~에 대해서 아는 것이 있니?

> 현재완료 시제를 써서 과거부터 지금까지의 경험을 묻는 표현이다.

❷ 알고 있는지 여부 답하기

Yes, I have. 응, 들어 봤어. / No, I haven't. 아니, 들어 본 적 없어.

e.g. A: Have you heard of the new anti-virus program? 너는 새로 나온 바이러스 퇴치 프로그램에 대해 들어 봤니?

B: No, I haven't. 아니, 들어 본 적 없어.

A: Have you heard about "Culture Day?" 너는 '문화의 날'에 대해 들어 봤니?

B: Yes, I have. 응, 들어 봤어.

2 격려하기

A: **Don't give up.**
포기하지 마.

B: Okay, I'll try my best. Thanks a lot.
그래, 최선을 다할게. 정말 고마워.

핵심 POINT

• Don't give up.은 상대방이 힘들어 하는 상황에서 격려하는 말로 '포기하지 마.'라는 뜻이다.

• 상대방의 격려하는 말에 대답할 때는 노력해 보겠다고 고마움을 표현할 수 있다.

❶ 격려하기

Don't give up. 포기하지 마.

> 명령문은 동사원형으로 시작해서 쓰는 문장으로, 부정 명령문은 「Don't+동사원형 ~.」으로 쓴다.

Cheer up. 힘내.

Hang in there. 조금만 참고 견뎌 봐. / Keep at it. 견뎌 봐. / 힘내.

You can do it. / You can make it. 너는 할 수 있어.

Go for it! 해 봐!

Way to go! 잘했어!

❷ 격려의 말에 답하기

Thanks (a lot). (정말) 고마워.

I'll try my best. 최선을 다할게.

e.g. A: This project is too difficult. It's beyond me. 이 프로젝트는 너무 어려워. 나는 이해할 수가 없어.

B: Don't give up. Try one more time. 포기하지 마. 한 번만 더 시도해 봐.

A: Okay, I'll try my best. Thanks. 알았어. 최선을 다할게. 고마워.

Listening Scripts

o 우리말에 알맞은 표현을 빈칸에 써 봅시다.

Listen & Speak 1   교과서 p. 126

Ⓐ G: Tim, ❶ _____ the Gobi Desert?
　　　　　　　너는 ~에 대해 들어 봤니

B: Yes, I have. Isn't it in Mongolia and China?

G: Yes, it is. Yesterday, I saw a TV show about people who crossed the desert ❷ _____.
　　　　　　　　　　　　　　　　　　　　　　걸어서

B: Only on foot?

G: Yes, it took them about 51 days.

B: Wow, that's amazing. I want to experience life in the desert but I don't want to cross it on foot.

G: Well, ❸ _____ and cross the
　　　　나는 시도해 보고 싶어
Gobi Desert in 50 days.

Ⓑ G: Alex, ❹ _____ this
　　　　　　　너는 ~에 대해 들어 봤니
year's "Ugly Sweater Party?"

B: Of course, I have. It's on December 5th, right?

G: That's right. Are you going to go?

B: I want to, but I don't have an ugly sweater.

G: I have one that I don't wear at home. You can have it ❺ _____.
　　　　　　　　　　　　　만약 네가 원한다면

B: Thanks. That would be great.

G: Let's meet in front of the Student Center and go inside together.

B: Sure. See you then.

Listen & Speak 2   교과서 p. 127

Ⓐ W: ❻ _____ to be healthy? First,
　　　너는 무엇을 할 수 있니
try to exercise every day. Second, try to eat healthy food. Don't eat too much fast food. Third, wash your hands ❼ _____.
　　　　　　　　　　　　　　　　　　　　식사 전에

Do these tips ❽ _____?
　　　　　　　　　실천하기에 어렵게 들리다
Well, take one step at a time and don't give up. Then you'll live a healthy life.

Ⓑ G: Hojun, are you going to ❾ _____
　　　　　　　　　　　　　　　　　~에 지원하다
the school ice hockey team? The new season is ❿ _____.
　　　　시작하려고 하는

B: I'm not sure.

G: Why not?

B: I heard that Tony and Brad are also trying out for the team. They're so good.

G: Well, you're also good at ice hockey, so don't ⓫ _____!
　　　포기하다

B: Okay, I'll try my best. Thanks a lot.

Real Life Communication   교과서 p. 128

Ⓐ Father: Emily, are you excited about your
⓬ _____?
　토요일에 있는 경기

Emily: Not really. We're playing against a strong team. I think we'll lose.

Father: Don't say that. ⓭ _____
　　　　　　　　　　　　　너는 ~에 대해 들어 봤니
the Greek team in the 2004 Euro Cup?

Emily: No, I haven't. What about them?

Father: They were a weak team, so everyone thought that they would lose.

Emily: What happened?

Father: They played as a team and worked hard. Finally, they won the Euro Cup. So, don't give up.

Emily: Thanks, Dad. We'll ⓮ _____.
　　　　　　　　　　　　　　　우리의 최선을 다하다

Answers

❶ have you heard of ❷ on foot ❸ I want to try ❹ have you heard about ❺ if you want ❻ What can you do ❼ before meals ❽ sound hard to do ❾ try out for ❿ about to start ⓫ give up ⓬ match on Saturday ⓭ Have you heard about ⓮ try our best

Call It Courage   **65**

Listening&Speaking Test

01 다음 우리말과 일치하도록 주어진 단어를 바르게 배열하여 쓰시오.

피카소에 대해 들어 봤니? (heard, Picasso, of, you, Have)

○ _____

02 다음 글의 흐름상 <u>어색한</u> 부분을 한 군데 찾아 바르게 고쳐 쓰시오.

What can you do to be healthy? First, try to exercise every day. Second, try to eat healthy food. Don't eat too much fast food. Do these tips sound hard to do? Take one step at a time and give up.

02
try to ~하려 노력하다
at a time 한 번에

03 다음 문장과 바꿔 쓸 수 있는 말을 주어진 단어로 시작하여 쓰시오.

Do you know anything about the Gobi Desert?

○ Have _____ ?

03
desert 사막

04 다음 대화의 빈칸에 알맞지 <u>않은</u> 것은?

A: Have you heard about this year's "Ugly Sweater Party?"
B: _____

① Yes.　　　　② No.　　　　③ Yes, I have.
④ No, I haven't.　　⑤ Of course, I haven't.

05 다음 글의 괄호 ⓐ와 ⓑ에서 알맞은 말을 고르시오.

ⓐ (Did / Have) you heard of Thomas Edison? When he was young, he couldn't read well. Also, he lost all of the hearing in his left ear. Still, he became a great scientist. Although you may have difficulties, be like Edison and don't give ⓑ (up / off).

05
hearing 청력

06 다음 대화 중 자연스럽지 <u>않은</u> 것은?

① A: The party is on December 5ᵗʰ, right?
　 B: That's right. Are you going to go?
② A: This homework is too difficult for me.
　 B: Cheer up and just try your best.
③ A: Let's meet in front of the Student Center.
　 B: Sure. See you there.
④ A: I saw a TV show about people who crossed the desert on foot.
　 B: Only on foot? Wow, that's amazing.
⑤ A: Although you may have difficulties, don't give up.
　 B: You're welcome.

06
in front of ~ 앞에서
on foot 걸어서
although 비록 ~일지라도

07 다음 대화를 순서대로 바르게 배열하시오.

07
try out for ~에 지원하다

> Are you going to try out for the school ice hockey team?
> ☐ I heard that Tony and Brad are also trying out for the team.
>   They're so good.
> ☐ I'm not sure.
> ☐ Well, you're also good at ice hockey, so don't give up!
> ☐ Why not?

08 다음 대화의 밑줄 친 부분과 바꿔 쓸 수 <u>없는</u> 것은?

> A: This science project is too difficult for me.
> B: Well, you're good at science. <u>Don't give up!</u>

① Keep at it!   ② Just forget it.   ③ Go for it!
④ You can do it.   ⑤ Hang in there.

[09-10] 다음 대화를 읽고, 물음에 답하시오.

09-10
excited 신나는, 흥분되는
match 경기
lose (시합·경기 등에서) 지다
Greek 그리스의
happen 일어나다, 발생하다
finally 마침내
try one's best 최선을 다하다

> A: Emily, are you excited about your match on Saturday?
> B: Not really. We're playing against a strong team. I think we'll lose.
> A: Don't say that. Have you heard about the Greek team in the 2004
>   Euro Cup?
> B: No, I haven't. What about them?
> A: They were a weak team, so everyone thought that they would lose.
> B: What happened?
> A: They played as a team and worked hard. Finally, they won the Euro
>   Cup. <u>So, don't give up.</u>
> B: Thanks, Dad. We'll try our best.

09 위 대화의 밑줄 친 부분의 의도로 알맞은 것은?

① 칭찬하기   ② 사과하기   ③ 격려하기
④ 감사하기   ⑤ 주문하기

10 위 대화의 내용과 일치하지 <u>않는</u> 것은?

① Emily is not excited about the match on Saturday.
② Emily's team is going to play against a strong team.
③ The Greek team in the 2004 Euro Cup didn't do its best.
④ The Greek team won the 2004 Euro Cup.
⑤ Emily's dad wants her to do her best and not give up.

Grammar

① 사역동사 make/let/have

> That **made** our team **feel** strong.
> 그것은 우리 팀을 강하게 느끼도록 해 주었다.
>
> We **didn't let** the other team **win**.
> 우리는 다른 팀이 이기도록 두지 않았다.
>
> We **had** people **shout** "Go, Go, Tigers!"
> 우리는 사람들이 "고, 고, 타이거즈!"라고 소리치게 했다.

핵심 POINT
- 사역동사 make/let/have는 「make/let/have + 목적어 + 동사원형」의 형태로 쓰고, '(목적어)가 (동사원형)하게 시키다/허락하다/…하게 하다'라는 의미로 해석한다.
- 단, 수동태의 문장에서 사역동사 make를 사용할 경우는 「be made to + 동사원형」으로 쓴다.

❶ 사역동사 make/let/have
  (1) 형태: make/let/have + 목적어 + 동사원형
    e.g. let him go (○), let him to go (×), let him going (×)
  (2) 의미: (목적어)가 (동사원형)하도록 시키다/허락하다/…하게 하다
    e.g. Hot weather makes me feel tired. 더운 날씨가 나를 피곤하게 느끼게 한다.
      Let me carry your bag for you. 제가 당신의 가방을 옮겨 줄게요.
      I'll have someone clean out your room. 누군가가 네 방을 청소하도록 시킬게.

❷ 준사역동사 help/get
  형태: help/get + 목적어 + (to) 부정사
    e.g. I helped Lisa (to) choose some new clothes. 나는 Lisa가 새 옷을 몇 벌 고르는 것을 도왔다.
      You'll never get Danny (to) understand. 너는 Danny를 결코 이해시킬 수 없을 거야.

※ 지각동사 see/hear/watch/feel/smell은 「지각동사 + 목적어 + 동사원형/현재분사(-ing)」의 형태로 쓴다.
    e.g. Ms. Lee watched the children build sandcastles. 이 선생님은 아이들이 모래성을 쌓는 것을 지켜보았다.
      Seho heard someone calling his name. 세호는 누군가가 자신의 이름을 부르는 것을 들었다.

② 접속사 although

> **Although** I got up late, I didn't miss the school bus.
> 비록 나는 늦게 일어났지만, 학교 버스를 놓치지 않았다.
>
> **Although** it was windy, I went out to play soccer.
> 비록 바람이 불었지만, 나는 축구를 하러 밖으로 나갔다.
>
> I studied hard in class **although** I was tired.
> 나는 피곤했음에도 불구하고 수업 중에 열심히 공부했다.

핵심 POINT
- 접속사 although는 '비록 ~일지라도, ~임에도 불구하고'라는 의미로 뒤에 「주어 + 동사」로 이루어진 완전한 문장이 온다.
- 비슷한 의미의 접속사로 though, even though, even if가 있다.

● 접속사 although
  (1) 형태: Although + 주어 + 동사, 주어 + 동사
      주어 + 동사 + although + 주어 + 동사
    e.g. Although the traffic was bad, we arrived on time.
      = We arrived on time although the traffic was bad.
      비록 차가 많이 막혔지만, 우리는 제시간에 도착했다.
  (2) 의미: 비록 ~일지라도, ~임에도 불구하고
    e.g. Although[Even though] I was really tired, I couldn't sleep.
      나는 정말 피곤했음에도 불구하고 잠을 잘 수 없었다.

> 같은 의미의 표현으로 in spite of, despite는 뒤에 문장이 아닌 명사나 명사구가 와야 한다.
> e.g. We went out in spite of[despite] the rain.
> (우리는 비가 내렸음에도 불구하고 밖에 나갔다.)

Grammar Check

A 다음 괄호 안에서 알맞은 말을 고르시오.

(1) What makes you (say / saying) so?

(2) Yuna's parents didn't let her (to go / go) out alone.

(3) I had him (promise / promised) to come home early.

(4) Jim tried his best (still / although) he felt discouraged.

B 다음 괄호 안에 주어진 단어를 알맞은 형태로 빈칸에 쓰시오. (단, 필요에 따라 바꾸지 않을 수 있음.)

(1) He made me _____ after him. (repeat)

(2) My mother wouldn't let me _____ it. (read)

(3) Minsu's classmates helped him _____ the box. (carry)

C 다음 괄호 안에 주어진 단어를 바르게 배열하여 문장을 완성하시오.

(1) This dress _____.
   (makes, great, look, her)

(2) Can you _____?
   (me, your car, use, let)

(3) _____ "Go for it!"
   (people, had, shout, we)

(4) They didn't believe it _____.
   (true, although, was, it)

D 다음 문장에서 어법상 어색한 부분을 바르게 고쳐 쓰시오.

(1) Amy played soccer although the rain.

_____ ⊙ _____

(2) The movie made me to think about the war.

_____ ⊙ _____

(3) Don't let other people talking about the problem.

_____ ⊙ _____

(4) Although the weather very cold, they went out to play.

_____ ⊙ _____

Grammar Test

1 다음 두 문장의 의미가 일치하도록 할 때 빈칸에 알맞은 것은?

> I love the song, but I can't understand the lyrics.
> = _____ I love the song, I can't understand the lyrics.

① If   ② So   ③ When
④ Whether   ⑤ Although

2 다음 빈칸에 알맞지 <u>않은</u> 것은?

> My mom _____ me water the plants.

① let   ② had   ③ wanted
④ made   ⑤ heard

3 다음 우리말과 일치하도록 영어로 바르게 바꾼 것은?

> 비록 어려움이 많지만, 최선을 다하라.

① Try your best although difficulties.
② There are always difficulties, do your best.
③ When you do your best, there are difficulties.
④ Even though you try your best, there are difficulties.
⑤ Although there are lots of difficulties, try your best.

4 다음 중 어법상 올바른 문장은?

① Let me doing it for you.
② Why don't you let them go first?
③ I want to make my father to smile.
④ Are you going to make this happening?
⑤ Your food makes me to think of my mother.

5 다음 중 어법상 <u>어색한</u> 문장은?

① He is quite strong though he is old.
② Although they are poor, they look happy.
③ In spite of the bad situation, they did their best.
④ She loves her job despite she has a busy schedule.
⑤ Even though he was born in France, he is Korean.

1
lyrics 노랫말, 가사

2
water (화초 등에) 물을 주다

3
difficulty 어려움
do one's best 최선을 다하다
try one's best 최선을 다하다

4
happen 일어나다

5
quite 꽤
situation 상황
schedule 일정

Reading&**W**riting **Text**

○ 우리말에 알맞은 표현을 빈칸에 써 봅시다.

Let's Read   교과서 **pp. 131-134**

Playing Soccer on the Water

Koh Panyee was a small floating village
❶ _____. Although the boys
  　　　바다 한가운데에
in the village never played soccer before, they
loved watching it on TV. One day, the boys
❷ _____ their own soccer team.
  　만들기로 결심했다
However, people ❸ _____ their idea.
  　　　　　　　　비웃었다
  "That's impossible."
  "What ❹ _____?"
  　　　당신이 그렇게 말하도록 하다
  "Look around. Where are you going to play
soccer?"
  The villagers were right. The boys had no
place to play soccer. They were ❺ _____.
  　　　　　　　　　　　　　　　　낙담한
  "Don't give up! We can still play soccer."
  "How?"
  "Let's make our own soccer field."
  The boys gathered old boats and pieces of
wood. They ❻ _____ and
  　　　　　　　배들을 함께 합치다
❼ _____ the wood to them. After much
 못을 박았다
hard work, they finally had a floating field. It
was shaky and had nails everywhere. The ball
and the boys would often ❽ _____,
  　　　　　　　　　　　　　바다로 빠지다
so the field was always wet and slippery. They
had no shoes so they had to ❾ _____.
  　　　　　　　　　　　　　　　맨발로 경기하다
Still, they didn't care. In fact, they built excellent
skills and enjoyed playing soccer more.

One day, a boy brought a poster about a soccer
tournament. They decided to ❿ _____.
  　　　　　　　　　　　　　　시도해 보다
When they were about to leave, the villagers gave
them new shoes and uniforms. Some even came
to watch the game. This ⓫ _____.
  　　　　　　　　　　　그 소년들을 더 기분 좋게 만들었다
At first, people saw them ⓬ _____.
  　　　　　　　　　　　　　　　가장 약한 팀으로
However, when the tournament started, the
soccer team surprised everyone.
  On the day of the ⓭ _____, it was raining
  　　　　　　　　　　　준결승전
hard. They were losing by two goals and it
looked impossible to win.
  "The other team is so strong," they thought.
  But the boys didn't give up. They took off
their shoes during the second half and the game
changed completely. They played better in the
rain ⓮ _____ at home.
  　　　　　미끄러운 경기장 덕분에
Although they lost by a score of three to two,
still, they felt proud of themselves. They didn't
give up when they were losing. They tried their
best until the end.

Let's Write   교과서 **p. 138**

  My favorite sport is basketball. However, I
⓯ _____. I couldn't shoot
  　　처음에는 그것을 정말 잘하지 못했다
well unlike other players. ⓰ _____,
  　　　　　　　　　　　　비록 나는 낙담했지만
I didn't give up. I practiced shooting for an hour
every day. This ⓱ _____. Now,
  　　　　　　　　내가 슛을 잘하게 해 주었다
I'm the best player on our team.

Answers

❶ in the middle of the sea   ❷ decided to make   ❸ laughed at   ❹ makes you say so   ❺ discouraged   ❻ put the boats together
❼ nailed   ❽ fall into the sea   ❾ play in bare feet   ❿ give it a try   ⓫ made the boys feel better   ⓬ as the weakest team   ⓭ semi-final
⓮ thanks to the slippery field   ⓯ wasn't really good at it at first   ⓰ Although I felt discouraged   ⓱ made me shoot well

[01-03] 다음 글을 읽고, 물음에 답하시오.

The boys gathered old boats and pieces of wood. They put the boats together and nailed the wood to ⓐ <u>them</u>. After much hard work, they finally had a floating field. ⓑ <u>It</u> was shaky and had nails everywhere. The ball and the boys would often fall into the sea, so the field was always _____ⓒ_____ and slippery. They had no shoes so they had to play in bare feet. Still, they didn't care. In fact, they built excellent skills and enjoyed playing soccer more.

01 윗글의 밑줄 친 ⓐ them과 ⓑ It이 가리키는 것을 본문에서 찾아 쓰시오.

ⓐ _____   ⓑ _____

02 윗글의 빈칸 ⓒ에 알맞은 것은?

① dry   ② wet   ③ green   ④ safe   ⑤ warm

03 윗글을 읽고 대답할 수 <u>없는</u> 것은?

① Who made the floating field?
② What is the floating field made of?
③ Why was the floating field always wet?
④ Why did the boys play soccer in bare feet?
⑤ Who bought the boys soccer shoes and uniforms?

[04-05] 다음 글을 읽고, 물음에 답하시오.

One day, a boy brought a poster about a soccer tournament. ① <u>The boys decided to give it a try.</u> ② <u>People laughed at their idea.</u> ③ <u>When they were about to leave, the villagers gave them new shoes and uniforms.</u> ④ <u>Some even came to watch the game.</u> ⑤ <u>This made the boys feel better.</u> At first, people saw them as the weakest team. _____ⓐ_____, when the tournament started, the soccer team surprised everyone.

04 윗글의 밑줄 친 ①~⑤ 중 흐름상 <u>어색한</u> 문장은?

05 윗글의 빈칸 ⓐ에 알맞은 것은?

① In fact   ② Finally   ③ However
④ For example   ⑤ In addition

01-03
gather 모으다
piece 조각
nail 못질하다
finally 마침내
shaky 흔들리는
fall into ~에 빠지다
slippery 미끄러운
in bare feet 맨발로
still 그런데도, 그럼에도 불구하고

04-05
tournament 토너먼트 (승자 진출전)
give it a try 시도해 보다
laugh at 비웃다
be about to 막 ~하려고 하다
villager 마을 사람
at first 처음에는
weak 약한

[06-08] 다음 글을 읽고, 물음에 답하시오.

On the day of the semi-final, it was raining hard. The boys were losing _____ⓐ_____ two goals and it looked impossible to win. "The other team is so strong," they thought. But the boys didn't give up. They took _____ⓑ_____ their shoes during the second half and the game changed completely. They played better in the rain thanks to the slippery field at home. Although they lost by a score of three to two, still, they felt proud _____ⓒ_____ themselves.

06-08
semi-final 준결승전
impossible 불가능한
give up 포기하다
during ~하는 동안에
completely 완전히
thanks to ~ 덕분에
although 비록 ~일지라도

06 윗글의 빈칸 ⓐ~ⓒ에 알맞은 말끼리 바르게 짝 지어진 것은?

① by – of – in　　② by – off – of　　③ of – out – off

④ of – off – in　　⑤ of – on – of

07 윗글의 내용과 일치하지 <u>않는</u> 것은?

① 준결승전 날에는 비가 많이 내렸다.

② 2점 차이로 지고 있을 때 소년들의 승리는 불가능해 보였다.

③ 준결승전에서 만난 상대 팀이 강력해서 소년들은 경기를 포기했다.

④ 후반전 경기에서 소년들이 신발을 벗은 뒤 상황은 완전히 바뀌었다.

⑤ 소년들은 비록 경기에서 3대 2로 졌지만, 스스로가 자랑스러웠다.

08 윗글을 읽고, 아래 질문에 알맞은 대답을 우리말로 쓰시오.

> Why did the boys play better in the rain?

◐ _____

[09-10] 다음 글을 읽고, 물음에 답하시오.

My favorite sport is basketball. However, I wasn't really good at it at first. I couldn't shoot well unlike other players. Although I felt discouraged, I didn't give up. I practiced shooting for an hour every day. This made me shoot well. Now I'm the best player on our team. I'm so proud of myself.

09-10
unlike ~와 달리
discouraged 낙담한
practice 연습하다
shoot 슛을 하다
proud 자랑스러운

09 윗글에서 글쓴이의 심경의 변화를 알려주는 두 단어를 찾아 쓰시오.

_____ → _____

10 윗글의 제목으로 가장 알맞은 것은?

① My Favorite Sports Player　　② My Experience with Basketball

③ Sport Players in the World　　④ How to Practice Shooting Well

⑤ Playing Basketball as a Team

단원평가

01 다음 짝 지어진 두 단어의 관계가 나머지와 <u>다른</u> 하나는?

① lose – win
② bare – naked
③ like – unlike
④ weak – strong
⑤ take off – put on

02 다음 빈칸에 알맞은 것은?

> People started to _____ pieces of wood.

① shoot
② gather
③ surprise
④ fall into
⑤ give up

03 다음 영영 풀이에 알맞은 단어는?

> the ability to decide to do something difficult or dangerous

① fear
② match
③ difficulty
④ courage
⑤ tournament

04 다음 두 문장의 빈칸에 공통으로 알맞은 단어를 쓰시오.

> · What are you about _____ do?
> · Thanks _____ your help, it was successful.

05 다음 대화의 밑줄 친 부분과 바꿔 쓸 수 있는 것은?

> A: <u>Have you heard about Steve Jobs?</u>
> B: Yes, I have.

① Did you meet Steve Jobs?
② What do you think of Steve Jobs?
③ Are you going to talk to Steve Jobs?
④ Would you like to meet Steve Jobs?
⑤ Do you know anything about Steve Jobs?

자주 출제
06 다음 대화의 빈칸에 알맞지 <u>않은</u> 것은?

> A: Are you going to try out for the school soccer team?
> B: I'm not sure. I heard that good players are trying out for the team.
> A: Well, you're also good at it, so _____.
> B: Thanks. I'll try my best.

① give up
② go for it
③ cheer up
④ don't give up
⑤ just do your best

[07-08] 다음 대화를 읽고, 물음에 답하시오.

> A: Alex, 올해의 '못생긴 스웨터 파티'에 대해 들어 봤니? ("Ugly Sweater Party", about, have)
> B: Of course, I have. It's on December 5th, right?
> A: That's right. Are you going to go?
> B: I want to, but I don't have an ugly sweater.
> A: I have one that I don't wear at home. You can have it if you want.
> B: Thanks, Jenny. That would be great.
> A: Let's meet in front of the Student Center and go inside together.
> B: Sure. See you then.

★중요
07 위 대화의 밑줄 친 우리말과 일치하도록 주어진 단어를 사용하여 완전한 문장을 쓰시오.

➡ _____

08 위 대화의 내용과 일치하지 <u>않는</u> 것은?

① Alex knows about the "Ugly Sweater Party."
② This year's "Ugly Sweater Party" is on December 5th.
③ Alex is going to go to the "Ugly Sweater Party."
④ Alex will buy an ugly sweater for the party.
⑤ Jenny will meet Alex in front of the Student Center.

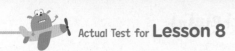
09 다음 글의 ①~⑤ 중 아래 문장이 들어갈 알맞은 곳은?

> Well, take one step at a time and don't give up.

> What can you do to be healthy? First, try to exercise every day. (①) Second, try to eat healthy food. (②) Don't eat too much fast food. (③) Third, wash your hands before meals. (④) Do these tips sound hard to do? (⑤) Then you'll live a healthy life.

★중요
10 빈칸에 알맞은 말을 주어진 단어를 활용하여 완성하시오.

> A: How does playing sports make you feel?
> B: It _____.
> (feel, make, excited)

자주 출제
11 다음 글에서 어법상 어색한 부분을 두 군데 찾아 바르게 고쳐 쓰시오.

> Today, we had a baseball match against the strongest team. We had people shout "Go, Go, Lions!" and that made our team feeling stronger. We didn't let the other team to win. It was a great day.

(1) _____ ⊙ _____
(2) _____ ⊙ _____

고난도
12 다음 두 문장이 같은 의미가 되도록 빈칸에 알맞은 말을 쓰시오.

> I was tired, but I studied hard in class.
> = Although _____.

자주 출제
13 다음 중 어법상 어색한 문장은?

① Please, don't make him cry.
② Let me give you an example.
③ I could hear her playing the piano.
④ My mother wants me to study hard.
⑤ The news had them seeing the truth.

14 다음 중 어법상 올바른 문장은?

① Although I did my best, I failed.
② I played soccer although the bad weather.
③ I wasn't late for school even though got up late.
④ Despite we had difficulties, we finally made it.
⑤ We felt excellent in spite of we lost the game.

[15-16] 다음 글을 읽고, 물음에 답하시오.

> Koh Panyee was a small floating village in the middle of the sea. Although the boys in the village ① never played soccer before, they loved watching it on TV. One day, the boys decided to make their own soccer team. However, people ② laughed at their idea.
> "That's ③ possible. Look around. Where are you going to play soccer?"
> The boys were ④ discouraged.
> "Don't ⑤ give up! Let's make our own soccer ____ⓐ____."

15 윗글의 밑줄 친 ①~⑤ 중 문맥상 어색한 것은?

16 윗글의 빈칸 ⓐ에 알맞은 것은?

① ball ② movie ③ clothes
④ field ⑤ house

[17-20] 다음 글을 읽고, 물음에 답하시오.

The boys gathered old boats and pieces of wood. ① They put the boats together and nailed the wood to ② them. After much hard work, ③ they finally had a floating field. It was shaky and ⓐ 곳곳에 못이 있었다. The ball and the boys would often fall into the sea, so the field was always wet and slippery. ④ They had no shoes so they had to play in bare feet. __ⓑ__, they didn't care. In fact, ⑤ they built excellent skills and enjoyed playing soccer more.

17 윗글의 밑줄 친 ①~⑤ 중 가리키는 대상이 나머지와 다른 하나는?

18 윗글의 밑줄 친 ⓐ의 우리말을 영어로 쓰시오.

➲ _____

19 윗글의 빈칸 ⓑ에 알맞은 것은?

① Then   ② Still
③ At last   ④ Finally
⑤ For example

고난도
20 Why was the field always wet and slippery?

➲ _____

[21-23] 다음 글을 읽고, 물음에 답하시오.

On the day of the semi-final, it was raining hard. The boys were losing by two goals and it looked impossible to win. (①)
"The other team is so strong," they thought. (②) They took off their shoes during the second half and the game changed completely. (③) They played better in the rain thanks to the slippery field at home. (④) Although they lost by a score of three to two, still, they felt proud of themselves. (⑤) They didn't give up when they were losing. They _____ until the end.

⭐중요
21 윗글의 ①~⑤ 중 주어진 문장이 들어갈 알맞은 곳은?

But the boys didn't give up.

22 윗글의 빈칸에 알맞은 것은?

① felt hopeless
② did their best
③ was discouraged
④ didn't try their best
⑤ thought about the score

23 윗글을 읽고 대답할 수 없는 질문은?

① How was the weather on the day of semi-final?
② What did the boys think of the other team?
③ What happened in the second half of the semi-final?
④ Why did the boys play better in the rain?
⑤ How did the boys finally win the semi-final?

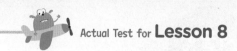
[24-25] 다음 글을 읽고, 물음에 답하시오.

My favorite sport is basketball. However, I wasn't really good at it at first. I couldn't shoot well unlike other players. <u>I felt discouraged. I didn't give up.</u> I practiced shooting for an hour every day. This made me shoot well. Now, I'm the best player on our team.

`고난도`
24 윗글의 밑줄 친 두 문장을 접속사 Although를 사용하여 한 문장으로 쓰시오.

○ _____

25 윗글의 내용을 아래와 같이 요약할 때, 빈칸에 알맞은 말을 쓰시오.

_____ is my favorite sport. Although I wasn't good at it at first, I practiced _____ every day. This made me _____ on my team.

[26-27] 다음 글을 읽고, 물음에 답하시오.

The women's field hockey team from Zimbabwe _____ ⓐ _____ the whole world. _____ ⓑ _____ they had only a month to prepare, they won the gold medal at the 1980 Olympic Games.

26 윗글의 빈칸 ⓐ에 알맞지 <u>않은</u> 것은?
① shocked   ② amazed
③ impressed   ④ discouraged
⑤ surprised

27 윗글의 빈칸 ⓑ에 알맞은 것은?
① However   ② Until   ③ Although
④ So   ⑤ Then

`서술형 1`
28 다음 상황에서 Clara에게 해 줄 수 있는 격려의 말을 쓰시오.

Clara wants to try out for the school band. But she's not sure about it. She heard that Molly and Dylan are trying out for the band. They are excellent players. What would you say?

○ _____

`서답형 1`
29 우리말과 일치하도록 주어진 단어를 활용하여 문장을 쓰시오.

(1) 민수는 그의 남동생이 수학 숙제를 하도록 시켰다. (do, make)

○ _____

(2) 나의 부모님은 내가 친구들과 캠핑을 가도록 해 주셨다. (let, go)

○ _____

`서답형 2` `고난도`
30 Koh Panyee Soccer Team에 대한 설명을 의미의 변화 없이 although를 사용하여 한 문장으로 쓰시오.

(1) We had no place to play soccer.
We made a soccer team.

○ _____
_____

(2) People saw us as a weak team.
We played hard until the end.

○ _____
_____

(3) We lost the semi-final.
Many people became our fans.

○ _____
_____

하 **1** 주어진 우리말과 일치하도록 빈칸에 알맞은 말을 써서 대화를 완성하시오.

> Amy: Hey, Jason. (1) 크리켓에 대해 들어 봤니?
>
> Jason: Yes, I have. It's a popular sport in the U.K.
>
> Amy: Right. Yesterday, I saw a cricket game on TV. It was very interesting to me. (2) 그것을 보고 나는 크리켓 팀에 참가하고 싶어졌어.
>
> Jason: Sounds good. (3) 포기하지 마. Go for it!

(1) Have _____ cricket?

(2) It made _____ the cricket team.

(3) Don't _____.

유의점

• Have you heard of[about] ... ? 은 상대방이 무언가에 대해서 알고 있는지 묻는 표현으로 사용할 수 있다.

• 사역동사는 목적격 보어로 동사원형을 취한다는 것에 유의한다.

중 **2** 다음 그림과 주어진 우리말을 참고하여 문장을 완성하시오.

(1) I finished reading a book _____.
　　　　　　　　　　　　　　　(나는 졸렸음에도 불구하고)

(2) _____, we played soccer.
　　　(눈이 왔음에도 불구하고)

유의점

• '~임에도 불구하고', '비록 ~일지라도'라는 의미로 문장과 문장을 연결하는 접속사를 사용하여 문장을 완성한다.

상 **3** 다음 질문에 대한 대답을 자신의 입장에서 완전한 문장으로 쓰시오.

(1) Q: Have you ever heard of bobsleigh?

　A: _____

(2) Q: What makes you feel excited?

　A: _____

(3) Q: How does listening to music make you feel?

　A: _____

유의점

• 질문에 사용된 시제를 사용하여 답한다.

• 사역동사는 목적격 보어로 동사원형을 취한다는 것에 유의한다.

실전

내신 평가 대비

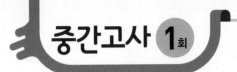

중간고사 1회

01 다음 영영 풀이에 알맞은 단어는?

> to get away from a place such as a prison

① puzzle   ② detective   ③ accident

④ escape   ⑤ suspect

02 다음 빈칸에 알맞지 <u>않은</u> 것은?

> We can't buy _____ with money.

① strength   ② happiness   ③ creative

④ culture   ⑤ tradition

03 다음 두 문장의 빈칸에 공통으로 알맞은 말을 쓰시오.

> · Edward is kind and quick to learn. I mean he's a nice and _____ student.
> · Stacy likes _____ colors such as orange and yellow.

04 다음 빈칸에 알맞은 말이 바르게 짝 지어진 것은?

> · Having homework takes _____ our free time.
> · Turn _____ the card and check it.

① on – off   ② in – from   ③ at – up

④ to – with   ⑤ away – over

[05-06] 다음 대화를 읽고, 물음에 답하시오.

> A: Try to solve this _____ⓐ_____. Four people are under one umbrella, but nobody gets wet. _____ⓑ_____
> B: Yes! It's because it's a sunny day.

05 위 대화의 빈칸 ⓐ에 알맞은 것은?

① case   ② clue   ③ riddle

④ matter   ⑤ situation

06 위 대화의 빈칸 ⓑ에 알맞은 것은? 고난도

① Can you explain why?

② What do you think about this?

③ Can you tell me how to explain that?

④ Could you explain what that means?

⑤ Do you mind explaining the reason?

07 다음 대화 ⓐ~ⓔ를 순서대로 바르게 나열하시오.

> ⓐ Look more closely. Do you see many arms behind her?
> ⓑ Look at the dancing girls, Dongjun. Aren't they amazing?
> ⓒ That's right. I'm sure there are more than 10 dancers.
> ⓓ Wow. I didn't know that there were other dancers behind her.
> ⓔ Girls? I can only see one dancer.

[08-09] 다음 대화를 읽고, 물음에 답하시오.

> Junsu: You know what? We'll have the school dance contest soon.
> Emily: That's right. I heard Jimin's class is going to perform a taekwondo dance and Tim's class is going to do a K-pop dance.
> Brian: We should also decide what to do.
> Mina: How about a *Buchaechum*? In my opinion, it is easy to learn, and it's also beautiful.
> Emily: That sounds like a good idea. But who will teach us?
> Brian: Mina is good at traditional dances. Can you help us, Mina?
> Mina: Of course, I will. <u>I'm sure</u> we'll have a lot of fun.
> Junsu: Great. Let's give it a try.

08 위 대화의 밑줄 친 부분과 바꿔 쓸 수 <u>없는</u> 것은?

① I bet   ② I'm afraid

③ I'm certain   ④ I'm positive

⑤ I'm convinced

09 위 대화의 내용을 <u>잘못</u> 이해한 사람은?

① 민호: Brian이 부채춤을 추자고 제안했어.
② 하민: 벌써 무슨 춤을 출지 정한 반이 있대.
③ 규리: 준수네 학교에 춤 경연 대회가 열린대.
④ 지영: 부채춤은 배우기가 쉽대.
⑤ 세희: 전통 무용을 잘하는 미나가 부채춤을 가르칠 거야.

자주 출제
10 다음 문장을 수동태로 바꿔 쓸 때 올바른 것은?

> We will not take this problem lightly.

① This problem will not take lightly.
② This problem will not taken lightly.
③ This problem will not be take lightly.
④ This problem will not be took lightly.
⑤ This problem will not be taken lightly.

11 다음 대화의 빈칸에 주어진 단어를 사용하여 알맞은 말을 쓰시오.

> A: How was the concert yesterday?
> B: It _____ the last one.
>   (as, not, good)
> A: You mean yesterday's concert was worse than the last one?
> B: Exactly. It was quite disappointing.

[12-13] 다음 빈칸 ⓐ~ⓒ에 알맞은 말이 순서대로 바르게 짝 지어진 것을 고르시오.

★중요
12

> He ___ⓐ___ the letter to his mother last week, but it ___ⓑ___ to her. It ___ⓒ___ somewhere.

① mail – was sent – loses
② mailed – was sent – was lost
③ mailed – was not sent – was lost
④ mailed – was not sent – has lost
⑤ will mail – is sent – is lost

13

> Ms. Spencer read ___ⓐ___ many books ___ⓑ___ she ___ⓒ___ answer all the questions.

① as – as – couldn't   ② so – as – can
③ so – that – can't   ④ so – that – could
⑤ so – that – couldn't

★중요 고난도
14 다음 중 어법상 올바른 문장은?

① I was so tired to take a walk.
② This book is difficult that I cannot read it.
③ He was sad when the trip to Europe cancelled.
④ I was told that the meeting would delay for ten minutes.
⑤ The road was so slippery that we had to give up and go home.

[15-16] 다음 글을 읽고, 물음에 답하시오.

> Welcome to the Escape Tower. You will enter the first room in our tower. You need to solve some riddles to escape. Clues can be found somewhere inside the room. So, are you ready to think like Sherlock Holmes?

15 윗글에 나온 단어 중 아래 영영 풀이에 해당하는 것은?

> something that helps you solve a problem

① escape   ② tower   ③ riddle
④ clue   ⑤ somewhere

고난도
16 윗글을 읽고, 아래 질문에 대한 대답을 완전한 문장으로 쓰시오.

> Q: Where can you find clues?
> A: _____

[17-19] 다음 글을 읽고, 물음에 답하시오.

Mr. Doodle was hit ⓐ by a car on Sunday afternoon. (①) Luckily, he wasn't badly hurt, but he didn't see the driver. (②) Ms. A said she was reading a book at the time of the accident. Mr. B said he was walking his dog. Ms. C said she was making breakfast. (③) Who hit Mr. Doodle? Can you explain why? Do you have the answer? (④) Write it down. (⑤) Then you can move to the next room.

17 윗글의 ①~⑤ 중 주어진 문장이 들어갈 위치로 알맞은 곳은?

> A police officer questioned three suspects.

★중요
18 윗글의 밑줄 친 ⓐ by와 쓰임이 같은 것은?

① Stand by me until I finish it.
② She paid for it by credit card.
③ The song was written by its singer.
④ The report should be done by Friday.
⑤ Some tourists who pass by may show some interest in it.

19 윗글의 내용과 일치하지 <u>않는</u> 것은?

① Mr. B was questioned as a suspect.
② Mr. Doodle didn't know who hit him.
③ Ms. A had nothing to do with the accident.
④ The car accident happened in the afternoon.
⑤ Ms. C was in her kitchen at the time of the accident.

[20-21] 다음 글을 읽고, 물음에 답하시오.

Kathakali tells a story. The dancers tell stories ___①___ their body movements. These stories are usually about a fight ___②___ good and evil. Dancers who are playing good characters paint their faces green. Those ___③___ are playing evil characters wear black make-up. Interestingly, in *Kathakali*, only men ___(A)___.(allow, dance) The body movements are ___④___ powerful ___⑤___ the dancers need to train for many years.

20 윗글의 빈칸 ①~⑤ 중 알맞은 것은?

① through　　② among　　③ which
④ such　　⑤ as

★중요
21 윗글의 빈칸 (A)에 주어진 단어를 활용하여 문맥상 알맞은 말을 쓰시오.

➡ _____

[22-23] 다음 글을 읽고, 물음에 답하시오.

When people visit New Zealand, they may meet a group of *haka* dancers. The dancers perform this traditional dance with scary faces. This dance was originally performed by the Maori before a fight. They wanted ___ⓐ___ the enemy. The dancers looked as scary as wild animals before fighting. Nowadays, in New Zealand, rugby players usually perform a *haka* before a game ___ⓐ___ the other team.

자주 출제
22 윗글의 빈칸 ⓐ에 문맥상 공통으로 알맞은 것은?

① to ask a favor of
② to make friends with
③ to give their energy to
④ to show their strength to
⑤ to show off their dancing skills to

23 윗글을 읽고, 대답할 수 <u>없는</u> 것은?

① What is a *haka*?

② How long does it take to perform a *haka*?

③ When did the Maori perform a *haka*?

④ How did the *haka* dancers look in the past?

⑤ Who usually performs a *haka* these days?

24 다음 글의 step dance에 관한 설명과 일치하지 <u>않는</u> 것은?

> A step dance is a traditional dance in Ireland. The dancers wear colorful costumes. In my opinion, the dancers look as cute as dolls. The dancers move their feet so fast that they look like they're flying!

① 아일랜드의 전통 춤이다.

② 다채로운 색상의 의상을 입는다.

③ 인형들을 소품으로 하여 추는 춤이다.

④ 발을 매우 빠르게 움직여 추는 춤이다.

⑤ 무용수들이 마치 나는 것처럼 보이는 춤이다.

25 다음 글의 밑줄 친 ①~⑤ 중 어법에 맞게 고친 것은?

> It was last Sunday. Dohun was at home. Suddenly, he ① <u>hears</u> a sound in the next room. When he went into the room, the window ② <u>break</u>. When he looked outside, Sujin ③ <u>hold</u> a baseball bat and Ted was throwing a ball to his dog. Who ④ <u>break</u> the window? How can it ⑤ <u>explain</u>?

① was heard   ② broke   ③ held

④ was broken ⑤ be explained

서술형 1

26 다음 대답에 알맞은 질문을 완성하시오.

> Q: _____ how to use this?
> A: Sure. You just push this button.

서술형 2 고난도

27 다음 표를 보고 두 사람을 비교하되, 마지막의 '성품'에 대해서는 주어진 동물로 비교하시오.

	Jessy	**Kate**
Height	1m 67cm	1m 67cm
Math grade	C	A
Character	brave	wise

(1) Jessy _____ Kate.

(2) In math, Jessy isn't _____ Kate.

(3) Jessy _____ (lion), and Kate _____ (owl).

서술형 3

28 다음 질문에 알맞은 답을 우리말과 일치하도록 쓰시오.

> Q: What do you think about this photo?
> A: _____
> (내 생각에는 그것은 독특해.)

서답형 1

29 괄호 안에 주어진 단어를 활용하여 대화를 완성하시오.

> A: Jina, why were you late, today?
> B: I saw a car accident this morning. A boy _____ a car. (hit)
> A: Oh, is he okay?
> B: I called 119, and he _____ to hospital. (take)

서답형 2

30 다음 두 문장을 한 문장으로 바꿔 쓸 때, so ... that ~ 을 사용하여 문장을 완성하시오.

> · The movie was very moving.
> · I couldn't stand up when it was over.
> ◦ The movie _____ when it was over.

중간고사 2회

01 다음 짝 지어진 두 단어의 관계가 나머지와 다른 하나는?

① powerful – power　② move – movement
③ solve – solution　④ create – creature
⑤ perform – performance

02 다음 영영 풀이에 알맞은 단어는?

> to entertain an audience by playing a piece of music, acting in a play, etc.

① hold　　② drop　　③ cheer
④ express　⑤ perform

03 다음 중 빈칸에 알맞은 말이 나머지와 다른 하나는?

① I'll _____ it to the top on my own.
② May I _____ a look at your passport?
③ She didn't _____ her eyes off her son.
④ This medicine will _____ the pain away.
⑤ _____ off your coat and make yourself at home.

04 다음 중 밑줄 친 this가 의미하는 것이 잘못된 것은?

① When the weather is hot, you need this. – fan
② Many people wear this at work. – uniform
③ Everyone wants to live with this. – happiness
④ Almost every country has its own kind of this. – culture
⑤ When you have this, you can move a heavy box. – opinion

05 다음 대화의 빈칸에 가장 알맞은 것은?

> A: You're doing very well these days.
> _____
> B: Thanks, Mom. I'll try my best.

① Have fun.　　　② That's interesting.
③ I agree with you.　④ Let's give it a try.
⑤ Keep up the good work.

06 다음 대화의 빈칸에 알맞지 않은 것은?

> A: What do you think about wearing make-up to school?
> B: _____.

① I'm against it.
② I think I totally agree with you.
③ To my mind, schools should allow it.
④ In my view, girls may feel happier if they use make-up.
⑤ In my opinion, students should focus only on their studies.

07 다음 대화의 밑줄 친 부분의 의도로 알맞은 것은?

> A: Where did you hide your gold? Can you explain how to get there?
> B: First, walk straight for two blocks. Then turn left.

① 제안하기　② 의도 묻기　③ 의견 표현하기
④ 열거하기　⑤ 설명 요청하기

[08-09] 다음 대화를 읽고, 물음에 답하시오.

> Emily: Do you want to solve a riddle?
> Junsu: Sure, what is it?
> Emily: There is a farmer. First, the farmer buys a fox, a duck, and a bag of beans. Then, the farmer needs to cross a river.
> Junsu: What's the problem?
> Emily: The boat can only ⓐ hold the farmer and one more thing.
> Junsu: Are you saying that the farmer can take only one thing at a time?
> Emily: Yes. Also, the fox will eat the duck or the duck will eat the beans if the farmer isn't there. ⓑ 모든 것을 강 건너로 안전하게 옮기는 방법을 설명할 수 있겠니?

08 위 대화의 밑줄 친 ⓐ hold와 같은 의미로 쓰인 것은?

① Hold your head up.

② What is he holding in his arms?

③ Be sure to take hold of it tightly.

④ This elevator holds about ten people.

⑤ They decided to hold the meeting at the Convention Center.

09 위 대화의 밑줄 친 ⓑ의 우리말과 일치하도록 문장을 완성하시오.

➡ _____ move everything across the river safely?

10 다음 밑줄 친 ①~⑤ 중 어법상 어색한 것은?

These questions were ① so easy ② that ③ they ④ could be solve ⑤ in a few seconds.

11 다음 대화의 빈칸에 make를 어법상 올바른 형태로 쓰시오.

A: Did your group ⓐ a decision about what to do on Career Day?

B: Well, the first decision ⓑ last week, but some problems came up. So another decision ⓒ tomorrow. I hope it will be the final decision.

ⓐ _____ ⓑ _____ ⓒ _____

12 다음 중 나머지 문장과 의미가 다른 하나는?

① He is older than he looks.

② He isn't as young as he looks.

③ He doesn't look as young as he is.

④ He looks younger than his age.

⑤ He looks younger than he really is.

13 다음 두 문장을 한 문장으로 바꿔 쓸 때, 올바른 것은?

· I'm very afraid of putting on weight.
· I eat like a bird.

① I'm too afraid of putting on weight to eat like a bird.

② I eat like a bird, so I'm very afraid of putting on weight.

③ I'm so afraid of putting on weight that I eat like a bird.

④ I'm very afraid of putting on weight because I eat like a bird.

⑤ I eat like a bird, so that I'm very afraid of putting on weight.

14 다음 중 어법상 어색한 문장은?

① He felt healthy as a horse.

② He'll save as much as he can.

③ The ice was thick enough for me to walk on.

④ She was so tired that she falls asleep at her desk.

⑤ The plan should be carried out by the other team.

[15-16] 다음 글을 읽고, 물음에 답하시오.

Mr. Doodle was hit by a car on Sunday afternoon. ___ⓐ___, he wasn't badly hurt, but he didn't see the driver. ⓑ A police officer questioned three suspects. Ms. A said she was reading a book at the time of the accident. Mr. B said he was walking his dog. Ms. C said she was making breakfast.

15 윗글의 빈칸 ⓐ에 알맞은 것은?

① Luckily   ② Finally   ③ Suddenly
④ Probably   ⑤ Unfortunately

16 윗글의 밑줄 친 ⓑ를 수동태 문장으로 바꿔 쓰시오.

[17-18] 다음 글을 읽고, 물음에 답하시오.

Jay gets ① an email from his favorite clothing store. ② Its title reads "You won our Lucky Day event!" Jay is surprised. He quickly opens ③ it.

JayJr@kmail.com
You won our 'Lucky Day' event!
Congratulations!
You have won a special prize. During our Lucky Day event, you can choose any seven items from our store for free! Come to our store on November 31. We can't wait to see you.
Truly yours,
Kay Brown

However, Jay deletes ④ it because (A) he thinks that the event isn't real. Can you explain why? Do you have the answer? Write ⑤ it down and then you are free to go!

17 윗글의 밑줄 친 ①~⑤ 중 가리키는 것이 나머지와 다른 하나는?

18 윗글의 밑줄 친 (A)의 근거가 되는 한 문장을 Jay가 받은 메일에서 찾아 쓰시오.

[19-20] 다음 글을 읽고, 물음에 답하시오.

Kathakali tells a story. The dancers tell stories ① through their body movements. These stories are usually about ② a fight between good and evil. ③ Dancers who are playing good characters paint their faces green. Those who are playing evil characters ④ wear black make-up. Interestingly, in *Kathakali*, only men are allowed to dance. The dancers need to train for many years ⑤ because the body movements are very powerful.

19 윗글의 밑줄 친 ①~⑤ 중 주어진 질문에 대한 답으로 알맞은 것은?

What stories do the dancers in *Kathakali* express?

20 윗글의 *Kathakali*에 대한 설명과 일치하지 않는 것은?

① 말과 동작을 통해 이야기를 전달한다.
② 이야기는 주로 선과 악의 싸움에 관한 것이다.
③ 얼굴을 분장한 색깔로 선한 역할과 악한 역할을 구별할 수 있다.
④ 오직 남자만이 이 춤을 출 수 있다.
⑤ 오랫동안 훈련을 해야 하는 춤이다.

[21-23] 다음 글을 읽고, 물음에 답하시오.

When people visit New Zealand, they may meet a group of *haka* dancers. (①) The dancers perform this traditional dance with scary faces. (②) They wanted to show their strength to the enemy. (③) The dancers looked (A) 야생 동물들만큼 무서운 before fighting. (④) Nowadays, in New Zealand, rugby players usually perform a *haka* before a game to show their strength to the other team. (⑤)

21 윗글의 ①~⑤ 중 주어진 문장이 들어갈 위치로 알맞은 곳은?

This dance was originally performed by the Maori before a fight.

★중요
22 윗글의 밑줄 친 (A)에 주어진 우리말과 일치하도록 다섯 단어로 쓰시오.

23 윗글에서 아래 영영 풀이에 해당하는 단어를 찾아 쓰시오.

someone who hates, attacks or tries to harm another person

24 다음 글의 밑줄 친 ①~⑤ 중 어법상 어색한 것은?

> *Buchaechum* is a ① traditional Korean fan dance. The dancers wear ② colorful *hanbok*. They dance with large fans that ③ are painted in bright colors. The dancers move the fans ④ graceful to show different kinds of ⑤ beauty.

25 다음 글의 빈칸에 알맞은 것은?

> A lot of riddles in the UK use letters and _____.
>
> Q1. Which letter can you drink? – T
>
> Q2. Which letter is an insect? – B
>
> Q3. Which letter is a part of the head? – I

① nature   ② sounds   ③ images

④ animals   ⑤ creatures

서답형 1

26 다음 질문에 이길 것을 확신하는 대답을 sure를 사용하여 완성하시오.

> Q: Do you think our team will win the next game?
>
> A: Yes. _____ next time. We've practiced a lot.

서답형 2

27 다음 질문에 알맞은 대답을 주어진 단어를 사용하여 완성하시오.

> A: How is Tony doing these days?
>
> B: Oh, _____.
>
> I haven't seen him for months.
>
> (as, a bee, busy)

서답형 3

28 다음 밑줄 친 부분을 주어로 하여 수동태 문장을 완성하시오.

> (1) Thousands of fans send <u>various presents</u> to the singer.
>
>   ◐ _____
>   _____
>
> (2) In my opinion, she will not keep <u>the secret</u>.
>
>   ◐ In my opinion, _____.
>
> (3) The coach will choose <u>him</u> for the team.
>
>   ◐ _____

서답형 4 고난도

29 다음 그림을 보고, 주어진 표현을 활용하여 상황에 맞게 문장을 완성하시오.

> ◐ Ted _____.
>
> (hard, get a perfect grade, so, study, that, he)

서술형 1 ★중요

30 다음 질문에 알맞은 절차를 설명하되, 우리말과 일치하도록 주어진 단어를 사용하여 완전한 문장으로 쓰시오.

> Q: Can you explain how to use this machine?
>
> A: Sure. 먼저 문을 열어. 두 번째로 상자를 기계 안에 넣어. 세 번째로 문을 닫고, 그런 다음 이 단추를 누르면 돼.
>
> ◐ _____
>   _____
>
> (machine, put, push, button)

기말고사 1회

01 다음 대화의 빈칸에 알맞은 것은?

> A: Where are you going?
> B: I'm going to practice soccer. I'm planning to _____ the school soccer team.

① give up　　　　② fall into
③ pick out　　　　④ try out for
⑤ try my best

02 다음 빈칸에 알맞은 것을 <u>모두</u> 고르면?

> _____ I got sick, I finished my English homework.

① Although　② Since　　③ If
④ Because　　⑤ Even though

[03-04] 다음 두 문장의 빈칸에 공통으로 알맞은 말을 쓰시오.

03
> · I stayed up _____ night.
> · We all were worried because the fire _____ed so long.

04
> · I'll have juice instead _____ coffee.
> · Your parents must be proud _____ you.

[05-06] 다음 주어진 문장과 의미가 같은 것을 고르시오.

05
> I can't wait to learn coding.

① I enjoy learning coding.
② I'm trying to learn coding.
③ I'm allowed to learn coding.
④ I decided to learn coding.
⑤ I'm looking forward to learning coding.

06
> How come you skipped lunch?

① Who skipped lunch?
② Why did you skip lunch?
③ When did you skip lunch?
④ How could you skip lunch?
⑤ Where did you go after you skipped lunch?

07 다음 대화 중 자연스럽지 <u>않은</u> 것은?

① A: Have you heard of the Gobi Desert?
　 B: Yes, I have. Isn't it in Mongolia?
② A: Which sport do you want to learn?
　 B: I don't like basketball, too.
③ A: I heard you took an audition.
　 B: Yes, I did. Guess what! I got the role!
④ A: Are you going to the concert tonight?
　 B: Yes, I am. I can't wait to go there.
⑤ A: I don't think I'll make it this time.
　 B: Yes, you can! Cheer up!

[08-09] 다음 대화를 읽고, 물음에 답하시오.

> Emily: I'm worried about the soccer match. We're playing against a strong team. I think we'll lose.
> Father: Don't say that. Have you ⓐ <u>hear</u> about the Greek team in the 2004 Euro Cup?
> Emily: No, I ⓑ <u>have</u>. What about them?
> Father: They were a weak team, so everyone thought that they would lose. However, they played as a team and worked hard. Finally, they won the Euro Cup. So, _____ⓒ.

08 위 대화의 밑줄 친 ⓐ와 ⓑ를 어법상 바르게 쓰시오.
　ⓐ _____　　ⓑ _____

09 위 대화의 빈칸 ⓒ에 알맞지 <u>않은</u> 것은?

① go for it　　　　② cheer up
③ don't give up　　④ you can do it
⑤ don't even try

고난도

10 빈칸에 알맞은 말을 주어진 표현을 사용하여 완전한 문장으로 쓰시오.

> A: _____
>   (made, how come, cry)
> B: I'm sorry. I didn't expect her to cry.

11 다음 문장의 빈칸 ⓐ와 ⓑ에 알맞은 것끼리 짝 지어진 것은?

> · It might be boring ⓐ____ some people to go shopping.
> · It was rude ⓑ____ you to say so.

① of – of   ② of – to   ③ of – for
④ for – for   ⑤ for – of

12 다음 두 문장을 한 문장으로 바르게 연결한 것은?

> I got up late. I arrived at school on time.

① If I got up late, I arrived at school on time.
② I got up late, so I arrived at school on time.
③ As I got up late, I arrived at school on time.
④ Because I got up late, I arrived at school on time.
⑤ Even though I got up late, I arrived at school on time.

자주 출제

13 다음 문장의 밑줄 친 it과 쓰임이 같은 것은?

> It was nice of Tina to invite us.

① It wasn't sunny, but we went on a picnic.
② How far is it from your school to his house?
③ It isn't possible for you to predict the future.
④ Julie sent a letter to me and I was glad to get it.
⑤ When I lost the soccer game, my father told me not to keep thinking about it.

14 다음 문장의 빈칸에 알맞은 것은?

> Could you let me _____ what time you need to leave?

① know   ② knew   ③ known
④ knowing   ⑤ to know

[15-17] 다음 글을 읽고, 물음에 답하시오.

> The boys gathered old boats and pieces of wood. They put the boats together and nailed the wood to them. After ⓐ many hard work, they finally had a floating field. It was shaky and had nails everywhere. The ball and the boys would often fall into the sea, so the _____ was always wet and slippery. They had no shoes so they had to play in bare feet. Still, they didn't care. In fact, they built excellent skills and enjoyed ⓑ play soccer more.

고난도

15 윗글의 밑줄 친 ⓐ many와 ⓑ play를 어법상 바른 형태끼리 짝 지어진 것은?

① lots of – to play   ② a lot of – playing
③ a lot of – to play   ④ much – to play
⑤ much – playing

16 윗글의 빈칸에 알맞은 말을 본문에서 찾아 쓰시오.

◎ _____

17 윗글을 읽고 알 수 없는 것은?

① What the boys used to build the field
② Where the field was placed
③ Why the field got wet and slippery
④ What the ball was made of
⑤ Whether the boys had shoes or not

Welcome to the Super Science Magic Show! It's always exciting ⓐ to see magic tricks. And it's more exciting to find out the secrets behind them. Some people think the secret of magic is science. Today, Ken, a member of the School Magic Club, will use science to perform his tricks. Which tricks will he show us? ⓑ 저는 그의 마술을 어서 보고 싶군요. (wait, tricks)

★중요
18 윗글의 밑줄 친 ⓐ to의 쓰임과 같은 것은?

① The boy needs something to drink.
② There is too much luggage to carry.
③ We're so glad to meet you after such a long time.
④ My dream is to travel all around the world some day.
⑤ Sarah stared at the magician to find out the secrets behind his magic.

19 윗글의 밑줄 친 ⓑ의 우리말과 일치하도록 주어진 단어를 사용하여 쓰시오.

○ _____

20 윗글의 내용과 일치하지 <u>않는</u> 것은?

① 글쓴이는 Ken이 어떤 마술을 보여줄지 알고 있다.
② 쇼의 제목은 Super Science Magic Show이다.
③ 글쓴이는 마술 뒤에 숨겨진 비밀을 알아내는 것이 더 재미있다고 생각한다.
④ 몇몇 사람들은 마술의 비밀이 과학과 관련이 있다고 생각한다.
⑤ Ken은 학교의 마술 동아리의 회원이다.

[21-22] 다음 글을 읽고, 물음에 답하시오.

Ken: Now, I'm going to fill one of these cups with water. I will move them around to confuse you. Jina, which cup has the water in it?

Jina: That's easy! ① It's the middle one.
Ken: Okay, let's check. See? No water.
Jina: ② Show me the other cups.
Ken: See? There's no water.
Jina: Wow! ③ How come the water appeared?
Ken: ④ Before the trick, I put a special material into one of the cups. The material absorbed the water and turned in into jelly. ⑤ Then the jelly stuck to the bottom. If you want to try this trick, it's necessary ⓐ use cups that you can't see through.

21 윗글의 밑줄 친 ①~⑤ 중 흐름상 <u>어색한</u> 것은?

★중요
22 윗글의 밑줄 친 ⓐ use를 어법상 바르게 쓰시오.

○ _____

23 다음 글을 읽고, 대답할 수 <u>없는</u> 질문은?

My favorite sport is basketball. However, I wasn't really good at it at first. I couldn't shoot well unlike other players. Although I felt discouraged, I didn't give up. I practiced shooting for an hour every day. This made me shoot well. Now, I'm the best player on our team.

① What is the writer's favorite sport?
② How did the writer feel at first?
③ How many players were there on the writer's team?
④ What made the writer shoot well?
⑤ Who is the best player on the team now?

[24-25] 다음 글을 읽고, 물음에 답하시오.

North Atlantic Ocean – The Bermuda Triangle

A number of airplanes and ships have ① disappeared in the Bermuda Triangle. How come? It's still a ② mystery.

USA – The moving rocks in Death Valley

How come the rocks move on their own? They weigh up to 300 kilograms each. Some scientists have watched their ③ movements closely for a long time. Now we know that ice and wind move the rocks.

Egypt – The pyramids

Some of the rocks that were used to build the pyramids weigh about 70 tons. How was it ④ impossible to move such ⑤ heavy rocks back then? It's still a mystery.

24 윗글의 밑줄 친 ①~⑤ 중 문맥상 어색한 것은?

자주 출제

25 윗글을 읽고 대답할 수 없는 질문은?

① Which of the three mysteries above has been solved?

② How many airplanes and ships have disappeared in the Bermuda Triangle?

③ Why did scientists watch the rocks in Death Valley move?

④ What moves the rocks in Death Valley?

⑤ What was used to build the pyramids in Egypt?

서답형 1

26 다음 응답에 대한 질문을 which를 사용하여 쓰시오.

Q: _____
A: I like to learn basketball.

서답형 2

27 다음 표를 보고 문장을 완성하시오.

| Sam is nice. | He took care of me when I was sick. |
| Sally is kind. | She helped me study math. |

(1) It was nice _____.

(2) It _____.

서답형 3

28 다음 상황에서 엄마에게 할 수 있는 말을 주어진 단어를 사용하여 완성하시오.

Your mom promised to take you to the zoo, and it made you feel excited.

◎ Mom, I _____ go to the zoo.
(wait)

서술형 1

29 다음 대화를 읽고, 주어진 단어를 사용하여 한 문장으로 요약하시오.

John: What are you listening to?
Lisa: I'm listening to a pop song.
John: Can you understand the lyrics?
Lisa: No, I can't. But I love it.

◎ _____,
(although, understand)
she loves the pop song.

서술형 2

30 우리말과 일치하도록 주어진 표현을 사용하여 문장을 쓰시오.

엄마는 내게 설거지를 시켰고, 남동생에게 거실 청소를 시켰다.

◎ _____

_____
(do the dishes, clean)

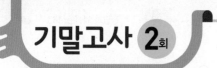

01 다음 짝 지어진 두 단어의 관계가 나머지와 <u>다른</u> 하나는?

① rise – fall
② take off – put on
③ necessary – required
④ contract – expand
⑤ discouraged – encouraging

02 다음 두 문장의 빈칸에 공통으로 알맞은 것은?

> • It's hard to pick _____ a delicious melon.
> • I will try _____ for the school bowling club.

① up   ② on   ③ off   ④ out   ⑤ for

03 다음 영영 풀이에 알맞은 단어는?

> not clothed or covered

① dry   ② bare   ③ wide
④ shaky   ⑤ proud

04 다음 중 밑줄 친 부분이 의미하는 것이 <u>잘못된</u> 것은?

① <u>It</u>'s a large piece of land with almost no water, rain, trees, or plants. – desert
② <u>They</u> are the people who live in a village. – villagers
③ Ms. Holmes could not find <u>it</u> behind the magic. – trick
④ <u>Its</u> heat was so great that people couldn't get any closer. – pressure
⑤ Even though Kate was afraid, she decided to try with <u>it</u>. – courage

05 다음 대화의 빈칸에 알맞은 것은?

> A: _____
> B: I like seafood better.

① How was your seafood dish?
② How do you like your seafood?
③ What kind of seafood do you like?
④ Where do you like to have seafood?
⑤ Which do you like better, meat or seafood?

06 다음 대화의 밑줄 친 부분의 의도로 알맞은 것은?

> A: I'm afraid I'll fail at the interview.
> B: I don't think you will. <u>Just go for it!</u>

① 권유하기   ② 요청하기   ③ 이유 묻기
④ 제안하기   ⑤ 격려하기

07 다음 대화를 순서대로 바르게 배열하시오.

> Alex, have you heard about this year's "Ugly Sweater Party?"
> ☐ I have one that I don't wear at home. You can have it if you want.
> ☐ Yes, I have. I want to go, but I don't have an ugly sweater.
> ☐ Thanks. That would be great.

[08-09] 다음 대화를 읽고, 물음에 답하시오.

> Brian: Mina, will you join our tennis club?
> Mina: It sounds interesting, but I signed up for a special class this fall.
> Brian: ⓐ 어떤 수업을 신청했니? (class, sign up for)
> Mina: I signed up for a magic class. _____ⓑ_____
> Brian: That sounds cool! Have you learned magic tricks before?
> Mina: Yes, I learned some before.

08 위 대화의 밑줄 친 ⓐ의 우리말과 일치하도록 주어진 표현을 사용하여 쓰시오.

○ ＿＿＿＿＿＿＿＿＿＿＿＿＿＿＿＿

09 위 대화의 빈칸 ⓑ에 알맞지 <u>않은</u> 것은?

① I'm dying to learn magic tricks.
② I can't wait to learn magic tricks.
③ I'm longing to learn magic tricks.
④ I'm allowed to learn magic tricks.
⑤ I'm looking forward to learning magic tricks.

★중요
10 다음 문장의 빈칸에 알맞은 것은?

> My mom ＿＿＿＿ me clean my room.

① allowed　② asked　③ made
④ told　⑤ wanted

11 다음 글의 빈칸에 주어진 단어를 어법에 맞게 쓰시오.

> I'll let you ＿＿＿(know) two things to keep in mind. In the swimming pool, it's necessary ＿＿＿(keep) your swimming hat on. And it's not safe ＿＿＿(jump) into the water before warming up.

자주 출제
12 다음 중 어법상 <u>어색한</u> 문장은?

① How come there is no one here?
② Although his fault, he kept smiling.
③ It is important to wear a helmet.
④ Jason had the guy carry his luggage.
⑤ She went to work though she felt depressed.

고난도
13 다음 대화의 밑줄 친 우리말을 주어진 표현을 사용하여 쓰시오.

> A: Who took you to the bus stop?
> B: Luke did. <u>그가 나를 버스 정류장에 데려다 준 것은 친절했어.</u> (kind, the bus stop)

○ ＿＿＿＿＿＿＿＿＿＿＿＿＿＿＿＿

14 다음 질문에 대한 대답으로 알맞은 것은?

> How come William failed the exam?

① It's because he studied so hard.
② I've heard that he went to school.
③ He got sick, so he couldn't study.
④ I don't know, but he can sing well.
⑤ He took the science exam yesterday.

[15-17] 다음 글을 읽고, 물음에 답하시오.

> Ken: Today, I'm going to show you something amazing. Here's a dish with water in ① it. Now, I'll put and light a candle in the middle of the dish, and cover ② it with a glass. "Abracadabra!"
> Jina: ⓐ How come did it rise into the glass?
> Ken: Air expands when ③ it gets hot and creates higher pressure. When ④ it gets cold, air contracts and creates lower pressure. When the flame burnt out, the air inside the glass cooled down. As the air cooled down, the air pressure dropped. So the air outside the glass was at a higher pressure. ⑤ It pushed the water into the glass.

15 윗글의 밑줄 친 ①~⑤ 중 의미하는 것이 올바른 것은?

① something　② the candle
③ the glass　④ higher pressure
⑤ the glass

16 윗글의 밑줄 친 ⓐ를 어법상 바르게 고쳐 쓰시오.

◐ _____

17 윗글을 읽고 대답할 수 없는 것은?

① Who gave the show?
② What did Ken say before the water rose into the cup?
③ How does the air pressure change when air gets hot?
④ Why did the water rise into the glass?
⑤ What did Ken use to light the candle?

[18-19] 다음 글을 읽고, 물음에 답하시오.

(①) Koh Panyee was a small floating village in the middle of the sea. (②) The boys in the village never played soccer before. (③) One day, the boys decided to make their own soccer team. (④) However, people laughed at their idea. (⑤)
"That's impossible."
"What makes you say so?"
"Look around. Where are you going to play soccer?"
The villagers were right. They boys had no place to play soccer. They were _____.

18 윗글의 ①~⑤ 중 주어진 문장이 들어갈 알맞은 곳은?

> But they loved watching it on TV.

19 윗글의 빈칸에 알맞은 단어는?

① bored   ② moved   ③ excited
④ proud   ⑤ discouraged

[20-22] 다음 글을 읽고, 물음에 답하시오.

One day, a boy brought a poster about a soccer tournament. ① They decided to give it a try. When they were about to leave, the villagers gave them new shoes and uniforms. Some even came to watch the game. (A) This made the boys feeling better. At first, people saw them as the weakest team. However, when the tournament started, the soccer team surprised everyone.

On the day of the semi-final, it was raining hard. ② They were losing by two goals and it looked impossible to win. ③ But the boys gave up. They took off their shoes during the second half and the game changed completely. They played better in the rain thanks to the slippery field at home. ④ Although they lost by a score of three to two, still, they felt proud of themselves. They didn't give up when they were losing. ⑤ They tried their best until the end.

20 윗글의 밑줄 친 ①~⑤ 중 흐름상 어색한 것은?

21 윗글의 밑줄 친 (A)에서 어법상 틀린 부분을 찾아 바르게 고쳐 쓰시오.

_____ ◐ _____

22 윗글의 내용과 일치하는 것은?

① The villagers laughed at the boys when they started the tournament.
② None of the villagers came to watch the boys' soccer match.
③ The boys were confident and thought they would win.
④ The boys didn't give up and won the game.
⑤ The boys could play better thanks to the slippery field.

23 다음 글의 뒤에 이어질 내용을 우리말로 쓰시오.

> Can a coin dance? Let's test it. You need a coin and a bottle. Before you start, it is important to cool the bottle. First, put a coin on the mouth of the bottle. Then, hold the bottle in your hands for a while. Then the coin moves up and down. How come the coin moves?

○ _____

[24-25] 다음 글을 읽고, 물음에 답하시오.

> The Greek team entered the 2004 Euro Cup without much hope. They were back in the tournament for the first time in 24 years. They met a strong team from Portugal in the final. Still, they won the game and it was a _____ⓐ_____ moment.
>
> The women's handball team from South Korea won a medal in the 2004 Olympic Games. _____ⓑ_____ people saw them as a weak team, they fought hard against the team from Denmark.

24 윗글의 빈칸 ⓐ에 알맞은 것은?

① annoying ② depressing ③ ugly
④ tragic ⑤ historic

25 윗글의 빈칸 ⓑ에 알맞은 것은?

① Since ② Although ③ Despite
④ If ⑤ Until

26 다음 응답에 대한 질문을 how come을 사용하여 쓰시오.

> Q: _____
> A: I'm sorry, Mom. I didn't mean to break the window.

27 대화의 빈칸에 up을 사용하여 문장을 완성하시오.

> Mary: I have a science exam tomorrow, but I think I'll fail it.
> Taeho: Mary, _____. It's never too late.

28 Tom의 엄마의 쪽지를 보고, 사역동사를 사용하여 주어진 문장을 완성하시오.

> **To-do List for Tom**
> • clean room   • do your homework

○ Tom's mom (1) _____ Tom _____
_____ . Then she (2) _____ .

29 다음 상황에서 상대방에게 할 수 있는 말을 완성하시오.

> You watched a TV program about the Bermuda Triangle, and you want to ask your friend, Amy, if she has heard of it.

○ Amy, _____ ?

30 우리말과 일치하도록 주어진 단어를 사용하여 문장을 쓰시오.

> 어린이들이 이 책을 읽는 것은 쉽지 않다.

○ _____
(easy, children)

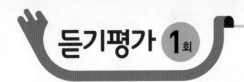

01 대화를 듣고, 두 사람이 구입할 세트를 고르시오.

02 대화를 듣고, 남자가 고른 모자를 고르시오.

03 대화를 듣고, 대화의 주제로 가장 적절한 것을 고르시오.
① 메시지 앱 대화창 꾸미기
② 메시지 앱으로 사진 보내기
③ 메시지 앱으로 친구 추가하기
④ 사진 출력하기
⑤ 사진 수정하기

04 대화를 듣고, 여자의 마지막 말의 의도로 가장 적절한 것을 고르시오.
① 칭찬하기　② 제안하기　③ 기대하기
④ 위로하기　⑤ 거절하기

05 다음을 듣고, 남자가 언급하지 않은 것을 고르시오.
① 영화의 제목　　② 영화를 본 시기
③ 영화의 내용　　④ 가장 감동받은 장면
⑤ 영화를 좋아하는 이유

06 대화를 듣고, 두 사람이 대화하고 있는 장소를 고르시오.
① hotel　　　　② drug store
③ bank　　　　④ department store
⑤ information center

07 대화를 듣고, 두 사람이 오늘 밤에 할 일을 고르시오.
① 밖에서 조깅하기
② 각자의 집에서 쉬기
③ 달에 관한 기사 읽기
④ 달을 관찰하러 나가기
⑤ 특별한 주말 계획 세우기

08 대화를 듣고, 남자의 심정으로 가장 적절한 것을 고르시오.
① shy　　　② happy　　　③ worried
④ excited　⑤ bored

09 대화를 듣고, 여자의 장래 희망으로 가장 적절한 것을 고르시오.
① 테니스 선수　　② 테니스 강사
③ 탁구 선수　　　④ 탁구 강사
⑤ 필라테스 강사

10 다음을 듣고, 그림에서 설명과 <u>다른</u> 부분을 고르시오.

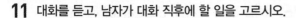

11 대화를 듣고, 남자가 대화 직후에 할 일을 고르시오.

① 딸을 낮잠에서 깨우기
② 딸의 숙제를 도와주기
③ 딸을 병원에 데려다주기
④ 딸의 진료 시간을 변경하기
⑤ 딸의 진료 예약을 취소하기

12 대화를 듣고, 여자의 새해 계획으로 가장 적절한 것을 고르시오.

① 영어로 대화하기
② 영어 시험 통과하기
③ 매일 영어 동화 읽기
④ 매일 영어 드라마 보기
⑤ 매일 영어 단어 외우기

13 대화를 듣고, 두 사람의 관계로 가장 적절한 것을 고르시오.

① 파일럿 – 승객   ② 여행사 직원 – 손님
③ 미용사 – 손님   ④ 항공사 직원 – 손님
⑤ 의사 – 환자

14 대화를 듣고, 남자가 가려고 하는 장소를 고르시오.

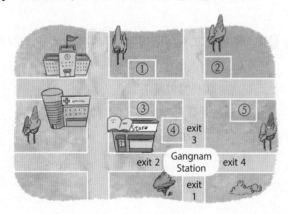

15 대화를 듣고, 여자가 남자에게 요청한 일을 고르시오.

① 눈 감상하기   ② 집 앞 눈 치우기
③ 일기 예보 확인하기   ④ 아이들 데리고 나가기
⑤ 할아버지 도와드리기

16 대화를 듣고, 여자가 지불해야 할 금액을 고르시오.

① $84   ② $87   ③ $90
④ $93   ⑤ $96

17 대화를 듣고, 두 사람의 대화가 <u>어색한</u> 것을 고르시오.

①   ②   ③   ④   ⑤

18 대화를 듣고, 대화의 내용과 일치하는 것을 고르시오.

① 여자의 오른쪽 눈이 빨갛다.
② 여자는 눈이 아픈 이유를 안다.
③ 여자는 콘택트렌즈를 빼 두었다.
④ 여자는 의사의 조언을 잘 따랐다.
⑤ 여자는 안경 쓰는 것을 좋아하지 않는다.

[19-20] 대화를 듣고, 여자의 마지막 말에 이어질 남자의 응답으로 가장 적절한 것을 고르시오.

19 Man: _____

① Sure. When will you get there?
② Why did you buy an umbrella?
③ Of course. You should take a bus.
④ Yes, I can. I don't have an umbrella.
⑤ No problem. I'll pick you up tomorrow.

20 Man: _____

① No, I don't think I like sports.
② Playing soccer? Sounds interesting!
③ I'm not interested in soccer teams at all.
④ Bowling, so I go bowling two times a week.
⑤ How come you didn't like to watch soccer?

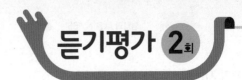

듣기평가 2회

01 다음을 듣고, 이번 주 토요일의 날씨로 가장 적절한 것을 고르시오.

02 대화를 듣고, 여자가 어제 산 꽃병을 고르시오.

03 대화를 듣고, 남자가 주장하는 내용으로 가장 적절한 것을 고르시오.

① 한자를 배워야 한다.
② 책을 많이 읽어야 한다.
③ 신문을 매일 읽어야 한다.
④ 단어를 많이 외워야 한다.
⑤ 단어를 사전에서 찾아봐야 한다.

04 대화를 듣고, 여자의 마지막 말의 의도로 가장 적절한 것을 고르시오.

① 주의 끌기   ② 당부하기   ③ 열거하기
④ 충고하기   ⑤ 거절하기

05 다음을 듣고, 남자가 언급하지 않은 것을 고르시오.

① 행사 날짜   ② 행사 시간   ③ 판매 물품
④ 물품 가격   ⑤ 행사 목적

06 대화를 듣고, 두 사람이 만날 시각을 고르시오.

① 12:00 p.m.   ② 12:30 p.m.
③ 1:00 p.m.   ④ 1:30 p.m.
⑤ 2:00 p.m.

07 대화를 듣고, 여자의 장래 희망으로 가장 적절한 것을 고르시오.

① actor   ② cook
③ barista   ④ patissier
⑤ movie director

08 대화를 듣고, 남자의 심정으로 가장 적절한 것을 고르시오.

① happy   ② bored
③ terrified   ④ proud
⑤ embarrassed

09 대화를 듣고, 두 사람이 대화 직후에 할 일을 고르시오.

① 부엌 청소하기
② 슈퍼마켓에 가기
③ 사온 물건 정리하기
④ 냉장고에서 물을 꺼내기
⑤ 저녁 식사로 카레를 만들기

10 대화를 듣고, 여자가 가방에 챙기지 않은 준비물을 고르시오.

① clothes   ② blanket   ③ lantern
④ water   ⑤ food

11 대화를 듣고, 두 사람이 대화하고 있는 내용으로 가장 적절한 것을 고르시오.

① 식물을 키우는 방법
② 식물을 고르는 방법
③ 식물을 키우면 좋은 점
④ 식물에 물을 주는 방법
⑤ 식물을 옮겨 심는 방법

12 대화를 듣고, 여자가 전화를 건 목적으로 가장 적절한 것을 고르시오.

① 치킨을 주문하기 위해서
② 치킨을 환불하기 위해서
③ 콜라를 주문하기 위해서
④ 주문을 취소하기 위해서
⑤ 배달을 독촉하기 위해서

13 대화를 듣고, 두 사람의 관계로 가장 적절한 것을 고르시오.

① 학부모 – 학부모
② 학부모 – 학생
③ 학생 – 학생
④ 교사 – 학생
⑤ 교사 – 교사

14 대화를 듣고, 여자가 가려고 하는 장소를 고르시오.

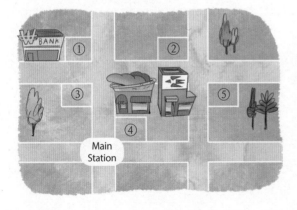

15 대화를 듣고, 남자가 여자에게 요청한 일을 고르시오.

① 다른 음식점에 가기
② 알레르기 약 제조하기
③ 음식에서 땅콩 빼 주기
④ 음식 다시 만들어 주기
⑤ 약국에 가서 약 사다 주기

16 대화를 듣고, 여자가 지불해야 할 금액을 고르시오.

① $17
② $18
③ $19
④ $20
⑤ $21

17 대화를 듣고, 대화의 내용과 일치하지 <u>않는</u> 것을 고르시오.

① 여자는 내일 특별한 계획이 없다.
② 이번 주 토요일은 남자의 여자 친구의 생일이다.
③ 남자는 여자 친구의 생일 선물을 골랐다.
④ 남자는 여자의 도움이 필요하다.
⑤ 여자는 남자를 돕는 것이 재미있을 것이라고 생각한다.

18 다음을 듣고, 'this'가 가리키는 것으로 가장 적절한 것을 고르시오.

① pillow
② carpet
③ doll
④ curtain
⑤ towel

[19-20] 대화를 듣고, 남자의 마지막 말에 이어질 여자의 응답으로 가장 적절한 것을 고르시오.

19 Woman: _____

① Have you heard about the book?
② I don't have time to help you. Sorry.
③ When are you going to go to library?
④ Yes, there are. There are many books.
⑤ Don't mention it. I'm glad I can help you.

20 Woman: _____

① Which bus did you take?
② Where did you put your map?
③ Why don't we fix the cell phone?
④ Let's call the lost and found center.
⑤ Everything will be fine, so don't give up.

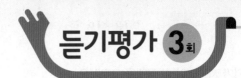

듣기평가 **3**회

01 다음을 듣고, 내일 부산의 날씨로 가장 적절한 것을 고르시오.

02 다음을 듣고, 'this'가 가리키는 것으로 가장 적절한 것을 고르시오.
① bus   ② taxi
③ subway   ④ bicycle
⑤ airplane

03 대화를 듣고, 두 사람의 관계로 가장 적절한 것을 고르시오.
① 배우 – 감독   ② 선생님 – 학생
③ 승무원 – 승객   ④ 간호사 – 환자
⑤ 택시 운전사 – 손님

04 대화를 듣고, 여자의 심정으로 가장 적절한 것을 고르시오.
① happy   ② bored
③ hopeful   ④ excited
⑤ worried

05 대화를 듣고, 두 사람이 만날 시각을 고르시오.
① 6:30 p.m.   ② 7:00 p.m.
③ 7:15 p.m.   ④ 7:30 p.m.
⑤ 8:00 p.m.

06 대화를 듣고, 두 사람이 대화하고 있는 장소를 고르시오.
① zoo   ② gym
③ movie theater   ④ museum
⑤ department store

07 대화를 듣고, 남자가 주장하는 내용으로 가장 적절한 것을 고르시오.
① 긍정적으로 생각해야 건강해진다.
② 규칙적인 건강 검진이 병을 예방한다.
③ 청결한 생활이 건강에 가장 중요하다.
④ 건강해지려면 패스트푸드를 적게 먹고 운동을 해야 한다.
⑤ 건강에 좋은 음식을 먹고 운동을 하면 스트레스를 덜 받아서 행복해진다.

08 대화를 듣고, 여자가 전화를 건 목적으로 가장 적절한 것을 고르시오.
① 집에 도착하는 시간을 알려 주려고
② 만나기로 한 약속 장소를 변경하려고
③ 먹고 싶은 아이스크림 맛을 물어보려고
④ 초콜릿 아이스크림을 사 달라고 부탁하려고
⑤ 함께 아이스크림을 만들어 보자고 말하려고

09 대화를 듣고, 두 사람의 대화가 <u>어색한</u> 것을 고르시오.
①   ②   ③   ④   ⑤

10 다음을 듣고, 어떤 질문에 대한 설명인지 가장 적절한 것을 고르시오.
① Why don't you have some *gimbap*?
② Have you ever heard about *gimbap*?
③ Can you explain why you like *gimbap*?
④ Can you explain how to make *gimbap*?
⑤ What do you think about Korean food?

11 대화를 듣고, 여자의 마지막 말의 의도로 가장 적절한 것을 고르시오.

① 칭찬하기　　　② 사과하기
③ 제안하기　　　④ 격려하기
⑤ 거절하기

12 대화를 듣고, 대화의 다음에 이어질 내용으로 가장 적절한 것을 고르시오.

① 수수께끼 만들어 보기
② 정답의 이유 설명하기
③ 보드게임 규칙 설명하기
④ 영화관에서 표 예매하기
⑤ 수수께끼가 있는 이야기 들려주기

13 다음을 듣고, 남자가 언급하지 않은 것을 고르시오.

① 이름　　　　　② 고향
③ 나이　　　　　④ 좋아하는 운동
⑤ 장래 희망

14 대화를 듣고, 여자가 가려고 하는 장소를 고르시오.

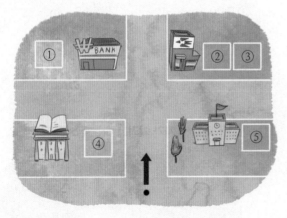

15 대화를 듣고, 남자가 받을 거스름돈의 금액을 고르시오.

① $2　　　② $3　　　③ $4
④ $5　　　⑤ $6

16 대화를 듣고, 여자가 방학에 할 일이 <u>아닌</u> 것을 고르시오.

① 중국어 수업 듣기　　② 중국 여행 가기
③ 친구들과 어울리기　　④ 스포츠 캠프 참가하기
⑤ 조부모님 댁 방문하기

17 대화를 듣고, 남자의 장래 희망으로 가장 적절한 것을 고르시오.

① soccer coach　　② sportscaster
③ soccer player　　④ sports agent
⑤ sports marketer

18 대화를 듣고, Thomas Edison에 관해 일치하지 <u>않는</u> 것을 고르시오.

① 백열전구를 발명했다.
② 어려움을 겪은 적이 있다.
③ 오른쪽 귀의 청력을 잃었다.
④ 결국 위대한 과학자가 되었다.
⑤ 어렸을 때 글을 잘 읽지 못했다.

[19-20] 대화를 듣고, 여자의 마지막 말에 이어질 남자의 응답으로 가장 적절한 것을 고르시오.

19 Man: _____

① No, thank you.
② Well, I have no idea.
③ I can't wait to hear your song.
④ Which music have you played?
⑤ That sounds like an excellent idea.

20 Man: _____

① I'll give it a try.
② I'm sure you'll make it.
③ Take one step at a time.
④ Keep up the good work.
⑤ That sounds interesting.

듣기평가 **4**회

01 대화를 듣고, 오늘 서울의 날씨로 가장 적절한 것을 고르시오.

①   ②   ③

④   ⑤

02 다음을 듣고, 'this'가 가리키는 것으로 가장 적절한 것을 고르시오.

①   ②   ③

④   ⑤

03 대화를 듣고, 남자가 쇼핑몰에 가는 이유를 고르시오.
① 친구의 생일 선물을 사기 위해
② 새로 나온 컴퓨터를 사기 위해
③ 파티에 입고 갈 옷을 사기 위해
④ 아버지의 생신 선물을 사기 위해
⑤ 엄마의 생신 케이크를 주문하기 위해

04 대화를 듣고, 여자의 마지막 말의 의도로 가장 적절한 것을 고르시오.
① 평가하기   ② 칭찬하기
③ 격려하기   ④ 안부 묻기
⑤ 제안하기

05 대화를 듣고, 남자가 살 물건을 고르시오.
① watch   ② tablet PC
③ cell phone   ④ headphones
⑤ laptop computer

06 대화를 듣고, 두 사람의 대화가 <u>어색한</u> 것을 고르시오.
①   ②   ③   ④   ⑤

07 대화를 듣고, 여자의 심정으로 가장 적절한 것을 고르시오.
① shy   ② bored
③ excited   ④ discouraged
⑤ interested

08 대화를 듣고, 두 사람의 관계로 가장 적절한 것을 고르시오.
① 식당 주인 – 손님   ② 운동선수 – 팬
③ 미술 선생님 – 학생   ④ 운동복 판매원 – 손님
⑤ 헬스 트레이너 – 헬스장 고객

09 대화를 듣고, 두 사람이 만날 시각을 고르시오.
① 6:30 p.m.   ② 6:45 p.m.
③ 7:00 p.m.   ④ 7:15 p.m.
⑤ 7:30 p.m.

10 대화를 듣고, 남자가 가려고 하는 장소를 고르시오.

11 다음을 듣고, 내용과 일치하지 <u>않는</u> 것을 고르시오.

① Kelly는 캐나다에서 태어났다.
② Kelly는 4살 때부터 춤을 췄다.
③ Kelly가 10살 때 부모님은 이혼했다.
④ Kelly는 10살 때부터 미국에서 살았다.
⑤ Kelly는 힘든 유년기에도 불구하고 최고의 무용수가 되었다.

12 대화를 듣고, 남자가 여자에게 요청한 일을 고르시오.

① 도서관에 가기　② 책을 빌려주기
③ 같이 여행하기　④ 같이 과제하기
⑤ 같이 산책하기

13 대화를 듣고, 두 사람이 주말에 할 일을 고르시오.

① 등산하기　② 축구 경기 보기
③ 영화 보기　④ 축구 연습하기
⑤ 축구화 사기

14 대화를 듣고, 두 사람이 대화하고 있는 장소를 고르시오.

① hospital　② spaceship
③ radio studio　④ teachers' room
⑤ movie theater

15 대화를 듣고, 남자의 장래 희망으로 가장 적절한 것을 고르시오.

① scientist　② designer
③ librarian　④ historian
⑤ magician

16 대화를 듣고, mask party에 관해 언급되지 <u>않은</u> 것을 고르시오.

① 날짜　② 시간　③ 장소
④ 참가 비용　⑤ 준비물

17 대화를 듣고, 여자가 지불해야 할 금액을 고르시오.

① $3　② $6　③ $8
④ $10　⑤ $13

18 다음을 듣고, 어떤 질문에 대한 설명인지 가장 적절한 것을 고르시오.

① Why did you do that?
② Which do you like more?
③ What do you think about it?
④ Can you tell me more about yourself?
⑤ Can you explain how to make a paper dog?

[19-20] 대화를 듣고, 남자의 마지막 말에 이어질 여자의 응답으로 가장 적절한 것을 고르시오.

19 Woman: _____

① That sounds easy.
② I would like to have some.
③ Sure. I can show you one now.
④ I hope I can see your tricks some day.
⑤ Take one step at a time and don't give up.

20 Woman: _____

① No, thanks.
② That sounds fun.
③ I'm sure you can do it.
④ I totally agree with you.
⑤ In my opinion, it tastes so good.

자기 주도 학습을 위한

Review NOTE

- **W**ords 리뷰노트
- **G**rammar 리뷰노트

A 다음 영어 표현을 우리말로 바꿔 쓰시오.

(1) cross _____

(2) solution _____

(3) somewhere _____

(4) riddle _____

(5) question _____

(6) clue _____

(7) escape _____

(8) detective _____

(9) turn over _____

(10) across _____

(11) at the time of _____

(12) half _____

(13) none _____

(14) delete _____

(15) write down _____

(16) fold _____

(17) for free _____

(18) suspect _____

(19) fill ~ with ... _____

(20) make it to _____

B 다음 우리말에 맞는 영어 표현을 쓰시오.

(1) 용 _____

(2) 마침내 _____

(3) 맨 아래쪽에 _____

(4) 입장하다 _____

(5) 사고 _____

(6) 배트, 방망이 _____

(7) 숨기다, 숨다 _____

(8) 똑바로, 일직선으로 _____

(9) 다행히 _____

(10) 콩 _____

(11) 도둑 _____

(12) 두 번 _____

(13) 사라지다 _____

(14) 사건, 사태 _____

(15) 구역, 블록 _____

(16) 던지다 _____

(17) 삼각형 _____

(18) ~할 준비가 되어 있다 _____

(19) 미스터리, 신비 _____

(20) ~라고 쓰여 있다 _____

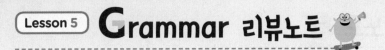
Ⓐ 수동태

수동태는 행동의 주체(행위자)보다 행동이나 행동의 대상에 초점을 맞춘다.

형태	주어＋be동사＋과거분사(p.p.)(＋by＋행위자(목적격))
의미	～가 (행위자에 의해) …당하다/되다
능동태 문장을 수동태 문장 으로 바꾸는 방법	Edison invented the light bulb. Edison은 백열전구를 발명했다. The light bulb was invented by Edison. 백열전구는 Edison에 의해 발명되었다. 1. 능동태의 목적어를 수동태의 ① _____ 자리에 둔다. 2. 능동태의 동사를 ②「_____」형태로 바꾼다. 이때, be동사의 수·인칭은 수동태의 주어와 일치시키고, 시제는 능동태의 시제를 따른다. 3. 능동태의 주어는 ③「_____」로 바꿔 문장 끝에 둔다.
예문	The song is loved by many people. 그 노래는 많은 사람들에 의해 사랑받는다. The city was hit by a hurricane. 그 도시는 허리케인에 의해 강타당했다.

○ 「by＋행위자(목적격)」의 생략

상황	행위자를 모를 때, 행위자가 뻔하거나 밝힐 필요가 없을 때, 막연한 일반인일 때 등
예문	They are ④ _____ any longer. 그것들은 더 이상 사용되지 않는다. Korean is spoken in Korea. 한국에서는 한국어가 쓰인다.

○ by 이외의 전치사 사용

형태	be interested in ～에 흥미가 있다 be satisfied with ～에 만족하다 be pleased with ～에 기뻐하다 be surprised at ～에 놀라다	be filled with ～로 가득 차다 be covered with ～로 덮여 있다 be known to[as/for] ～에게[로서/로 인해] 알려지다 be made of[from] ～로 만들어지다
예문	Yelim is interested in bowling. 예림이는 볼링에 흥미가 있다. She was pleased with the result. 그녀는 결과에 대해 기뻐했다. The glass is filled with water. 유리잔은 물로 가득 차 있다. This house is made of glass. 이 집은 유리로 만들어졌다.	

Self - check

○ 밑줄 친 부분이 어법상 맞으면 ○, 틀리면 × 표시하고 바르게 고쳐 쓰시오.

1. Tom <u>raised</u> in a poor but loving family. (   )
2. This engine <u>is drove</u> by steam. (   )
3. A prize of $10,000 <u>was given for</u> the winner. (   )
4. <u>Does</u> this seat <u>taken</u>? (   )
5. I <u>was told</u> that the movie was fantastic. (   )
6. The students <u>were given</u> the tickets. (   )

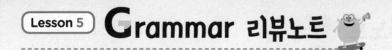

정답과 해설 p. 189

B **조동사의 수동태**

조동사의 수동태는 수동태 구문 앞에 조동사를 써서 표현한다.

○ **긍정문**

형태	주어 + 조동사(can, will, should ...) + ①_____ + 과거분사(p.p.) (+ by + 행위자)
의미	~가 (행위자에 의해) …될 수 있다/될 것이다/되어야 한다
예문	This box can be used as a table. 이 상자는 탁자로 사용될 수 있다. He ②_____ forever remembered by all of us. 그는 우리 모두에게 영원히 기억될 것이다. One's word should be kept. 약속은 지켜져야 한다. The report must be done by tomorrow. 그 보고서는 내일까지 끝내져야 한다.

○ **부정문**

형태	주어 + 조동사(can, will, should ...) + not[never] + be + 과거분사(p.p.) (+ by + 행위자)
의미	~가 (행위자에 의해) …될 수 없다/되지 않을 것이다/되어서는 안 된다
예문	The diary cannot be published for many reasons. 그 일기는 많은 이유로 출판될 수 없다. The bridge will not be built until 2030. 다리는 2030년까지 지어지지 않을 것이다.

○ **의문문**

형태	③_____ (can, will, should ...) + 주어 + ④_____ + 과거분사(p.p.) (+ by + 행위자)
의미	~가 (행위자에 의해) … 될 수 있니/될까/되어야 하니?
예문	Will my wound be healed by next week? 제 상처가 다음 주까지는 치유될까요? Why should I be punished for that? 왜 내가 그것 때문에 벌을 받아야만 하지?

○ **기타**

1. 수동태로 바꿔 쓸 수 없는 동사: smell, laugh, appear, happen, seem, remain, exist, have, possess, resemble, fit, escape ...

   e.g. It was happened yesterday. (×) → It happened yesterday. (○) 그것은 어제 발생했다.
   My mother is resembled by me. (×) → I resemble my mother. (○) 나는 우리 엄마를 닮았다.

2. 전치사를 수반하여 타동사 역할을 하는 동사구의 수동태: 동사구를 하나의 동사로 취급

   laugh at (~을 비웃다), bring up (~을 기르다), run over (~을 치다), take care of (~을 돌보다) ...

   e.g. The cat will be taken care of by my sister. 고양이는 내 여동생에 의해 보살펴질 것이다.

Self-check

○ 다음 문장에서 어법상 <u>어색한</u> 부분을 찾아 바르게 고쳐 쓰시오.

1. You will given fifteen minutes to fix the problem.
2. The same mistake should not repeat in the future.
3. Something must do to prevent another tragedy.
4. Tina made a big mistake and was laughed by her classmates.
5. Can this problem solved?
6. How long will the flight delay?

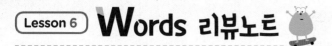
A 다음 영어 표현을 우리말로 바꿔 쓰시오.

(1) wild _____

(2) brave _____

(3) express _____

(4) comfortable _____

(5) opinion _____

(6) strength _____

(7) enemy _____

(8) uniform _____

(9) perform _____

(10) gracefully _____

(11) through _____

(12) scary _____

(13) movement _____

(14) powerful _____

(15) be allowed to _____

(16) such as _____

(17) popular _____

(18) good and evil _____

(19) originally _____

(20) bright _____

B 다음 우리말에 맞는 영어 표현을 쓰시오.

(1) 사이에 _____

(2) 완전히 _____

(3) 들판, 경기장 _____

(4) 등장인물 _____

(5) 부채 _____

(6) 전통적인 _____

(7) 떨어뜨리다 _____

(8) ~을 잘하다 _____

(9) 두 사람, 남녀 _____

(10) 즐거운 시간을 보내다 _____

(11) 응원하다 _____

(12) 계속 열심히 하다 _____

(13) 뒤에 _____

(14) 소리를 내다 _____

(15) 의상, 복장 _____

(16) 살펴보다 _____

(17) 의사소통하다 _____

(18) 최선을 다하다 _____

(19) ~처럼 들리다 _____

(20) 아름다움 _____

정답과 해설 p. 190

A so ... that ~

'매우(너무) …해서 ~하다'라는 뜻으로, so와 that 사이에는 형용사나 부사가 와서 '이유'를 나타내고 접속사 that 이하에
「주어＋동사」가 와서 '결과'를 나타낸다.

○ so ... that ~

형태	주어＋동사＋so＋형용사/부사＋that＋주어＋동사
의미	매우(너무) …해서 ~하다
예문	I studied ① _____ hard that I got a perfect score in the exam. 나는 아주 열심히 공부해서 시험에서 만점을 받았다. It was so windy that we decided to stay home. 바람이 너무 불어서 우리는 집에 있기로 결정했다. *cf*. It was such windy weather that we decided to stay home. ※ 「such (＋a(n))＋형용사＋명사＋that ~」

○ so ... that ~ can/could

형태	주어＋동사＋so＋②_____＋that＋주어＋can/could＋③_____
의미	매우 …해서 ~할 수 있다/~할 수 있었다
예문	The recipe is so simple that everyone can make it. 요리법이 아주 간단해서 모두가 만들 수 있다. My father is so strong that he can split an apple in half with his bare hands. 우리 아버지는 힘이 매우 세서 맨손으로 사과를 반으로 쪼갤 수 있다. *cf*. My father is strong enough to split an apple in half with his bare hands. 우리 아버지는 맨손으로 사과를 반으로 쪼갤 수 있을 정도로 힘이 (매우) 세다. ※ 「형용사/부사＋enough＋to＋동사원형」

○ so ... that ~ can't/couldn't

형태	주어＋동사＋so＋형용사/부사＋that＋주어＋can't/couldn't＋동사원형
의미	너무 …해서 ~할 수 없다/~할 수 없었다
예문	The problem was so difficult that I ④_____ solve it. 문제가 너무 어려워서 나는 그것을 풀 수 없었다. Kate was so tired that she couldn't take another step. Kate는 너무 피곤해서 그녀는 더는 한 발짝도 내딛을 수 없었다. *cf*. Kate was too tired to take another step. Kate는 너무 피곤해서 더는 한 발짝도 내딛을 수 없었다. ※ 「too＋형용사/부사＋to＋동사원형」

Self-check

○ 밑줄 친 부분이 어법상 맞으면 ○, 틀리면 × 표시하고 바르게 고쳐 쓰시오.

1. He was <u>so sick he took a day off</u>. (　　)

2. I am <u>so forgetful that I often leave</u> my homework at home. (　　)

3. Mr. Baker was <u>so busy that he could</u> go home. (　　)

4. Socrates is <u>so wise that everyone respects</u> him. (　　)

5. She is <u>so selfish that only cares</u> about herself. (　　)

6. Tracy is <u>so a nice girl</u> that she'll give everything she has to help others. (　　)

B as ... as ~

'~만큼 …한'이라는 뜻으로 비교 대상의 같은 성질을 비교할 때 사용한다.

○ 긍정문

형태	주어 + 동사 + as + 형용사/부사의 ① _____ + as ~
의미	~만큼 …한
예문	My watch is as ② _____ as yours. 내 시계는 네 것만큼 싸다. My father is as wise as an owl. 우리 아버지는 (올빼미처럼) 매우 현명하시다. You can use it as much as you want. 너는 네가 원하는 만큼 이것을 사용해도 된다.

○ 부정문

형태	주어 + 동사의 부정(not) + as[so] + 형용사/부사의 원급 + as ~
의미	~만큼 …하지 않은
예문	It's not as cold as yesterday. 어제만큼 춥지는 않다. The exam was ③ _____ easy as I thought. 시험은 내가 생각했던 것만큼 쉽지는 않았다. My bag isn't as heavy as yours. 내 가방은 네 것만큼 무겁지는 않다. = My bag is lighter than yours. 내 가방은 네 것보다 가볍다.

○ 원급을 이용한 최상급 표현

형태	④ _____ + 단수 명사 + 동사 + as + 형용사/부사의 원급 + as ~
의미	어떤 '명사'도 ~만큼 …하지 않은
예문	No other man in the company is as rich as Jeff. 회사에서 어느 누구도 Jeff만큼 부유하지 않다. In my opinion, no other language is as scientific as Korean. 내 생각에 어떤 언어도 한국어만큼 과학적이지 않다. No other boy in the class is as tall as Ted. 그 반의 어떤 소년도 Ted만큼 키가 크지 않다. = Ted is the tallest boy in the class. Ted가 그 반에서 가장 키가 큰 소년이다.

Self-check

○ 다음 문장에서 어법상 <u>어색한</u> 부분을 모두 찾아 바르게 고쳐 쓰시오.

1. Kevin spent his money as faster as he could earn it.

2. She is so bright as her sister.

3. No other cities in Korea are as large as Seoul.

4. No other animal in the world isn't as big as a whale.

5. Alice isn't as old than me.

6. Professor Brown spoke as loud as she can.

Words 리뷰노트

정답과 해설 p. 191

A 다음 영어 표현을 우리말로 바꿔 쓰시오.

(1) absorb _____

(2) candle _____

(3) difference _____

(4) compare _____

(5) dry _____

(6) air pressure _____

(7) float _____

(8) light _____

(9) necessary _____

(10) freezer _____

(11) weigh _____

(12) trick _____

(13) bottom _____

(14) burn out _____

(15) last _____

(16) magic _____

(17) push _____

(18) abracadabra _____

(19) pick out _____

(20) sign up for _____

B 다음 우리말에 맞는 영어 표현을 쓰시오.

(1) …이 ~으로 변하다 _____

(2) 혼란시키다 _____

(3) 가라앉다 _____

(4) 오르다 _____

(5) 자세히 _____

(6) 대양, 바다 _____

(7) 속을 들여다보다 _____

(8) 수축하다 _____

(9) 팽창하다 _____

(10) ~에 붙다 _____

(11) 식다 _____

(12) 재료, 물질 _____

(13) 압력, 압박 _____

(14) 덮다, 씌우다 _____

(15) ~대신에 _____

(16) 풍선 _____

(17) 불꽃, 불길 _____

(18) 번개, 번갯불 _____

(19) 섞다 _____

(20) 실험 _____

A It(가주어) is ~ to ... .

to부정사가 주어로 사용되는 경우, 주어 자리에 가주어 It을 두고 진주어(to부정사)를 뒤로 보내서 문장을 만든다.
이때 가주어인 it은 의미가 없으므로 해석하지 않고, 진주어인 to부정사를 '~하는 것은'이라고 해석한다.

※ 진주어(to부정사)의 동작을 하는 대상, 즉 의미상 주어를 명시하고 싶은 경우에 to부정사 앞에 「for/of + 목적격」을 사용한다. 이때 앞에 쓰인 형용사가 상황에 대한 의견을 나타낼 때는 「for + 목적격」, 사람의 성격을 나타낼 때는 「of + 목적격」을 쓴다.

형태	It is + 형용사 + for/of 목적격 + to부정사 + …
예문	It is easy to learn how to ride a bike. 자전거 타는 법을 배우는 것은 쉽다. It is ① _____ to use a smartphone when you drive. 스마트폰을 사용하면서 운전하는 것은 위험하다. It is necessary to take your passport when you go abroad. 외국에 나갈 때는 여권을 꼭 가져가야 한다. Isn't it useful to search for information on the Internet? 인터넷에서 정보를 찾는 것은 유용하지 않니? It is interesting for Sheldon to solve math problems. Sheldon에게는 수학 문제를 푸는 것이 재미있다. It was difficult for ② _____ to memorize Chinese characters. 나에게 한자를 외우는 일은 어려웠다. It is impossible for anyone to predict the future. 미래를 예측하는 것은 누구에게도 불가능하다. Wasn't it strange for Emma to get upset like that? Emma가 그렇게 화내는 것은 이상하지 않니? Do you think it is important for families to ③ _____ some time together? 가족이 함께 시간을 보내는 것이 중요하다고 생각하니? It is kind of her to help her grandmother. 그녀가 할머니를 돕는 것은 친절하다. It is rude of Sam to say that to an old man. Sam이 노인에게 그렇게 말하는 것은 무례하다. It was so nice of you to write a letter to Ms. Wilson. 네가 Wilson 씨에게 편지를 쓰는 것은 매우 다정했어. It is not polite ④ _____ _____ to chew gum in class. 그가 수업 시간에 껌을 씹는 것은 예의에 어긋난다.

Self-check

◦ 밑줄 친 부분이 어법상 맞으면 ○, 틀리면 × 표시하고 바르게 고쳐 쓰시오.

1. It is dangerous jumping into the pool without warming up. (   )
2. It is nice for you to act like that to children! (   )
3. I think it is rude for they to keep staring at others. (   )
4. Do you think it is important to get enough sleep? (   )
5. It is fun for students to go on a school trip. (   )
6. It is not safe ride a bike without helmet. (   )

정답과 해설 p. 191

B How come ... ?

How come ... ?은 '도대체 왜 …?', '어째서 …?'라는 의미로 이유를 묻는 표현이다.

※ 의미상으로는 Why ... ?와 비슷하지만 어순의 차이가 있음에 유의한다.

형태	How come＋주어＋동사＋…? cf. Why＋조동사＋주어＋동사원형＋…?
예문	How come I haven't heard about the incident? 어째서 나는 그 사건에 대해 들어 본 적이 없는 거지? How come ①_____ _____ see you at the party? 도대체 왜 나는 파티에서 너를 보지 못했지? How come you were absent yesterday? 어째서 너는 어제 결석했니? How come none of you sent me a message last night? 도대체 왜 너희 중 아무도 나에게 어젯밤에 문자를 보내지 않았니? How come you never even try, and give up every time? 어째서 너는 시도조차 해보지 않고 매번 포기하니? How come ②_____ _____ so nervous today? 어째서 그는 오늘 초조해 보이니? How come he didn't sign up for the school musical team? 도대체 그는 왜 학교 뮤지컬 팀에 지원하지 않았니? How come she is so busy these days? 어째서 그녀는 요즘 그렇게 바쁘니? How come she hasn't told me what happened to her so far? 도대체 왜 그녀는 지금까지 그녀에게 무슨 일이 일어났는지 나에게 말을 하지 않았을까? How come it took you so long to ask me out? 도대체 왜 나에게 데이트 신청을 하는 데에 이렇게 오래 걸렸니? How come ③_____ _____ so many people in this park? 도대체 왜 이 공원에는 이렇게 많은 사람들이 있니? How come birds appeared suddenly? 어째서 새들이 갑자기 나타났지? ④_____ _____ they walk everywhere with bare feet? 도대체 왜 그들은 모든 곳을 맨발로 걸어 다니는 걸까?

Self-check

◦ 다음 문장에서 어법상 어색한 부분을 찾아 바르게 고쳐 쓰시오.

1. How come isn't this washing machine working?

2. How come didn't Jim go to school?

3. How come did it take so long to get here?

4. How come are you so worried?

5. How come I didn't know that he is away?

6. Why I can't go there?

정답과 해설 p. 192

A 다음 영어 표현을 우리말로 바꿔 쓰시오.

(1) bare _____

(2) although _____

(3) courage _____

(4) nail _____

(5) shaky _____

(6) slippery _____

(7) gather _____

(8) laugh at _____

(9) semi-final _____

(10) shoot _____

(11) thanks to _____

(12) fall into _____

(13) in the end _____

(14) historic _____

(15) achievement _____

(16) give up _____

(17) give it a try _____

(18) unlike _____

(19) villager _____

(20) completely _____

B 다음 우리말에 맞는 영어 표현을 쓰시오.

(1) 낙담한 _____

(2) ~에 참가하다 _____

(3) 토너먼트 _____

(4) 약한 _____

(5) ~에 맞서 _____

(6) 사실은 _____

(7) 여전히, 그런데도 _____

(8) 자랑스러워하는 _____

(9) (옷·신발 등을) 벗다 _____

(10) (시합에서) 지다 _____

(11) 모든 곳에, 어디나 _____

(12) 못생긴, 추한 _____

(13) ~까지 _____

(14) 막 ~하려고 하다 _____

(15) 사막 _____

(16) 놀라게 하다 _____

(17) 탁월한, 훌륭한 _____

(18) 추측하다 _____

(19) ~의 중앙에 _____

(20) ~을 합치다, 조립하다 _____

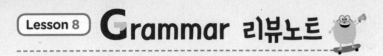
A make/let/have someone ...

make/let/have는 '누군가에게 무언가를 하도록 시키다/허락하다/…하게 하다'라는 뜻을 나타내는 사역동사로 쓰인다. 사역동사에는 목적어와 목적격 보어가 필요하며 이때 목적격 보어 자리에 반드시 동사원형을 써서 표현한다는 것에 유의해야 한다.

형태	사역동사(make/let/have) + 목적어 + 목적격 보어(동사원형)
의미	(목적어)가 (목적격 보어)하도록 시키다/허락하다/…하게 하다
예문	His kindness always makes me feel better. 그의 친절함은 항상 내가 기분이 더 좋게 해 준다. Who made you do this? 누가 네가 이것을 하게 했어? --- Please, let me use your car. 부디 제가 당신의 차를 좀 쓰게 해 주세요. Kevin's mom doesn't let Kevin ①_____ what he really wants. Kevin의 엄마는 Kevin이 정말로 원하는 것을 선택하게 하지 않는다. --- My father has ②_____ _____ his car. 우리 아빠는 내가 아빠 차를 세차하게 하셨다. We had people cheer for our team. 우리는 사람들이 우리 팀을 응원하게 했다.
기타	• 지각동사 see/hear/watch/feel/smell 　형태: 지각동사 + 목적어 + 동사원형/현재분사(-ing) 　예문: Isabella heard Justin answer the phone. Isabella는 Justin이 전화 받는 것을 들었다. 　　　 I saw him running across the field. 나는 그가 들판을 가로질러 달리는 것을 보았다. • 준사역동사 help/get 　형태: help + 목적어 + (to) 부정사 　예문: The villagers help us (to) play soccer. 마을 사람들이 우리가 축구를 하도록 도와준다. • 동사 want 　형태: want + 목적어 + to + 동사원형 　예문: My friends want me to come. 내 친구들은 내가 오기를 원한다.

Self-check

○ 다음 문장에서 어법상 어색한 부분을 찾아 바르게 고쳐 쓰시오.

1. What made you to say that?

2. She didn't let me using her computer.

3. The weather made them to stay at home.

4. Does he want us play soccer in the rain?

5. The boys couldn't hear people to play music.

6. His courage helped them winning the final game.

B 접속사 Although ~, ...

'비록 ~일지라도', '~임에도 불구하고'라는 뜻으로 문장(주어 + 동사)과 문장을 연결하는 접속사로 사용한다.
비슷한 의미의 접속사로 even though, though, even if를 사용할 수 있다.

형태	Although + 주어 + 동사, 주어 + 동사 = 주어 + 동사 + although + 주어 + 동사
의미	비록 ~ 일지라도, ~임에도 불구하고
예문	Although I was discouraged, I didn't give up. = I didn't give up ① _____ I was discouraged. 비록 나는 낙담했지만, 포기하지 않았다. I love her even though she is sometimes annoying. = Even though she is sometimes annoying, I love her. 그녀는 가끔 짜증스러울 때도 있지만, 나는 그녀를 사랑한다. I'll get there even if I have to walk for a long time. = ② _____ _____ I have to walk for a long time, I'll get there. 비록 나는 오랜 시간 동안 걸어야 하지만, 그곳에 갈 것이다.
기타	• 전치사 despite 형태: despite + 명사(구) 예문: James tried his best despite his illness. James는 자신의 질병에도 불구하고 최선을 다했다. • in spite of 형태: in spite of + 명사(구) 예문: In spite ③ _____ our hard efforts, we failed. 열심히 노력했음에도 불구하고, 우리는 실패했다. • 부사 nevertheless, still 형태: 문장의 처음 또는 마지막에 주로 쓴다. 예문: Nevertheless, I don't want to answer your question. 그럼에도 불구하고, 나는 너의 질문에 답하고 싶지 않아. The weather was cold and wet. Still, we had a great time. 날씨는 춥고 비가 왔다. 그럼에도 불구하고, 우리는 즐거운 시간을 보냈다.

Self-check

○ 밑줄 친 부분이 어법상 맞으면 ○, 틀리면 × 표시하고 바르게 고쳐 쓰시오.

1. <u>Although the rain</u>, kids were playing outside. (   )

2. <u>In spite of it is dangerous</u>, I'll give it a try. (   )

3. We wanted his help <u>though he was far away</u>. (   )

4. <u>Despite the great success</u>, there is a small problem. (   )

5. You don't have to believe him <u>even though he said so</u>. (   )

6. They did not win the semi-final <u>although tried their best</u>. (   )

정답과 해설

중학 영어

2-2

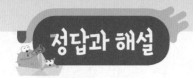

정답과 해설

Lesson ⑤
I Don't Have a Clue

Word Check
p. 8

A (1) 용의자; 의심하다 (2) 하나도 ~않다
(3) 탈출하다; 탈출 (4) 어딘가에 (5) 심하게, 몹시
(6) 수수께끼 (7) delete (8) fold (9) half
(10) question (11) bottom (12) enter
B (1) detective (2) solution (3) cross (4) clue
(5) accident
C (1) free (2) made (3) turn (4) down (5) time
(6) fill, with

B 해석 (1) 범행을 수사하는 경찰
(2) 문제를 해결하는 방법
(3) 무언가의 한 편에서 다른 편으로 가다
(4) 문제를 해결하는 데 도움을 주는 무언가
(5) 계획되거나 의도되지 않은 갑작스러운 사건

C 해설 (1) for free 공짜로, 무료로
(2) make it to ~에 이르는 데 성공하다
(3) turn over 뒤집다
(4) write down (글을) 적다
(5) at the time of ~이 일어나던 때에
(6) fill ~ with ... ~을 …로 채우다

Word Test
p. 9

1 ④ 2 riddle 3 ③
4 (1) across (2) bottom (3) make
5 (1) badly (2) read (3) Fold 6 time 7 suspect

1 해석 ① 신호, 암시 ② 단서, 실마리 ③ 힌트, 암시
④ 해결책 ⑤ 제안, 암시
해설 ①, ②, ③, ⑤는 모두 해답을 구하기 위해 주어지는 '신호, 단서, 암시' 등의 의미가 담긴 반면 ④는 answer와 유의어인 '해결책, 해답'이라는 의미이다.

2 해석 이해하기 어렵고, 놀랄만한 답을 가지고 있으며, 누군가에게 게임으로 묻는 질문
해설 이와 같은 정의에 어울리는 말은 riddle(수수께끼)이다.

3 해석 ① 숨기다 - 숨기다 ② 해답, 해결책 - 답 ③ 사고[재해], 우연 - 사건, 경우 ④ 묻다 - 질문하다 ⑤ 운 좋게도 - 다행히도
해설 ③을 제외한 나머지는 모두 유의어 관계이다.

4 해석 (1) 나는 탁자 너머로 팔을 뻗었다.
(2) 진심으로 당신에게 사과합니다.
(3) 그들은 우승에 이르지 못했다.
해설 (1) cross 건너다 across 건너편에, 가로질러
(2) apologize to ~에게 사과하다
from the bottom of one's heart 진심으로
(3) make it to ~에 이르는 데 성공하다

5 해석 (1) 그 차는 충돌 사고로 심하게 손상되었다.
(2) '낚시 금지'라고 쓰인 표지판이 있었다.
(3) 종이를 반으로 접어라.
해설 (1) be damaged(수동태) 손상되다
'심하게'라는 의미가 들어가야 하므로 badly가 알맞다.
(2) read ~라고 쓰여 있다
'a sign(표지판, 푯말)에 쓰여 있다'라는 의미가 되어야 하고 과거 시제이므로 read의 과거형인 read를 쓴다. 이때 that은 주격 관계대명사로 쓰여서 선행사 a sign을 수식하는 관계대명사절을 이끈다.
(3) fold ~ in half ~을 반으로 접다

6 해석 · 한 번에 몇 권의 책을 대출할 수 있나요?
· 다행히, 화재가 일어났을 때 건물에 아무도 없었다.
해설 at a time 한 번에
at the time of ~이 일어났을 때

7 해설 suspect 용의자; 의심하다
be placed(수동태) 놓이다
on the list of ~의 명단에
murder case 살인 사건

Listening & Speaking Test
pp. 12-13

01 (1) Can you explain (2) First, Then 02 tell 03 ②
04 Can you explain how to make a taco 05 ③
06 ④ 07 2-1-3 08 ⓐ cross ⓒ across 09 ③
10 ②

01 해설 (1) Can you explain ...? …을 설명해 줄 수 있니?
(2) First(ly) 먼저, 첫째 Then 그런 다음

02 해석 A: 케이크를 먹으면서 동시에 가지고 있을 수는 없어.

　　 B: 이해가 안 돼. 그게 무슨 의미인지 나에게 말해 줄 수 있니?

　　 A: 둘 다가 아니라, 두 가지 중의 하나만을 선택할 수 있다는 의미야.

해설 explain은 뒤에 직접목적어(~을/를)만을 목적어로 취하며 '~에게'라는 의미를 더하고 싶으면 to를 사용해야 한다. 반면에 tell은 4형식 동사로서 뒤에 「간접목적어 + 직접목적어」의 어순이 온다.

03 해석 A: 네가 Tom이 시험 보는 것을 어떻게 도와주었는지 설명할 수 있니?

　　 B: 물론이지. 첫째로, 그를 위해 학습 계획을 짰어. 그런 다음, 그가 계획을 지키도록 격려했지.

해설 Can you explain ...?은 상대방에게 무언가를 설명해 줄 것을 요청하는 표현이다.

04 해석 A: 어떻게 타코를 만드는지 설명해 주실 수 있나요?

　　 B: 첫째, 토르티야를 채소와 고기로 채워. 그런 다음, 위에 소스를 약간 더해.

해설 B가 타코를 만드는 방법에 관해서 말하고 있으므로 A는 그 방법에 대한 설명을 요청하는 질문으로 완성해야 한다. Can you explain 다음에 방법을 나타내는 「how to + 동사원형」의 표현이 나와야 한다.

05 해석 A: 이제 내가 어떻게 해야 해?

　　 B: 먼저, 동그라미를 그려. ＿＿＿＿＿, 그 안에 별을 그려. 마지막으로 동그라미 위에 삼각형을 그려.

① 다음 ② 두 번째로 ③ 마지막으로 ④ 그런 다음 ⑤ 그것을 한 다음

해설 세 가지의 순서로 설명하고 있고, 두 번째 설명을 시작하는 말에 빈칸이 있다. 세 번째 설명에 Finally의 유의어인 Lastly가 있으므로 ③이 빈칸에 알맞지 않다.

06 해석 ① 이해가 안 돼요. ≒ 이해 못하겠네요.

② 모르겠어요. ≒ 전혀 모르겠어요.

③ 그건 무엇에 관한 건가요? ≒ 그게 무엇에 관한 것인지 설명해 주실 수 있나요?

④ 그것을 당신이 설명해 주시겠어요? ≒ 그것을 제가 설명해 드릴까요?

⑤ 먼저, 당신은 눈을 감아야 해요. ≒ 우선, 당신은 눈을 감아야 해요.

해설 ④ Do you mind explaining it?은 상대에게 설명할 것을 부탁하는 것이고, Do you mind if I explain it?은 자신이 설명해도 되는지를 묻는 문장이므로 의미가 같지 않다.

07 해석 그래서, 그 학생 탐정은 무엇을 했니, 민수야?

– 첫째로, 그는 학교 주변을 살펴봤어.

– 그런 다음, 그는 몇몇의 용의자를 만나서 질문을 했어.

– 결국 그는 도둑을 찾았어. 그 도둑은 … .

안 돼, 나한테 말하지 마! 내가 나중에 볼 거야.

해설 질문에 대한 민수의 대답은, First, … Then, … Finally, …의 순서로 오는 것이 맞다.

08-10

전문해석 Emily: 준수야, 수수께끼 하나 풀어 볼래?

준수: 물론이지, 뭔데?

Emily: 한 농부가 있어. 먼저, 농부는 여우 한 마리, 오리 한 마리, 그리고 콩 한 자루를 샀어. 그런 다음, 농부는 강을 건너야 했어.

준수: 뭐가 문제인데?

Emily: 배는 단지 농부와 한 가지만 더 실을 수 있어.

준수: 농부는 한 번에 오직 한 가지만 가지고 갈 수 있다는 말이야?

Emily: 응. 또한 만약 농부가 거기에 없다면 여우가 오리를 먹거나, 오리가 콩을 먹을 거야. 그가 어떻게 전부를 강 건너편에 안전하게 옮겨야 하는지 설명할 수 있겠니?

준수: 음 … .

08 해설 ⓐ는 「need to + 동사원형」 구문에 연결되므로 동사인 cross가 알맞다. ⓒ는 '강 건너편으로'라는 의미가 되어야 하므로 전치사 across가 알맞다.

09 해설 「how + 주어 + should + 동사원형」은 「how + to부정사」로 바꿔 쓸 수 있으며 '~하는 방법, 어떻게 ~할지'로 해석한다.

10 해석 ① 준수는 Emily에게 수수께끼를 내 달라고 했다.

② 배는 세 가지를 실을(수용할) 수 없다.

③ 오리는 콩에게 먹힐 것이다.

④ 여우는 콩과 오리를 먹을 것이다.

⑤ 농부는 한 번에 두 가지를 가지고 그 배를 안전하게 탈 수 있다.

해설 ① Emily가 먼저 준수에게 수수께끼를 하나 풀어 보고 싶은지 묻고 있다.

③ 오리가 콩에게 먹히는 게 아니라 콩이 오리에게 먹히는 것이다.

④ 농부가 없다면 여우는 오리를 먹을 것이라고 했으나 콩을 먹는다는 언급은 없다.

⑤ 농부는 오직 한 가지만 가지고 그 배를 탈 수 있다. 따라서 배는 오직 두 가지까지만 수용할 수 있을 뿐, ②의 내용처럼 세 가지는 수용하지 못한다.

Grammar Check   p. 15

A   (1) hit   (2) was painted   (3) happened   (4) struck

B   (1) was given   (2) was bought   (3) was caught
    (4) must be kept

C   (1) was called a "Child Wonder"   (2) will not
    be allowed   (3) Can it be done   (4) will be told
    where to go

D   (1) pay → be paid   (2) knew → known
    (3) injured → were injured   (4) show → be shown

A 해석 (1) 소녀는 공에 맞았다.
(2) 벽은 파란색으로 칠해졌다.
(3) 갑자기 끔찍한 일이 일어났다.
(4) 나무가 벼락을 맞았다.

해설 (1) 문장 마지막에 by a ball(공에 의해)이 있으므로 수동
태(be + p.p.) 형태가 와야 알맞다.
(2) 벽이 사람에 의해 칠해져야 하므로 수동태(be + p.p.) 형태가
와야 알맞다.
(3) happen은 '~이 일어나다'라는 자동사로 수동태 문장으로
만들 수 없다.
(4) 나무가 벼락에 맞는 것이므로 수동태(be + p.p.) 형태가 와야
알맞다.

어휘 all of a sudden 갑자기 (= suddenly)
be struck by lightning 벼락을 맞다

B 해설 (1) 어제 생일 선물 하나가 나에게 주어졌다.
(2) 지난 크리스마스에 나를 위해 남자 친구가 사 준 것이
아무것도 없었다.
(3) 그 개는 한 시간 전에 한 용감한 소녀에 의해 잡혔다.
(4) 우유는 냉장고에 보관되어야 한다.

해설 (1) 선물은 나에게 주어지는 것이므로 수동태(be + p.p.)
형태가 와야 하는데, yesterday가 과거를 나타내는 말이므로
was given이 알맞다.
(2) by my boyfriend처럼 「by + 행위자」가 뒤에 왔으므로 수동
태(be + p.p.) 형태가 알맞다. last Christmas가 과거를 나타내는
말이므로 was bought가 알맞다.
(3) by a brave girl처럼 「by + 행위자」가 뒤에 왔으므로 수동태
(be + p.p.) 형태가 알맞다. an hour ago가 과거를 나타내는 말
이고 주어가 The dog로 단수이므로 was caught가 알맞다.
(4) 주어인 milk(우유)와 동사 keep(보관하다)의 관계를 보면 우
유가 냉장고 안에 보관되어야 하므로 수동태(be + p.p.) 형태가
오는 것이 알맞다. must라는 조동사가 주어졌으므로 조동사의
수동태 형태인 must be kept가 알맞다.

C 해석 (1) 그는 어린 소년이었을 때 '신동'이라고 불렸다.

(2) 그녀는 아마도 스마트폰 사용이 허용되지 않을 것이다.
(3) 이번 금요일까지 그것이 끝날 수 있나요?
(4) 당신은 가이드에게서 가야 할 곳을 듣게 될 것이다.

해설 (1) call A B(A를 B라고 부르다)에서 목적어인 A가 주어
로 오면 수동태 「be + p.p.」가 되어 be called가 되고 'A가 B
라고 불리다'라는 의미가 된다.
(2) 주어인 She(그녀)가 허용하는 것(allow)이 아니라 허락을 받
아야 하는 관계이므로 '허용되다'라는 의미인 수동태 「be + p.p.」
형태가 알맞다. 조동사 will과 부정어 not이 주어졌으므로 조동
사 수동태의 부정형인 will not be allowed가 알맞다.
(3) 주어인 it(그것)과 do(하다, 끝나다)의 관계를 보면 '끝나다'라
는 의미인 수동태(be + p.p.) 형태가 알맞다. 조동사 can이 주어
졌으므로 조동사의 수동태로 쓰되 문장 뒤에 물음표가 있으므로
의문문으로 만들어야 한다. 조동사가 있는 의문문은 조동사가 문
장 앞에 위치하므로 Can it be done이 알맞다.
(4) 문장 뒤에 「by + 행위자」인 by the guide가 있으므로 수동
태 문장이다. tell A B(A에게 B를 말하다)에서 간접목적어인 A에
해당하는 you를 수동태 주어로 보낸 것이고, 조동사 will이 주어
졌으므로 「will + be + p.p.」 형태인 will be told가 알맞다. 주어
진 단어들 중 to, where, go가 남는데, 이것은 「의문사 + to부정
사」 형태인 where to go가 되어 '가야 할 곳, 어디로 가야 할지'
라는 의미가 된다. 위 어구들을 연결하여 will be told where to
go가 되는 것이 알맞다.

D 해석 (1) 수업료는 신용카드로 지불될 수 있다.
(2) 카멜레온은 색깔을 바꾸는 능력으로 유명하다.
(3) 열차 사고로 많은 사람들이 부상을 당했다.
(4) 드라마의 마지막 회가 내일 상영될 것이다.

해설 (1) 주어인 course fees(수업료)와 동사 pay(지불하다)의
관계를 보면 '지불되다'라는 의미인 수동태(be + p.p.) 형태가 알
맞고 조동사 can이 있으므로 can be paid로 쓴다. 이 문장에
서 「by + 행위자」는 일반인(you)이라서 생략되어 있다.
(2) '~로 알려지다'라는 수동의 의미가 되어야 하므로 know는
과거분사 known으로 쓰여야 한다.
(3) 사람들은 열차 사고로 부상당한 것이므로 수동태(be + p.p.)
형태가 알맞다. 이미 열차 사고가 발생한 상황에서 결과를 진술
하고 있으므로 과거 시제인 were injured로 쓴다.
(4) 주어인 the final episode of the drama(드라마 마지막
회)와 동사 show(보여 주다, 상영하다)의 관계를 보면 '상영되
다'라는 의미인 수동태(be + p.p.) 형태가 알맞다. 조동사 will이
있으므로 will be shown으로 쓴다.

어휘 course fees 수업료   pay 지불하다 (pay-paid-paid)
by credit 신용카드로   be known for (이유) ~으로 알려지다,
유명하다   injure 부상을 입히다   episode 1회 방송분

01 ② **02** ③ **03** ④ **04** ② **05** ①

01 ④ **02** ⓐ riddles ⓑ Clues **03** ②
04 ⓐ was hit ⓒ hit **05** ⑤ **06** suspects **07** ⑤
08 ⓐ an email ⓑ the answer **09** ④ **10** ③
11 How can it be explained

01 해석 에펠 탑은 1889년에 건축됐다.

해설 주어인 The Eiffel Tower는 건축되는 것이므로 수동태 (be + p.p.)로 표현하는 것이 알맞고, 1889년이라는 과거를 나타내는 말이 있으므로 ② was built가 알맞다.

02 해석 A: Danny, 나는 어제 Jessy에게 비밀을 말했어.
B: 이런, 곧 비밀이 모든 사람들에게 알려질 거야. (모든 사람들이 비밀을 알게 될 거야.)

해설 「by + 행위자」 대신 다른 전치사를 사용하여 수동태 문장을 나타낼 수 있다. 능동태 문장으로 쓰면 Everyone will know it soon.이다.

어휘 be known to ~에게 알려지다
be known as ~로(서) 알려지다
be known for ~로 인해 알려지다, 유명하다
be known by (수단) ~로 알 수 있다

03 해석 늑대가 발견되었고 지역 경찰서로 옮겨졌으나 곧 죽었다.

해설 주어인 the wolf(늑대)와 found의 관계를 보면 '발견되었다'인 수동태 형태가 알맞다. take A to B(A를 B로 데리고 가다)에서 the wolf가 목적어인 A에 해당되는데 주어로 앞에 나와 있으므로 역시 수동태 형태가 와야 하고 앞에도 수동태로 be동사가 반복되므로 두 번째 나온 수동태 형태에서는 be동사를 생략할 수 있다. 세 번째 동사인 died(죽었다)는 자동사로 수동태가 될 수 없으므로 능동태로 쓴다.

04 해석 여러분은 쓰레기를 아무데나 버려서는 안 된다.

해설 능동태 문장을 수동태로 바꿀 때는 능동태의 목적어 (trash)가 수동태의 주어로 오고, 동사는 「be + p.p.」로 바꾸되, 조동사(should not)가 있으므로 「should not + be + p. p.」 형태가 된다. throw away는 동사구로 한 단어처럼 함께 움직인다. 따라서 알맞은 수동태 문장은 ② Trash should not be thrown away anywhere (by you).이다.

05 해석 ① 비싼 가방이 그녀에 의해서 소유된다.
② 한국이 강한 태풍에 강타당했다.
③ 개를 부르는 호각은 개에게만 들릴 수 있다.
④ 나는 집에 오자마자 그 소식을 들었다.
⑤ 장미 향기가 침실을 가득 채웠다.

해설 소유의 의미를 나타내는 have, possess 등과 같은 동사는 수동태를 만들 수 없고 항상 능동태로만 써야 한다. 따라서 ①은 She has an expensive bag.이라고 써야 한다.

01-03

전문해석 '탈출 탑'에 오신 것을 환영합니다. 당신은 저희 탑의 첫 번째 방에 들어갈 것입니다. 당신은 탈출하기 위해서 몇 개의 수수께끼들을 풀어야 합니다. 방 안 어딘가에서 단서들이 발견될 수 있습니다. 그러면 당신은 셜록 홈스처럼 생각할 준비가 되었나요?

01 해설 ④ 주어(clues)와 동사(can find)의 관계를 보면 '발견될 수 있다'라는 의미로 조동사의 수동태(can + be + p.p.) 형태가 알맞으므로 can be found가 되어야 한다.

02 해설 문맥상 ⓐ '수수께끼'를 풀어야 하고, ⓑ '단서'가 발견될 수 있어야 한다.

03 해석 ① 누가 '탈출 탑'을 지었습니까?
② 여러분은 어떻게 탑을 탈출할 수 있습니까?
③ 셜록 홈스는 무엇을 하고 있는 중입니까?
④ '탈출 탑'은 어디에 위치해 있습니까?
⑤ 탑에는 방이 몇 개 있습니까?

해설 ②에 대한 답은 to escape가 있는 문장을 참고하여 We need to solve some riddles.이다.

04-06

전문해석 Doodle 씨는 일요일 오후에 차에 치였습니다. 다행히 그는 심하게 다치지 않았지만, 그는 운전자를 보지 못했습니다. 세 명의 용의자들이 경찰관에 의해 신문을 받았습니다. A 씨는 사고가 일어났던 시간에 책을 읽고 있었다고 말했습니다. B 씨는 그의 개를 산책시키고 있었다고 말했습니다. C 씨는 아침 식사를 만들고 있었다고 말했습니다. 누가 Doodle 씨를 치었을까요? 왜 그런지 설명할 수 있나요?

04 해설 ⓐ는 '차에 치였다'라는 수동의 의미가 되어야 하므로 was hit, ⓒ는 '누가 Doodle 씨를 치었는가?'라는 능동의 의미가 되어야 하므로 능동태(과거 시제)인 hit이 알맞다.

05 해설 ① be hurt(다치다)로 hurt가 바른 형태이다.
② be questioned by(~에 의해 신문받다)라는 수동태 형태로 주어 자리에 three라는 복수의 숫자가 있으므로 were questioned가 되어야 한다.

③~⑤ 사건이 일어났을 당시 무엇을 하고 있는 중이었는지를 말하고 있으므로 과거진행형인 was reading, was walking, was making으로 써야 한다.

06 해석 아마도 범행에 죄가 있을 것으로 여겨지는 사람
해설 주어진 영영 풀이는 suspect(용의자)에 관한 정의이며
ⓑ 앞에 three라는 복수를 나타내는 숫자가 있으므로 복수형 suspects가 되어야 한다.

07-09
전문해석 Jay는 그가 가장 좋아하는 옷 가게로부터 이메일을 받습니다. 제목에는 "당신은 '행운의 날' 행사에 당첨되었습니다!"라고 쓰여 있습니다. Jay는 놀랍니다. 그는 재빨리 그것을 엽니다.

JayJr@kmail.com
당신은 우리의 '행운의 날' 행사에 당첨되었습니다!
축하합니다!
당신은 특별한 상품을 받게 되었습니다. '행운의 날' 행사 동안, 당신은 우리 가게에서 일곱 가지 상품을 공짜로 선택할 수 있습니다! 11월 31일에 우리 가게로 오세요. 우리는 당신을 만나기를 몹시 기대하고 있습니다.
그럼 이만,
Kay Brown

하지만, Jay는 그 행사는 진짜가 아니라고 생각하고 이메일을 삭제합니다. 답을 알았나요? 그것을 적은 다음 당신은 자유롭게 가실 수 있습니다!

07 해설 ⑤ 특정한 한 날(November 31) 앞에는 전치사는 on을 쓴다.
① 옷 가게로부터 이메일을 받았으므로 from이 맞다.
② '~ 동안'을 나타내는 말인 while 뒤에는 절(주어＋동사)이 오고 during 뒤에는 명사구가 온다. 따라서 이 문장에서는 During이 알맞다.
③ 어디로부터 상품을 선택할 수 있는지를 나타내야 하므로 from이 알맞다.
④ '공짜로'를 뜻하는 말은 for free이므로 for가 알맞다.

08 해설 ⓐ Jay가 이메일을 받고 놀라 열어 보았다고 했으므로 an email을 가리킨다.
ⓑ 바로 앞 문장이 Do you know the answer?이므로 it으로 대신할 수 있는 단어는 the answer이다.

09 해설 ④ 가짜 행사 당첨 이메일이므로 Jay가 공짜로 상품을 가지게 될 가능성은 없다.

10-11
전문해석 지난주 일요일이었다. 도훈이는 집에 있었다. 갑자기 그는 옆방에서 소리를 들었다. 그가 방 안으로 들어갔

을 때 창문이 깨져 있었다. 그가 창밖을 보았을 때 수진이는 야구 방망이를 들고 있었고, Ted는 그의 개한테 공을 던지고 있었다. 누가 창문을 깨뜨렸을까? 그것은 어떻게 설명될 수 있을까?

10 해설 두 절을 연결하는 접속사가 와야 하고 문맥상 '~때'라는 의미를 나타내야 하므로 시간을 나타내는 접속사 ③ When이 알맞다.

11 해설 주어진 단어들과 문장 끝의 물음표를 보면 '어떻게 그것을 설명할 수 있나?'라는 의미를 담고 있어야 하고, 설명을 하는 행위자가 없으므로 수동태 형태로 써야 한다. 조동사가 있고, 수동태이면서 의문문을 만들어야 하므로 How can it be explained?로 쓴다.

단원평가 ▶ pp. 20 - 23

01 ⑤ **02** ② **03** ③ **04** suspect **05** ④
06 ① **07** ① **08** ② **09** turn it over
10 ② **11** ⑤ **12** ③ **13** ①, ③ **14** ②
15 ⑤ **16** can be found somewhere inside the room (by you) **17** Ms. C / making breakfast
18 made it to **19** ③ **20** ④
21 ① is read → reads **22** ③ **23** ④
24 ③ **25** ⓐ was broken ⓑ broke **26** ⑤
27 Riddles **28** was fixed by my father
29 (1) is torn 또는 has been torn (2) has been stolen (3) will be examined by the police
30 (1) The game was shown on TV yesterday [yesterday on TV]. (2) It can be eaten raw.

01 해석 부상을 입히다(동사) - 부상(명사)
① 현명한 - 현명함, 지혜 ② 행운 - 행운의
③ 땀을 흘리다 - 땀이 나는 ④ 가렵다 - 가려운
해설 ⑤ '해결하다(동사) - 해결책(명사)'이므로 〈보기〉에서 짝 지어진 단어와 같은 관계이다. ① 형용사 - 명사 ② 명사 - 형용사 ③ 동사 - 형용사 ④ 동사 - 형용사

02 해석 A: 하나의 눈과 하나의 다리를 가지고 있는 것은 무엇일까요?
B: 제가 맞혀 볼게요. 제게 힌트를 좀 주세요.
① 상자, 사건 ③ 답 ④ 수수께끼 ⑤ 질문
해설 B는 A가 물어보는 수수께끼의 답을 맞혀 보겠다고 했으

므로 ② clue(힌트, 단서, 실마리)를 달라고 하는 것이 자연스럽다.

03 해석 컴퓨터에 쓰여 있거나 저장되어 있는 무언가를 없애다
① 숨기다 ② 접다 ④ 저장하다 ⑤ 탈출하다
해설 주어진 영영 풀이가 뜻하는 것은 ③ delete(삭제하다)이다.
어휘 remove 없애다, 제거하다

04 해석 · 만약 당신이 식중독에 걸렸다고 의심되면, 즉시 의사를 만나십시오.
· 경찰은 용의자를 쫓았지만 놓쳤다.
해설 첫 번째는 동사가, 두 번째는 명사가 와야 하므로 두 가지 품사를 모두 가지고 있고 문맥상 어울리는 것은 suspect이다.
어휘 food poisoning 식중독   chase 뒤쫓다

05 해석 그것을 자세히 설명해 줄 수 있나요?
① 그것을 자세히 설명해 주세요.
② 그것에 관하여 저에게 자세히 말해 줄 수 있나요?
③ 그것을 자세히 설명해 주실 수 있습니까?
④ 제가 그것을 자세히 설명해도 될까요?
⑤ 제가 당신에게 그것을 자세히 설명해달라고 부탁해도 될까요?
해설 ④ Do you mind if I explain it in detail?은 자신이 설명해도 되는지를 묻는 말이므로 주어진 문장과 의미가 다르다. 주어진 문장과 유사 표현이 되려면 Do you mind explaining it in detail?로 써야 한다.
어휘 in detail 자세히

06 해석 A: 어떤 글자가 채소일까?
B: _____ 답이 뭐야?
A: 알파벳 'P'야.
② 몰라. ③ 잘 모르겠어. ④ 몰라. ⑤ 전혀 모르겠어.
해설 문맥상 답을 모르겠다는 내용이 들어가야 하므로 ① '알겠어.'는 빈칸에 알맞지 않다.
※ P의 발음이 pea(완두콩)와 같기 때문에 알파벳 P가 답이다.

07 해석 ⓓ 와! 뭔가 냄새가 정말 좋아요, 엄마. 뭐예요?
ⓑ 우리는 저녁으로 타코를 먹을 거야. 마음껏 먹으렴.
ⓐ 타코를 어떻게 만드는지 설명해 주실 수 있어요?
ⓔ 첫째로, 채소와 고기로 토르티야를 채워. 그런 다음 위에 소스를 약간 첨가하렴.
ⓒ 맛있을 것 같아요!
해설 자연스러운 대화의 흐름은 ⓓ-ⓑ-ⓐ-ⓔ-ⓒ이므로 세 번째로 오는 말은 ⓐ이다.

08-09
전문해석 A: 유진아, 내 종이 여우를 봐.
B: 귀엽다. 너는 그것을 어떻게 만들었니?
A: 먼저, 종이를 반으로 접어서 세모를 만들어. 두 번째로, 세모의 꼭대기를 맨 아래 선 쪽으로 접어. 세 번째로, 맨 아래 선 양쪽 끝을 위로 접어서 귀를 만들어. 그런 다음, 그것을 뒤집어서 얼굴을 그려.
B: 쉬울 것 같구나.

08 해설 대화의 뒷부분을 보면 여우의 얼굴을 만든 것임을 알 수 있다. 양 끝을 위로 접는다는 말에서 귀(ears)를 만든 것임을 추측할 수 있다.

09 해설 '~을 뒤집다'라는 의미를 나타내는 turn over가 와야 하고 '그것'을 의미하는 대명사 it을 쓸 때는 turn(동사)과 over(부사) 사이에 넣어야 한다. 따라서 turn it over가 알맞다.

10 해석 ① 문이 저절로 열렸다.
② 나는 한 번에 오직 하나만 할 수 있다.
③ 너는 다음 주 화요일까지 보고서를 제출해야만 한다.
④ 지구를 잘 돌봄으로써 우리는 지구를 구할 수 있다.
⑤ 이 초콜릿 쿠키는 나를 위해 우리 엄마에 의해서 구워졌다.
해설 ① by itself 저절로 ② at a time 한 번에
③ by + [시간] ~까지(완료) ④ by + -ing ~함으로써
⑤ by + 행위자 ~에 의해서(수동태)

11 해석 우리는 Tony를 음식 축제에 데리고 갔다.
해설 능동태 문장을 수동태로 바꿀 경우, 능동태의 목적어(Tony)를 수동태의 주어 자리에 두고, 동사(took)는 시제(과거)와 주어의 인칭과 수에 맞춰서 수동태(was taken)로 바꾼다. 능동태의 주어(we)는 수동태에서 「by + 행위자」의 형태를 쓰는데 주어가 대명사이므로 목적격을 써서 by us로 바꾼다. 따라서 ⑤ Tony was taken to the food festival by us.가 알맞다.

12 해석 ① 배 한 척이 수평선에 나타났다.
② 그는 미국에서 태어나고 자랐다.
③ 그의 첫 번째 연극이 극장에서 공연되었다.
④ 그 산 꼭대기는 항상 눈으로 덮여 있다.
⑤ 한글은 1443년에 만들어졌고 1446년에 공표되었다.
해설 ③ play(연극)는 공연되는 것이므로 동사 performed는 수동태인 was performed로 써야 한다.
어휘 horizon 수평선, 지평선

13 해석 ① 불빛 하나가 정원에서 보였다.

② 꽃이 그녀에게 어제 보내졌다.

③ 그 개는 오늘 아침에 세호에 의해 먹이를 받았다.

④ 이 인형은 나를 위해 내 여동생에 의해 만들어졌다.

⑤ 이 멋진 그림은 6살 소년에 의해 그려질 수 있다.

해설 ① 불빛 하나가 (사람들에게) 보이는 것이므로 수동태로 쓰인 was seen은 알맞다.

② send, give, sell, teach, tell 등의 동사가 쓰인 문장에서 직접목적어(the flowers)가 수동태 문장의 주어로 오면 간접목적어(her) 앞에 전치사 to가 와야 한다. (her → to her)

③ 개는 세호에 의해 먹이를 받은(세호가 개에게 먹이를 준) 것이므로 수동태로 쓰인 was fed는 알맞다.

④ make, buy, cook, get, find 등의 동사가 쓰인 문장에서 직접목적어(this doll)가 수동태 문장의 주어로 오면 간접목적어(me) 앞에 전치사 for가 와야 한다. (to me → for me)

⑤ 조동사의 수동태 문장에서 draw(그리다)의 과거분사는 drawn이다.

14 **해석** 이 책들은 Tom에 의해서 일주일 안에 책 주인에게 반납되어야 한다.

해설 ② 책은 주인에게 '돌려보내져야' 하므로 조동사의 수동태 형태인 should be returned라고 써야 한다.

15-16 **전문해석** '탈출 탑'에 오신 것을 환영합니다. 당신은 저희 탑의 첫 번째 방에 들어갈 것입니다. 당신은 탈출하기 위해서 몇 개의 수수께끼를 풀어야 합니다. 여러분은 방 안 어딘가에서 단서를 발견할 수 있습니다. 그러면 당신은 셜록 홈스처럼 생각할 준비가 되었나요?

15 **해설** ⓐ welcome to ~에 온 것을 환영하다

ⓑ in our tower 저희 탑 안에

ⓒ think like ~처럼 생각하다

16 **해설** 조동사가 있는 능동태 문장에서 목적어인 Clues가 주어가 되는 문장으로 쓰려면 수동태 형태로 바꿔 써야 하고 조동사의 수동태는 「can + be + p.p.」로 쓴다. 능동태의 주어는 you로 굳이 밝힐 필요가 없어서 by you를 생략하는 것이 더 자연스럽다. 따라서 Clues can be found somewhere inside the room (by you).이 바른 수동태 문장이다.

17 **해석** 일요일 오후에 차 한 대가 Doodle 씨를 치었습니다. 다행히 그는 심하게 다치지 않았지만, 그는 운전자를 보지 못했습니다. 경찰관은 세 명을 신문했습니다. A 씨는 사고가 일어났던 시간에 책을 읽고 있었다고 말했습니다. B 씨는 그의 개를 산책시키고 있었다고 말했습니다. C 씨는 아침 식사를 만들고 있었다고 말했습니다.

→ C 씨가 Doodle 씨를 치었다. 왜냐하면 그/그녀는 일요일 오후에 아침 식사를 만들고 있었다고 말했기 때문이다. 이것은 말이 안 된다.

해설 사고 당시 A~C 씨의 행동들 중 모순이 있는 진술은 일요일 오후에 아침 식사를 만들고 있었다는 C 씨의 말이므로 Ms. C가 Doodle 씨를 치었다고 볼 수 있다.

어휘 make sense 이해가 되다, 타당하다

18-20 **전문해석** 축하합니다! 당신은 두 번째 방에 성공적으로 도달했습니다. 하지만, 두 번째 방은 첫 번째 방보다 탈출하기 훨씬 더 어렵습니다. 행운을 빕니다!

18 **해설** make it to ~에 이르는 데 성공하다

19 **해설** 비교급을 강조하는 부사로 even, much, far, a lot, still 등이 있다. ③ very는 원급이나 최상급의 의미를 강조한다.

20 **해석** ① 나는 해야 할 한 가지가 있다.

② 그는 나의 가장 친한 친구들 중 한 명이다.

③ 사랑하면서 동시에 현명할 수 있는 사람은 없다는 것을 나는 알고 있다.

④ 펜이 필요하면 이것을 사용해도 좋다.

⑤ 그들은 스스로와 서로를 돕는 것을 배웠다.

해설 본문에서 one은 앞에 나온 room이라는 일반적인 종류를 받고 있다. ④ one은 앞에 나온 pen이라는 종류를 받고 있다.

①, ②는 '하나'를 의미한다.

③은 특정한 어떤 한 사람을 가리키는 것이 아니라 일반인(people)을 의미한다.

⑤ 상호대명사 one another는 주로 셋 이상 사이에서 '서로'라는 의미로 쓰인다.

21-23 **전문해석** Jay는 그가 가장 좋아하는 옷 가게로부터 이메일을 받습니다. 제목에는 "당신은 '행운의 날' 행사에 당첨되었습니다!"라고 쓰여 있습니다. Jay는 놀랐습니다. 그는 빠르게 그것을 엽니다.

JayJr@kmail.com

당신은 우리의 '행운의 날' 행사에 당첨되었습니다! 축하합니다!

당신은 특별한 상품을 받게 되었습니다. '행운의 날' 행사 동안, 당신은 우리 가게에서 일곱 가지 상품을 공짜로 선택할 수 있습니다! 11월 31일에 우리 가게로 오세요. 우리는 당신을 만나기를 몹시 기대하고 있습니다.

그럼 이만,

Kay Brown

하지만, Jay는 그 행사는 진짜가 아니라고 생각하고 이메일을 삭제합니다. 왜 그런지 설명할 수 있나요?

답을 알았나요? 그것을 적은 다음에 당신은 자유롭게 가실 수 있습니다!

21 해설 ① read는 그 자체의 뜻이 '~라고 쓰여 있다'이다. 따라서 is read를 단순 시제인 reads라고 써야 맞다.

22 해설 좋은 소식을 전하는 이메일을 사실이 아니라고 생각하며 삭제하는 것으로 보아 역접의 접속사 ③ However가 알맞다.

23 해석 ① Kay Brown은 Jay의 친구이다.
② Jay는 우연히 이메일을 삭제한다.
③ Jay는 옷에 그다지 관심이 없다.
④ Jay는 이메일을 진지하게 받아들이지 않는다.
⑤ Jay는 행사 기간 동안 그 가게를 방문할 계획이다.
해설 11월 31일에 가게를 방문하라는 이메일을 읽은 후, Jay는 이 행사가 거짓이라고 생각하고 메일을 삭제했으므로 ④가 일치한다.
어휘 by accident 우연히 (= accidentally)
take seriously ~을 진지하게 생각하다

24-25
전문해석 지난주 일요일이었다. 도훈이는 집에 있었다. 갑자기 그는 옆방에서 소리를 들었다. 그가 방 안으로 들어갔을 때 창문이 깨져 있었다. 그가 창밖을 보았을 때 수진이는 야구 방망이를 들고 있었고, Ted는 그의 개한테 공을 던지고 있었다. 누가 창문을 깨뜨렸을까?

24 해설 ③ 도훈이가 이미 집 안에 있었으므로 방 안이 아니라 밖을 보는 것이 자연스럽다. 따라서 look inside가 아니라 look outside(창밖을 보다)가 되어야 한다.

25 해설 ⓐ 유리창이 '깨져 있었다'라는 의미가 되어야 하므로 수동태인 was broken이 와야 한다.
ⓑ 누가 유리창을 '깨뜨렸을까'라는 의미가 되어야 하므로 능동태인 broke가 와야 한다.

26-27
전문해석 아프리카의 수수께끼는 대부분 자연에 관한 것이다. 그것들은 예술의 한 형태이다.
❶ 나는 그를 항상 듣지만 그를 보지는 못한다.
이것은 스핑크스의 유명한 수수께끼이다. 오이디푸스는 테베로 가기 위해 그것을 풀어야 한다. 이것은 스핑크스가 그에게 물은 질문이다.
❷ 어느 생명체가 아침에는 네 다리로 걷고, 오후에는 두 다리로 걷고, 저녁에는 세 다리로 걷는가?
영국의 많은 수수께끼가 철자와 소리를 사용한다.
❸ 어느 철자를 당신은 마실 수 있는가?

26 해석 ① 해 ② 하늘 ③ 별 ④ 달 ⑤ 바람
해설 자연에 대한 수수께끼로 들을 수는 있지만 볼 수 없는 것은 ⑤ the wind(바람)가 가장 적절하다.

27 해석 전 세계의 수수께끼
해설 아프리카, 그리스, 영국의 수수께끼를 소개하고 있으므로 본문에 나와 있는 단어인 Riddles가 빈칸에 알맞다.

28 해석 Q: 네 자전거에 무슨 일이 있었니?
A: 그것은 내 아버지에 의해 고쳐졌어.
해설 주어진 단어가 fix, my father이고, 주어가 It(My bicycle)이므로 '고쳐졌다'라는 수동태 문장으로 대답하는 것이 자연스럽다. 질문이 과거 시제이므로 대답도 동일한 시제로 쓰는 것이 알맞다. 따라서 (It) was fixed by my father.가 와야 한다.

29 해석 (1) 소파의 상태가 정상이 아니다. 소파는 찢어져 있다.
(2) TV가 예전에는 거실 한가운데에 있었으나 지금은 그곳에 없다. 그것은 도난당했다.
(3) 나중에 거실은 경찰에 의해 조사될 것이다.
해설 (1) 소파의 상태가 정상이 아니고 찢어져 있고 The sofa라는 주어와 tear(찢다)라는 동사가 함께 주어졌으므로 The sofa is torn. 또는 The sofa has been torn.으로 표현하는 것이 알맞다.
(2) 그림에 점선으로 표시되어 있는 TV 형태로 보아 원래는 있었다가 없어졌음을 알 수 있다. 범행 현장을 현재 시제로 묘사하고 있으므로, 현재완료 시제로 표현하는 것이 좋다. It has been stolen.으로 표현하는 것이 알맞다.
(3) later라는 시간을 나타내는 말이 있고, the living room이 주어이므로 주어진 단어에서 추측되는 것은 '나중에 경찰에 의해서 거실이 조사될 것이다.'라는 미래 시제를 사용한 수동태 문장이다. 따라서 Later, the living room will be examined by the police.로 표현하는 것이 알맞다.
어휘 state 상태 normal 정상의 tear (-tore-torn) 찢다 used to (예전에는) ~하곤 했다, ~였다 in the middle of ~의 한가운데에 examine 조사하다

30 해설 (1) '경기(the game)'가 '방영되었다'라고 했으므로 수동태 문장인 The game was shown on TV yesterday [yesterday on TV].로 쓰는 것이 알맞다.
(2) '그것(It)'은 먹히는 대상이고 can이 주어졌으므로 조동사의 수동태인 It can be eaten raw.라고 쓰는 것이 알맞다.

1 (1) how to make a sandwich (2) First / prepare the
ingredients (3) Second / spread the mayonnaise
(4) put all the ingredients (5) Finally[Lastly]
2 (1) will be held
(2) was destroyed by fire
(3) will the paintings be displayed
3 |예시 답안|
(1) I was born in Busan in 2005.
(2) It is located in Incheon.
(3) I think it[the use of paper cups] should be
reduced. Because using paper cups is bad for
the environment. / In my opinion, it[the use of
paper cups] shouldn't be reduced. Because using
paper cups is convenient.

1 해석 샌드위치 만드는 법
재료 빵, 마요네즈, 채소, 얇게 썬 토마토, 햄과 치즈
요리법
1. 재료를 준비해라.
2. 각 빵 조각의 한쪽 면에 마요네즈를 펴 발라라.
3. 모든 재료를 한 조각의 빵 위에 올려라.
4. 다른 한 조각의 빵으로 샌드위치를 덮어라.

A: 샌드위치를 어떻게 만드는지 설명해 줄 수 있니?
B: 물론이지. 먼저, 빵과 채소 같은 재료를 준비해. 두 번째
로, 각 빵 조각의 한쪽 면에 마요네즈를 펴 발라. 그런 다
음, 한 조각의 빵에 모든 재료를 올리고 다른 조각으로
그것들을 덮어. 마지막으로, 샌드위치를 맛있게 먹어.
A: 고마워. 간단하네.
해설 어떤 절차나 방법의 순서를 열거할 때는 서수(First ... .
Second ... . Third ... . 등)를 사용하여 표현한다. 마지막 방법
을 나타낼 때는 Finally 또는 Lastly, Last 등을 사용한다.
어휘 ingredient 재료, 성분 prepare 준비하다
spread 펴다, (얇게) 바르다

2 해석 놀라운 전시회: Vincent van Gogh
언제: 20××년 11월 1-15일
어디서: 서울 미술관
A: 이 포스터 좀 봐. 반 고흐 전시회가 다음 달 서울 미술관
에서 열릴 거래. 그의 그림들 중 하나가 일본에서 화재
로 손실된 것이 유감이야.
B: 맞아. 언제까지 그림들이 전시되니?
A: 11월 15일까지야.
해설 (1) 문맥상 다음 달에 전시회가 열릴 것이라는 의미가 알맞

다. 조동사의 수동태인 「조동사＋be＋p.p.」로 쓴다.
(2) 문맥상 그림 중 하나가 일본에서 화재로 손실되었다는 의미
가 알맞다. 수동태인 「be＋p.p.＋by＋행위자」로 쓴다.
(3) 11월 15일까지 전시된다는 대답으로 보아 문맥상 그림 전시
는 언제까지인지 묻는 말이 오는 것이 알맞다.
어휘 exhibition 전시회 be held 열리다, 개최되다 pity 유감
destroy 파괴하다, 말살하다 fire 화재 display 전시하다

3 해석 (1) Q: 당신은 언제 어디에서 태어났습니까?
A: |예시 답안| 저는 2005년에 부산에서 태어났
습니다.
(2) Q: 당신의 집은 어디에 있습니까?
A: |예시 답안| 인천에 (위치해) 있습니다.
(3) Q: 종이컵 사용에 대해 어떻게 생각합니까? 왜 그
렇게 생각합니까?
A: |예시 답안| 저는 그것(종이컵 사용)을 줄여야
만 한다고 생각합니다. 왜냐하면 종이컵을 사
용하는 것은 환경에 나쁘기 때문입니다. / 제
생각에 그것(종이컵 사용)을 줄이면 안 됩니다.
왜냐하면 종이컵을 사용하는 것이 편리하기 때
문입니다.
어휘 be born 태어나다 be located in ~에 위치하다
paper cup 종이컵 reduce 줄이다

Lesson 6
We're Here to Dance

Word Check
p. 26

A (1) 행하다, 공연하다 (2) 원래, 본래 (3) 야생의
(4) 요즘에 (5) 용감한 (6) 쥐다, 수용하다, 개최하다
(7) through (8) traditional (9) gracefully
(10) bright (11) happiness (12) good and evil
B (1) enemy (2) opinion (3) movement
(4) express (5) comfortable
C (1) allowed (2) such as (3) between
(4) performed (5) creative (6) powerful

B 해석 (1) 다른 사람을 미워하거나 공격하거나 해를 끼치려 하는 사람
(2) 사물이나 사람에 대한 생각이나 견해
(3) 움직이는 행위
(4) 말이나 몸짓으로 감정이나 생각을 전달하다
(5) 신체적으로 편안한

C 해설 (1) be allowed to ～이 허용되다
(2) such as ～과 같은
(3) between 사이에
(4) perform 행하다, 공연하다
(5) creative 창의적인, 독창적인
(6) powerful 강한, 힘 있는

Word Test
p. 27

1 ③ **2** ⑤ **3** ④
4 (1) scary, scared (2) wild (3) originally
5 (1) through (2) enemy (3) brave **6** held
7 are not allowed to talk

1 해석 ① 발레 ② 삼바 ③ 춤 ④ 왈츠 ⑤ 캉캉
해설 발레, 삼바, 왈츠, 캉캉은 모두 춤의 종류이다.

2 해석 어떤 그룹의 구성원들이 입는 특별한 옷
① 부채 ② 문화 ③ 관습 ④ 양말 ⑤ 제복, 유니폼

3 해석 ① 힘이 센 - 힘 ② 힘 있는 - 힘 ③ 행복한 - 행복
④ 표현하다 - 표현 ⑤ 전통의 - 전통

해설 ①, ②, ③, ⑤는 모두 형용사와 명사의 관계이지만 ④는 동사와 명사의 관계이다.

4 해석 (1) 나는 어젯밤 무서운 꿈을 꾸었고 여전히 무섭다.
(2) 그는 숲의 야생 동물들을 보호하는 캠페인을 시작했다.
(3) 감자는 원래 남아메리카에서 났다.
해설 (1) scary 무서운(= frightening), 겁나는 → 무섭게 하는 / scared 무서워하는(= frightened), 겁먹은
(2) tame 길들여진 / wild animals 야생 동물
(3) totally 완전히 / originally 원래, 본래

5 해석 (1) 나는 힘든 시기를 보내고 있지만 극복할 것이다.
(2) 고양이는 쥐의 천적이다.
(3) 당신이 당신 자신을 믿을 때 용감해질 수 있다.
해설 (1) go through a hard time 힘든 시기를 보내다
(2) natural enemy 천적
(3) brave 용감한

6 해석 · 그는 그녀의 손을 잡으려고 손을 뻗었고 그것을 꽉 쥐었다.
· 그녀는 지난주에 미술관에서 그녀의 그림 전시회를 열었다.
해설 hold 쥐다, 잡다, 개최하다

7 해설 allow A to부정사는 'A가 ～하는 것을 허락하다, 허용하다'라는 뜻인데 목적어인 A가 수동태 문장의 주어가 되면서 동사 역시 수동형 「be+p.p.」 형태로 be allowed to부정사가 된다. 주어가 You이므로 be동사는 are가 오고 부정의 의미를 나타내야 하므로 are 다음에 not이 와야 한다.

Listening & Speaking Test
pp. 30-31

01 (1) In my opinion (2) I'm sure **02** What, In
03 ⑤ **04** (s)ure **05** ② **06** ④ **07** 2-5-1-3-4
08 ③ **09** she never gave up on her dream of
10 ⑤

01 해설 (1) In my opinion, ... 내 생각에는 … .
(2) I'm sure ... . 나는 …을 확신한다.

02 해석 A: 너는 교복을 입는 것에 대해 어떻게 생각하니?
B: 내가 보기에는 교복을 입을 필요가 없어.

해설 What do you think about[of] ...?는 '...에 대해 어떻게 생각하니?'라는 뜻으로 think about[of]의 목적어 자리에 명사(구)나 동명사가 쓰이고 이 명사가 문장 앞의 의문사가 되어야 하므로 how(의문부사)가 아닌 what(의문대명사)을 써야 한다. In my view, ...는 '내가 보기에는 … .'이라는 뜻으로 자신의 의견을 표현할 때 사용한다. 유사 표현으로는 In my opinion, ... , To my mind, ... 등이 있다.

03 **해석** A: 내가 그것을 할 수 있을 거라고 생각해?
B: 물론이지. 나는 확신하고 있어.

해설 I'm certain ... .은 '나는 …을 확신한다.'라는 뜻으로 확실성을 표현하기 위해 사용된다.

04 **해석** A: 우리가 늦지 않을 게 확실하지?
B: 그래, 나는 우리가 정시에 도착할 수 있을 거라고 매우 확신해.

해설 I'm sure ... . 나는 …을 확신한다.

05 **해석** A: 동준아, 이 그림에 대해 어떻게 생각해?
B: _____ 재미있어.
① 내 눈에는 ② 유감이야 ③ 나에게 묻는다면
④ 내 관점에서 보면 ⑤ 내가 보기에는

해설 의견을 묻는 질문에는 의견을 표현하는 말로 대답한다. 따라서 유감을 표현하는 ②는 어울리지 않는다.

06 **해석** ① 나는 그가 정직하다고 믿어.
② 내 생각에 너는 패스트푸드를 그만 먹어야 해.
③ 나는 학생은 화장이 허용되어서는 안 된다고 생각해.
④ 그것은 북극과 남극이 더 따뜻해지고 있다는 의미야.
⑤ 밸런타인데이에 선물을 교환하는 것은 나한테는 사람들이 돈을 쓰게 만드는 방법으로 보여.

해설 ④ It means that ... .은 '그것은 …을 의미한다.'라는 뜻으로, 자신의 의견을 표현하는 것이 아니라 앞의 내용에 대해 다시 설명하는 표현이다.

07 **해석** - 호준아, 어떤 수컷 새들이 춤을 춘다는 것을 알고 있었니?
- 아니. 왜 그것들이 춤을 추는 거야?
- 암컷 새들에게 사랑을 보여 주기 위해서 춤을 추는 거야.
- 흥미롭다. 춤을 출 수 있는 또 다른 동물들을 알고 있니?
- 응, 어떤 벌들은 먹이를 찾을 수 있는 곳을 보여 주기 위해 춤을 춰.

해설 수컷 새들이 춤을 춘다는 내용의 새로운 정보를 제시하고, 그 이유와 춤을 추는 또 다른 동물들의 예를 묻고 답하는 내용으로 주제를 발전시켜 대화를 이어 가는 것이 자연스럽다.

08 **해석** A: 한국 팀이 결승전에서 이길 거라고 생각하니?
B: _____
① 응, 그럴 것 같아. ② 글쎄, 그렇지 않을걸.
③ 믿을 수 없어. ④ 그럴 거라고 꽤 확신해.
⑤ 그렇다고 확실히 말할 수는 없어.

해설 ③은 믿기 어려운 내용을 들었을 때 '놀람'을 나타내는 표현이므로 의견을 묻는 말에 대한 대답으로 알맞지 않다.

09-10
전문해석 Tony: Kelly, 무엇을 읽고 있니?
Kelly: 나는 Michaela DePrince에 관한 이야기를 읽고 있어.
Tony: Michaela DePrince? 그녀에 대해 좀 더 이야기해 줄 수 있니?
Kelly: 물론이지. Michaela는 그녀가 세 살 때 부모님을 잃었어. 그 후 그녀는 많은 역경을 겪었지. 하지만 그녀는 무용수가 되겠다는 꿈을 절대 포기하지 않았어.
Tony: 와, 그녀는 훌륭한 무용수가 되기 위해 굉장히 열심히 노력했구나. Kelly, 너도 무용수가 되려는 꿈이 있지, 그렇지?
Kelly: 응. 난 그녀처럼 멋진 무용수가 되기 위해 최선을 다할 거야.

09 **해설** 빈칸 뒤에 becoming a dancer(무용수가 되는 것)가 있으므로 주어진 단어들은 '그녀는 ~의 꿈을 결코 포기하지 않았다'라는 의미가 되도록 배열한다.
give up on ~을 포기하다

10 **해석** ① Kelly는 Michaela에 대해 많이 알고 있다.
② Tony는 Michaela의 이야기에 대해 알고 싶어 한다.
③ Michaela는 부모님의 돌봄 없이 자랐다.
④ Kelly와 Tony는 훌륭한 무용수에 대해 이야기하고 있다.
⑤ Tony는 대화를 하면서 Kelly의 꿈에 대해 알게 되었다.

해설 Tony의 마지막 말에서 이미 Kelly의 꿈도(also) 무용수가 되는 거라는 것을 알고 있음을 알 수 있다. 따라서 대화 중에 알게 된 것이 아니므로 ⑤가 일치하지 않는다.

p. 33

Grammar Check

A (1) as, as (2) busy (3) prettier (4) the fastest
B (1) blind (2) better (3) the most expensive
　　(4) smart
C (1) is not so good as
　　(2) is so old that it might fall
　　(3) so messy that I had to clean it
　　(4) was so embarrassed that he didn't know
D (1) as → so (2) lighter → light
　　(3) possibly → possible
　　(4) was → is 또는 can't → couldn't

A 해석 (1) 그의 화장실은 나의 침실만큼 넓다.
(2) Brown 씨는 요즘 (벌처럼) 매우 바쁘다.
(3) Jamie는 그녀의 언니보다 더 예쁘다.
(4) 나는 내 친구들 중에서 가장 빨리 달린다.

해설 (1) '~만큼 …한'이라는 의미를 지닌 표현은 「as + 형용사/부사의 원급 + as ~」이다.
(2) 「as + 형용사/부사의 원급 + as ~」 '~만큼 …한'이라는 의미로 as … as 사이에는 형용사의 원급이 와야 하므로 busy가 알맞다. as busy as a bee 매우 바쁜
(3) than이 있으므로 than 앞에는 비교급이 와야 한다. 따라서 prettier가 알맞다.
(4) among my friends(내 친구들 중에서)라는 범위가 주어졌고 비교 대상이 없으므로 최상급 표현인 the fastest가 알맞다.

B 해석 (1) 내 형은 안경 없이는 (박쥐처럼) 시력이 매우 나쁘다.
(2) 그녀는 시험에서 전보다 더 좋은 성적을 받았다.
(3) 이 반지가 그 가게에서 가장 비싸다.
(4) 어떤 학생도 Jim만큼 똑똑하지 않다.

해설 (1) 「as + 형용사/부사의 원급 + as ~」 '~만큼 …한'이라는 의미로 as … as 사이에는 원급이 와야 하므로 blind가 알맞다. as blind as a bat 시력이 매우 나쁜
(2) than before가 있는 것으로 보아 비교급이 와야 하므로 better가 알맞다.
(3) 비교 대상이 따로 없고 in the store라는 범위가 한정되어 있으므로 최상급인 the most expensive가 알맞다.
(4) 「no other + 단수 명사 + as + 형용사/부사의 원급 + as ~」 '~만큼 …하지 않은'이라는 의미로 최상급을 나타낸다. as … as 사이에는 원급이 와야 하므로 smart가 알맞다.

C 해석 (1) 여기 음식이 예전에 그랬던 것만큼 좋지 않다.
(2) 이 집은 너무 낡아서 무너질지도 모른다.
(3) 내 방이 너무 지저분해서 거의 반나절 동안 나는 방을 청소해야만 했다.
(4) Ted는 너무 당황스러워서 무슨 말을 할지 몰랐다.

해설 (1) 「not as[so] + 형용사/부사의 원급 + as ~」 '~만큼 …하지 않은'이라는 뜻의 표현이며, as … as 구문을 부정할 경우 앞의 as를 so로 바꿔 쓸 수 있다. used to부정사는 '예전에 ~이곤 했다(지금은 더 이상 아님)'라는 뜻으로 it used to be (= the food here used to be good)는 '예전에 그랬던 것'이라고 해석한다.
(2) '매우 …해서 ~하다'라는 뜻의 「so + 형용사/부사의 원급 + that + 주어 + 동사 ~」 표현이 쓰였으므로 is so old that it might fall의 어순으로 쓴다.
(3) '매우 …해서 ~하다'라는 뜻의 「so + 형용사/부사의 원급 + that + 주어 + 동사 ~」 표현이 쓰였으므로 so messy that I had to clean it의 어순으로 쓴다.
for half a day 반나절 동안
(4) '매우 …해서 ~하다'라는 뜻의 「so + 형용사/부사의 원급 + that + 주어 + 동사 ~」 표현이 쓰였으므로 was so embarrassed that he didn't know의 어순으로 쓴다.
embarrassed 당황한

D 해석 (1) 그는 매우 힘이 세서 두꺼운 책 열 권을 한 번에 나를 수 있었다.
(2) 이 담요는 (깃털처럼) 매우 가볍다.
(3) Benett 씨에게 가능한 한 빨리 나에게 전화를 다시 걸어달라고 부탁해 줄 수 있나요?
(4) 그 그림은 너무 아름다워서 나는 그것으로부터 눈을 뗄 수 없다. / 그 그림은 너무 아름다워서 나는 그것으로부터 눈을 뗄 수 없었다.

해설 (1) '매우 …해서 ~할 수 있다'라는 뜻의 「so + 형용사/부사의 원급 + that + 주어 + can/could ~」 표현이 쓰여야 하므로 as strong에서 as를 so로 고친다.
(2) '~만큼 …한'이라는 뜻의 「as + 형용사/부사의 원급 + as ~」 표현이 쓰여야 하므로 lighter(비교급)를 원급인 light로 고친다.
(3) '가능한 한 빨리'라는 의미의 as soon as possible 표현이 쓰였으므로 possibly를 possible로 바꾼다. as soon as possible은 「as soon as + 주어 + can/could」로 바꿔 쓸 수 있다.
(4) 「so + 형용사/부사의 원급 + that + 주어 + 동사 ~」에서 so가 있는 이유절과 that 이하의 결과절 시제가 서로 달라 시제에 혼동이 일어나므로 현재 시제(is/can't)나 과거 시제(was/couldn't)로 두 절의 시제를 일치시킨다.

Grammar Test • p. 34

01 ① **02** ⑤ **03** ② **04** ④ **05** ④

01 해석 그 꼬마는 매우 똑똑하다.

해설 「as + 형용사/부사의 원급 + as ~」는 '~만큼 …한'이라는 의미로 as ... as 사이에 원급이 와야 한다.
(as) bright as a button 매우 총명한

02 해석 Taylor 씨가 너무 빨리 말을 해서 나는 그녀의 말을 알아들을 수 없었다.

해설 「so + 형용사/부사의 원급 + that + 주어 + can't/couldn't ~」 '너무 …해서 ~할 수 없다/없었다' 이유절의 동사가 spoke로 과거 시제이므로 결과절의 동사도 couldn't가 오는 것이 알맞다.

03 해석 A: 너는 늘 안경을 끼는구나, 그렇지 않니?
B: 나는 안경 없이는 (박쥐처럼) 매우 시력이 나빠.
① 매우 약한 ② 매우 시력이 나쁜 ③ 매우 바쁜
④ 매우 용감한 ⑤ 매우 건강한

해설 '매우 눈이 나빠서 늘 안경을 쓴다'라는 내용이 되어야 하므로 동물과 비교하여 as ... as로 '매우 …한'의 의미를 나타내는데 이때 앞의 as는 생략할 수 있다.

04 해석 ① 이 가방은 저것보다 더 싸다.
② 이 가방은 저것만큼 비싸지 않다.
③ 이 가방은 저것보다 덜 비싸다.
④ 이 가방은 저것보다 더 비싸다.
⑤ 저 가방은 이것보다 더 비싸다.

해설 '이 가방이 저것보다 값이 싸다.'라는 의미와 반대되는 것은 ④이다. that one, this one에서 one은 앞에 나온 명사 bag을 가리킨다.

05 해석 ① 내 사촌은 내가 가진 것만큼 많은 책을 가지고 있다.
② Rebecca는 실제 나이만큼 나이가 들어 보이지 않는다.
③ 그 방은 너무 더러워서 나는 그 안에 있을 수 없었다.
④ 그는 너무 늦게 일어나서 학교에 택시를 타고 가야 했다.
⑤ Jake는 Kevin보다 더 빨리 숙제를 끝냈다.

해설 ① more → many
② older that → old as
③ can't → couldn't 또는 was → is
⑤ as 삭제 또는 more quickly than → quickly as

Reading & Writing Test • pp. 36-37

01 ③ **02** ⑤ **03** so powerful that the dancers need to train **04** (A) scary (B) scary **05** strength **06** ②
07 look as beautiful as flowers **08** ④ **09** as
10 The dancers move their feet so fast that they look like they're flying.

01-03

전문해석 왜 사람들은 춤을 출까요? 그들은 감정을 표현하거나 다른 사람들에게 행복감을 주거나 스스로 즐기기 위해서 춤을 춥니다. 세계의 다양한 종류의 춤을 살펴봅시다.
카타칼리에는 이야기가 있습니다. 이러한 이야기들은 대개 선과 악의 싸움에 관한 것입니다. 선한 역할을 맡은 무용수들은 자신의 얼굴을 초록색으로 칠합니다. 악한 역할을 맡은 무용수들은 검은색 화장을 합니다. 몸동작이 매우 힘이 넘쳐서 무용수들은 수년 동안 연습해야 합니다.

01 해석 ① 사람들은 어떻게 춤을 출까요?
② 사람들은 언제 춤을 출까요?
③ 무엇이 사람들로 하여금 춤을 추게 할까요?
④ 왜 사람들은 그들의 감정을 표현할까요?
⑤ 세상에는 얼마나 많은 종류의 춤이 있나요?

해설 두 번째 문장에서 사람들이 춤을 추는 이유를 말하고 있으므로 첫 문장에서는 왜 춤을 추는지에 대한 질문이 나와야 자연스럽다.

02 해설 ⓑ가 있는 문장에서 동사 are playing과 wear가 접속사 없이 연결되어 있으므로 관계대명사를 사용하여 두 문장을 한 문장으로 만든 것임을 알 수 있다. 뒤의 동사가 wear로 복수형이므로 빈칸에 복수형 주어가 와야 한다. 따라서 ⑤ Those who(~하는 사람)가 알맞다.

03 해설 '매우 …해서 ~하다'라는 뜻의 「so + 형용사/부사의 원급 + that ~」 표현을 이용하여 문장을 만든다.

04-05

전문해석 하카 무용수들은 무서운 얼굴로 이 전통 춤을 춥니다. 이 춤은 원래 마오리족에 의해 싸움 전에 행해졌습니다. 그들은 적에게 그들의 힘을 보여 주고 싶었습니다. 그 무용수들은 마치 싸움 전의 야생 동물들처럼 무섭게 보였습니다. 요즈음 뉴질랜드에서는 럭비 선수들이 다른 팀에게 그들의 힘을 보여 주기 위해서 주로 시합 전에 하카를 춥니다.

04 [해설] 문맥상 상대를 위협해야 하는 무서운 얼굴이어야 하므로 (A)와 (B) 모두 scary가 알맞다.

05 [해설] show의 목적어에 해당하는 단어가 와야 하므로 형용사인 strong(강한)의 명사형인 strength(힘)가 어법에 알맞다.

06-08

[전문해석] 부채춤은 한국 전통 춤입니다. 다채로운 한복을 입은 무용수들은 밝은 색으로 칠해진 큰 부채를 가지고 춤을 춥니다. 그 무용수들은 다양한 종류의 아름다움을 보여 주기 위해서 부채를 우아하게 움직입니다. 그들의 움직임은 날아가는 새들이나 꽃만큼 아름답게 보입니다. 한국에서 부채춤은 매우 인기가 있어서 사람들은 많은 전통 축제에서 그것을 볼 수 있습니다.

06 [해설] 전치사 in은 '~안에(서)'라는 의미로 공간, 시간, 색깔뿐만 아니라 착용(~을 입은)에도 쓰인다. 반면에 전치사 with는 '~을 가지고, ~와 함께'라는 의미를 지니므로 답은 ②이다.

07 [해설] 「as+형용사/부사의 원급+as ~」 '~만큼 …한'이라는 의미로 as … as 사이에는 원급을 쓴다. 주어가 복수형(movements)이므로 look as beautiful as flowers라고 쓴다.

08 [해설] 다양한 종류의 아름다움을 보여 주기 위해 부채를 우아하게 움직이는 것이지, 다양한 종류의 아름다운 부채를 사용하는 것이 아니므로 ④가 일치하지 않는다.

09-10

[전문해석] **와서 스텝 댄스를 즐기세요**
스텝 댄스는 전통적인 아일랜드의 춤입니다. 무용수들은 다채로운 의상을 입습니다. 제 생각에는 무용수들은 인형만큼 귀엽게 보입니다. 무용수들은 발을 매우 빨리 움직입니다. 그래서 그들은 날고 있는 것처럼 보입니다.

09 [해설] '인형만큼 귀여운'이라는 뜻이 되도록 「as+형용사 원급+as ~」 표현을 사용해야 하므로 빈칸에는 as가 알맞다.

10 [해설] ⓑ 문장은 이유, ⓒ 문장은 결과에 해당하고 두 문장의 주어가 The dancers와 they로 같으므로 「so+부사의 원급+that ~」 구문을 사용하여 두 문장을 연결한다.

단원평가 ———————————— pp. 38-41

01 ③　　**02** (e)nemy　　**03** ⑤
04 such as　　**05** ④　　**06** ③　　**07** ④
08 ⑤　　**09** I'm sure we'll have a lot of fun.
10 so, that　　**11** ④　　**12** ①
13 as tall as　　**14** ④　　**15** ②　　**16** ②
17 ⑤　　**18** ②　　**19** ①　　**20** ④　　**21** ③
22 ③　　**23** as → so / can see → can be seen
24 costume(s)
25 they[the dancers] move their feet so[very] fast
26 ②　　**27** ①
28 |예시 답안| In my opinion, it will be scary.
29 (1) as smart as　(2) can jump as high as
30 (1) Sally was so hungry that she ate[had] a whole pizza.
(2) His voice is so loud that it can be heard from far away.

01 [해석] ① 예술 ② 관습 ③ 문화 ④ 생활방식 ⑤ 언어
[해설] '문화'는 선택지로 제시된 네 가지 이외에도 도덕, 종교, 법과 제도 등을 포함한 매우 큰 개념이다.

02 [해석] 고양이는 쥐의 천적이다.
[해설] '천적'은 natural enemy로 표현한다.

03 [해석] ① 지진은 매우 무섭다.
② Carl은 원래 독일 출신이다.
③ 나는 오로지 혼자 있을 때 편안하다.
④ 그 쌍둥이는 많은 면에서 완전히 다르다.
⑤ 나의 움직임은 그의 도움으로 더 우아하게 되었다.
[해설] ⑤ become 뒤에는 보어가 오는데 보어가 가능한 품사는 명사나 형용사이므로 gracefully가 아닌 graceful이 알맞다.

04 [해석] · 이탈리아인은 결혼식과 같은 행복한 날에 타란텔라 춤을 춘다.
· 연어나 참치와 같은 생선은 두뇌에 좋다.
[해설] 예를 들어 설명할 때 사용하는 표현인 such as(~와 같은)가 빈칸에 알맞다.

05 [해석] A: 어떤 벌들은 먹이를 찾을 수 있는 곳을 보여 주기 위해 춤을 춰.
B: 멋지다! 내 생각에 춤을 추는 것은 의사소통하는 멋진 방식이야.

정답과 해설 **133**

① 나는 생각한다 ② 내가 보기에는 ③ 내 생각에는
④ …은 사실이다 ⑤ 나에게는 … 인 것 같다

해설 In my opinion,과 ①, ②, ③, ⑤는 자신의 생각이나 의견을 표현하는 말이고 ④는 객관적인 사실을 표현하는 말이다.

06 해석 A: 너는 여전히 피겨 스케이팅 선수가 되고 싶니?
B: 응. 나는 김연아 선수처럼 훌륭한 피겨 스케이팅 선수가 되기 위해 최선을 다할 거야.
A: 계속 열심히 해. 네가 해낼 수 있을 거라고 나는 확신해.

① 너는 여전히 피겨 스케이팅 선수가 될 꿈이 있니?
② 나는 최선을 다할 거야 ③ 기운을 내.
④ 나는 확신해 ⑤ 너는 네 목표를 이룰 수 있어

해설 Keep up the good work.는 이제까지 한 것처럼 앞으로도 계속 그대로 열심히 하라는 응원의 표현인 데 반해, ③ Cheer up.은 상대방이 힘들어 할 때 격려하는 표현이다.

07 해석 ① A: 너는 파티에 올 거니?
B: 갈 수 있을지 잘 모르겠어.
② A: 이 가방이 어떤 것 같아?
B: 내가 보기에는 너무 작아.
③ A: 점심으로 중화요리는 어때?
B: 내 생각에는 약간 기름진 것 같아.
④ A: 세훈이는 요리하는 데 큰 재능이 있어.
B: 네 말이 맞아. 그는 기분이 좋을 거라고 확신해.
⑤ A: 내 생각에 이 그림은 매우 창의적이야.
B: 네 말에 동의해.

해설 ④ B의 첫 번째 응답은 자연스럽지만, 뒤이어 오는 말이 앞의 말과 어울리는 내용이 아니다.

08-09
전문해석 준수: 너희 그거 아니? 학교 춤 경연 대회가 곧 열릴 거야.
Emily: 맞아. 나는 지민이네 반이 태권도 춤을 공연할 거고, Tim네 반은 K-pop 댄스를 할 거라고 들었어.
Brian: 우리도 무엇을 할지 결정해야 해.
미나: 부채춤은 어때? 내 의견으로는 그것은 배우기 쉽고 또한 아름다워.
Emily: 좋은 생각인 것 같아. 하지만 누가 우리를 가르쳐 주지?
Brian: 미나가 전통 춤을 잘 춰. 미나야, 그것에 대해 어떻게 생각하니?(→ 미나야, 우리를 가르쳐 줄 수 있니?)
미나: 물론이지, 내가 도와줄게. 나는 우리가 매우 즐거울 거라고 확신해.
준수: 좋아. 시도해 보자.

08 해설 대화의 흐름상 ⑤에는 어떻게 생각하냐고 묻는 것이 아니라 미나에게 부채춤을 가르쳐 달라고 부탁하는 내용이 와야 한다.

09 해설 '나는 …을 확신한다'라는 의미로 I'm sure … 표현을 쓰고 '우리가 매우 즐거울 거라고'에 해당하는 부분은 앞으로의 일을 말하는 것이므로 미래 시제를 사용한다. 따라서 I'm sure we'll have a lot of fun.이 되어야 한다.

10 해석 · 쿠키는 정말 맛있었다.
· 나는 그것을 먹는 것을 멈출 수 없었다.
→ 그 쿠키는 정말 맛있어서 나는 그것을 먹는 것을 멈출 수 없었다.

해설 첫 번째 문장은 '이유'이고 두 번째 문장은 그에 따른 '결과'이다. 이 두 문장을 한 문장으로 만드는 구문으로 '매우 …해서 ~하다'라는 뜻의 「so + 형용사/부사의 원급 + that ~」 표현을 사용해야 하므로 so, that이 와야 한다.

11 해석 A: 네 새 차에 대해 어떻게 생각하니?
B: 그게, 사실 그건 새 것이 아냐. 중고차를 샀거든. 하지만 나는 그것이 새 것만큼 좋다고 생각해.

해설 ④ as … as 사이에 들어갈 말이 be동사의 보어가 되어야 하므로 보어로 쓸 수 있는 형용사인 good으로 써야 한다.

12 해석 ① 내 얼굴은 토마토만큼 빨개졌다.
② Wilson 씨는 보이는 것만큼 나이가 들지 않았다.
③ 그 소녀는 너무 어려서 차를 운전할 수 없다.
④ 너무 어두운 밤이라서 나는 아무것도 볼 수 없었다.
⑤ 책이 너무 두꺼워서 나는 하루 만에 그것을 끝낼 수 없다.

해설 ② → Ms. Wilson isn't as old as she looks.
③ → The girl is too young to drive a car.
④ → It was such a dark night that I could see nothing.
⑤ → The book was so thick that I couldn't finish it in a day. 또는 The book is so thick that I can't finish it in a day.

13 해석 A: Kate, 너 키가 매우 크구나. Jamie보다 더 크니?
B: 아니.
A: 그러면 Jamie가 너보다 더 크니?
B: 아니.
A: 아하. 너는 Jamie만큼 키가 크구나.
B: 응. 우리는 키가 같아.

해설 '~만큼 …한'이라는 뜻으로 동등 비교 구문인 「as + 형용사/부사의 원급 + as ~」를 사용한다. as … as 사이에는 원급을 쓰므로 '너는 Jamie만큼 키가 크다'라는 의미가 되기 위해서 as tall as가 와야 한다.

14 해석 ① 도서관이 매우 조용해서 나는 공부에 집중할 수 있었다.
② 도서관이 매우 조용했기 때문에 나는 공부에 집중할 수 있었다.
③ 도서관은 내가 공부에 집중할 수 있을 정도로 충분히 조용했다.
④ 도서관이 너무 조용해서 나는 공부에 집중할 수 없었다.
⑤ 매우 조용한 도서관은 내가 공부에 집중하도록 도움을 주었다.
해설 ④ 도서관이 너무 조용해서 공부에 집중할 수 없었다는 말은 어색하다. 나머지는 모두 도서관이 매우 조용해서 공부에 집중할 수 있었다는 뜻으로 그 의미가 같다.

15-17
전문해석 사람들은 왜 춤을 출까요? 그들은 감정을 표현하거나 다른 사람들에게 행복감을 주거나 스스로 즐기기 위해서 춤을 춥니다. 세계의 다양한 종류의 춤을 살펴봅시다.
카타칼리에는 이야기가 있습니다. 무용수들은 그들의 몸동작을 통해서 이야기합니다. 이 이야기들은 주로 선과 악의 싸움에 대한 것입니다. 선한 역할을 맡은 무용수들은 자신의 얼굴을 초록색으로 칠합니다. 악한 역할을 맡은 무용수들은 검은색 화장을 합니다. 흥미롭게도, 카타칼리에서는 남자들만 춤추는 것이 허락됩니다. 몸동작이 매우 힘이 넘쳐서 무용수들은 수년 동안 연습을 해야 합니다.

15 해석 ① 나는 네게 물어볼 것이 있다.
② 나는 제시간에 도착하기 위해서 달려야만 했다.
③ 너는 무엇을 해야 할지 이해하고 있니?
④ 전등을 끄는 것을 잊지 말아라.
⑤ Eddy는 드럼을 치는 것을 배우고 있다.
해설 본문에서 밑줄 친 ⓐ는 '표현하기 위해서'라는 의미로 to부정사의 부사적 용법 중 '목적'을 나타낸다.
② to부정사의 부사적 용법 중 '목적'을 나타낸다.
① to부정사의 형용사적 용법으로 쓰여 앞에 나온 something을 수식한다.
③ 「의문사＋to부정사」 형태로 to부정사의 명사적 용법으로 쓰였다.
④ forget의 목적어 역할을 하는 to부정사의 명사적 용법으로 쓰였다.
⑤ is learning의 목적어 역할을 하는 to부정사의 명사적 용법으로 쓰였다.

16 해석 이러한 이야기들은 대개 선과 악의 싸움에 관한 것입니다.
해설 ②의 앞 문장에 tells stories라는 부분이 있는데, 주어진 문장은 바로 이 이야기를 더 자세히 설명하는 것이다. 따라서 주어진 문장이 들어가기에 가장 알맞은 곳은 ②이다.

17 해설 「allow＋목적어＋to부정사」는 '목적어가 (to부정사)하는 것을 허락하다, 허용하다'라는 의미로 주어진 문장은 오직 남자들만이 '춤추는 것이 허용되다'라는 의미가 되어야 한다. '목적어'가 문장의 주어가 된 수동태 문장이 되어야 하므로 ⑤ are allowed to dance가 빈칸에 알맞다.

18-20
전문해석 사람들이 뉴질랜드에 방문할 때, 그들은 하카 무용수 무리를 만날지도 모릅니다. 그 무용수들은 무서운 얼굴로 이 전통 춤을 춥니다. 이 춤은 원래 마오리족에 의해 싸움 전에 행해졌습니다. 그들은 적에게 그들의 힘을 보여 주고 싶었습니다. 그 무용수들은 싸움 전의 야생 동물들만큼 무섭게 보였습니다. 요즈음, 뉴질랜드에서는 럭비 선수들이 다른 팀에게 그들의 힘을 보여 주기 위해서 주로 시합 전에 하카를 춥니다.

18 해설 ②는 남을 무섭게 만드는 '무서운 얼굴로'라는 뜻이어야 하므로 with scary faces가 알맞다.
① dancer → dancers
③ originally performed → was originally performed
④ with → by
⑤ so → as

19 해석 ① 악 ② 힘 ③ 힘 ④ 에너지 ⑤ 힘
해설 빈칸에 '힘'과 유사한 단어가 들어가야 의미가 자연스러우므로 ①은 빈칸에 알맞지 않다.

20 해석 ① 그것은 춤의 일종이다.
② 마오리족은 전투 전에 이것을 행했다.
③ 당신은 요즘 이것을 럭비 경기에서 볼 수 있다.
④ 이것은 야생 동물의 아름다움을 표현한다.
⑤ 이것은 뉴질랜드의 전통 중 하나이다.
해설 ④ 싸우기 전의 야생 동물처럼 무섭게 보이는 것을 원했던 것이지 야생 동물의 아름다움을 표현하기 위해서가 아니었다.

21-23
전문해석 부채춤은 한국 전통 춤입니다. 무용수들은 다채로운 한복을 입습니다. 그들은 밝은 색으로 칠해진 큰 부채를 가지고 춤을 춥니다. (부채 전시회는 한국에서 종종

열립니다.) 그 무용수들은 다양한 종류의 아름다움을 보여 주기 위해서 부채를 우아하게 움직입니다. 그들의 움직임은 매우 아름답게 보입니다. 한국에서 부채춤은 매우 인기가 있어서 사람들은 많은 전통 축제에서 그것을 볼 수 있습니다.

21 해설 글은 부채춤에 대해 설명하는 내용이므로 부채 전시회가 종종 열린다는 내용의 ③은 글의 흐름상 어색하다.

22 해석 ① 부채춤은 무엇인가?
② 무용수들은 무엇을 입는가?
③ 부채춤은 언제 시작했나?
④ 무용수들은 무엇을 가지고 춤을 추는가?
⑤ 어디에서 부채춤을 볼 수 있는가?

해설 ③ 부채춤이 언제 시작되었는지에 대한 내용은 본문에 나와 있지 않다.
① a traditional Korean dance
② colorful *hanbok*
④ with large fans
⑤ in many traditional festivals

23 해설 '매우 …해서 ~하다'라는 뜻의 표현은 「so+형용사/부사의 원급+that ~」의 형태이므로 앞의 as를 so로 바꾼다. 부채춤이 보는 것이 아니라 보이는 것이므로 can see를 수동형 can be seen으로 바꾼다.

24-25
전문해석 스텝 댄스는 아일랜드의 전통 춤입니다. 무용수들은 다채로운 색상의 <u>의상</u>을 입습니다. 제 생각에 무용수들은 매우 귀엽습니다. 무용수들이 발을 매우 빨리 움직여서 그들이 날고 있는 것처럼 보입니다.

24 해석 연극, 영화 등에서 연기자가 입는 옷
해설 costume(의상, 복장)에 대한 정의이다.

25 해석 무용수들이 왜 날고 있는 것처럼 보이는가?
→ 그들[무용수들]이 발을 빠르게 움직이기 때문이다.
해설 무용수들이 발을 매우 빨리 움직여서 날아다니는 것처럼 보인다고 했다.

26-27
전문해석 과거에 사람들은 아픈 사람들을 위해 타란텔라 춤을 추었다. 요즈음 이 춤은 두 사람이 추는 춤이다.
Adumu 춤은 전투 전에 행해진다. 이것은 점핑 댄스라고도 불린다. 무용수들은 공중으로 높이 뛰어오른

다. 한 무용수가 뛰어오르면 다른 무용수들이 큰 소리를 내며 그를 응원한다.
농악무는 농부들에 의해 행해진다. 그들은 밭일의 고된 노동에 관해 서로에게 감사하기 위해 이 춤을 춘다. 그들은 특수한 모자를 쓰고 그들이 연주하는 음악에 맞추어 머리를 흔든다.

26 해설 ②는 '또한 ~라고 불리다'라는 뜻으로 It(= *Adumu*)이 점핑 댄스로 불리는 것이므로 수동태로 표현하는 것이 알맞다.
① performs → is performed
③ highly(매우) → high(높게)
④ cheer on him → cheer him on 대명사 목적어는 동사와 부사 사이에 온다.
⑤ performed → is performed

27 해설 ① 타란텔라는 과거에 아픈 사람들이 춘 춤이 아니라 아픈 사람들을 위해 추었던 춤이다.

28 해석 Q: 이 영화에 대해 어떻게 생각하니?
A: 내 생각에 그것은 무서울 것 같아.
해설 무서운 공포 영화 포스터에 대한 자신의 의견을 표현하는 대답을 쓴다. 의견을 나타내는 표현은 In my opinion, In my view, I think (that) ... 등이 있다.

29 해석 (1) 세라는 시험에서 A를 받았다. Andy는 시험에서 같은 점수를 받았다.
→ 세라는 Andy만큼 똑똑하다.
(2) Sam은 1m 20cm까지 점프할 수 있다. Ben 또한 1m 20cm까지 점프할 수 있다.
→ Sam은 Ben만큼 높이 점프할 수 있다.
해설 (1), (2) '~만큼 …한'이라는 의미의 동등 비교 구문 「as+형용사/부사의 원급+as ~」 표현을 활용한다.

30 해설 주어진 우리말이 모두 '매우 …해서 ~하다'라는 의미를 담고 있으므로 「so+형용사/부사의 원급+that ~」 구문을 활용한다.
(1) 우리말이 과거 시제이므로 주절의 동사와 that절의 동사 모두 과거형을 써서 Sally was so hungry that she ate[had] a whole pizza.로 써야 한다.
(2) '들릴 수 있다'라는 조동사가 들어간 수동태 표현을 써야 하고 우리말이 현재 시제이므로 동사의 현재형을 써서 His voice is so loud that it can be heard from far away.로 써야 한다.

1 |예시 답안| (1) as black as (2) as hot as fire
(3) as sweet as honey (4) as white as snow
Answer: coffee

2 (1) was not as[so] difficult as
(2) was so nervous that I missed
(3) shone as bright as
(4) as happy as larks
(5) am sure you'll do better

3 (1) |예시 답안 1| In my opinion, students should be allowed to bring their cell phones to school.
|예시 답안 2| In my opinion, students should not be allowed to bring their cell phones to school.
(2) |예시 답안 1| I think bringing cell phones is helpful when an accident happens.
|예시 답안 2| I think bringing cell phones is harmful to students' studies.
(3) |예시 답안 1| I think it should be allowed only in emergencies.
|예시 답안 2| I think it shouldn't be allowed, because it can harm other students.

1 해석 저는 누구일까요?
저는 어두운 밤처럼 까맣습니다.
저는 불처럼 뜨겁습니다.
저는 꿀처럼 달콤합니다.
제 친한 친구는 눈처럼 하얗습니다.
당신은 저를 집이나 카페에서 마실 수 있습니다.
답: 커피
해설 커피를 비유를 통해 설명하는 말을 동등 비교 표현 「as+형용사/부사의 원급+as ~」로 나타냈다.
as black as night 매우 까만 as hot as fire 매우 뜨거운
as sweet as honey 매우 달콤한 as white as snow 매우 하얀

2 해석 A: 영어 듣기평가 어땠니?
B: 오, 끔찍했어. 그것은 지난 시험만큼 어렵지는 않았지만, 내게는 여전히 어려웠어. 게다가 나는 너무 긴장해서 처음 두 문제를 놓쳤어.
A: 안됐구나. 다른 애들도 시험을 잘 못 보지 않았니?
B: 글쎄, 꼭 그렇지는 않아. 사실 시험을 치른 후 Ted의 얼굴은 (태양처럼) 매우 밝게 빛났어. 그리고 그가 유일한 사람은 아니었어. 많은 아이들이 (종달새처럼) 매우 즐겁게 보였어.
A: 오, 기운 내. 나는 네가 더 열심히 공부한다면 다음 번에는 네가 더 잘할 거라고 확신해.

해설 (1) 문맥상 '지난 시험만큼 어렵지는 않았으나 여전히 어려웠다'라는 의미가 되어야 알맞다. '~만큼 …하지 않은'이라는 뜻의 동등 비교 부정형 「not+as[so]+형용사/부사의 원급+as ~」를 사용한다. 질문이 과거 시제이고 대답의 첫 문장도 과거 시제이므로 시제를 일치시켜 was not as[so] difficult as로 쓴다.
(2) 문맥상 '너무 긴장해서 처음 두 개 문제를 놓쳤다'라는 의미가 되어야 알맞다. '너무 …해서 ~하다'라는 뜻의 이유 · 결과를 나타내는 「so+형용사/부사+that+주어+동사 ~」를 사용한다. 앞 문장에서 과거 시제로 대답했으므로 시제를 일치시켜 was so nervous that I missed로 쓴다.
(3) 문맥상 'Ted의 얼굴은 밝아 보였다'라는 의미가 되어야 알맞다. 질문이 과거 시제이므로 대답도 과거 시제인 shone as bright as로 쓴다. as bright as the sun 매우 밝은
(4) 문맥상 '매우 즐거워 보이는 사람들이 많았다'는 의미가 되어야 한다. as happy as larks 매우 즐거운
(5) 앞 문장에서 격려하는 표현인 cheer up이 나왔으므로 문맥상 '네가 더 열심히 공부한다면 다음 시험에서 더 잘할 것이라고 생각한다'는 의미가 되어야 알맞다. 어떤 사실을 확신할 때 쓰는 표현인 I'm sure … .를 사용하여 am sure you'll[you will] do better로 쓴다.
어휘 besides 게다가 nervous 긴장한 miss 놓치다 shine 빛나다, 반짝이다 (-shone-shone) lark 종달새

3 해석
(1) Q: 당신은 학교에 휴대 전화를 가져오는 것에 대해 어떻게 생각하는가?
A: |예시 답안 1| 내 생각에 학생들이 학교에 휴대 전화를 가져오는 것을 허용해야 한다.
|예시 답안 2| 내 생각에 학생들이 학교에 휴대 전화를 가져오는 것을 허용해서는 안 된다.
(2) Q: 왜 그렇게 생각하는가?
A: |예시 답안 1| 나는 휴대 전화를 가져오는 것이 사고가 발생할 때 도움이 된다고 생각한다.
|예시 답안 2| 나는 휴대 전화를 가져오는 것이 학생들의 공부에 해롭다고 생각한다.
(3) Q: 수업 중에 휴대 전화를 사용하는 것에 대해서 어떻게 생각하는가?
A: |예시 답안 1| 나는 비상사태 시에만 그것이 허용되어야 한다고 생각한다.
|예시 답안 2| 나는 그것이 다른 학생들에게 해를 끼칠 수 있으므로 허용되어서는 안 된다고 생각한다.
해설 What do you think about ~?은 의견을 묻는 말로, 그에 대해 대답은 자신의 의견을 표현하는 말인 In my opinion, In my view, I think … . 등으로 대답할 수 있다.
어휘 helpful 도움이 되는 harmful 해로운, 유해한 emergency 비상(사태) harm 해를 끼치다

Lesson ⑦
Magic or Science?

Word Check   p. 44

A (1) 수축하다 (2) 흡수하다 (3) 무게를 재다, 무게가 ~이다
(4) 마술, 마법 (5) 속을 들여다보다 (6) 불꽃, 불길
(7) last (8) light (9) experiment
(10) freezer (11) stick to (12) candle
B (1) necessary (2) material (3) expand
(4) lightning (5) trick
C (1) balloon (2) rise (3) bottom (4) cool down
(5) instead of (6) confuse

B 해석 (1) 무언가 하기 위해 필요한
(2) 물건을 만들 수 있는 물질
(3) 크기, 범위, 또는 양이 더 커지다
(4) 뇌우가 치는 동안 하늘에서 번쩍이는 불빛
(5) 누군가를 놀라게 하거나 혼란시키기 위해 행해진 것

C 해설 (1) fill A with B A를 B로 채우다 balloon 풍선
(2) ride (파도를) 타다 rise 오르다, 올라가다
(3) bottom 맨 아래, 바닥
(4) cool down 식다, 시원해지다
(5) instead of ~대신에
(6) twins 쌍둥이 confuse 혼란시키다, 혼동하다

Word Test   p. 45

1 ④ 2 ④ 3 ①
4 (1) sank (2) comparing (3) absorb
5 (1) turn (2) material (3) necessary
6 last 7 sign up for

1 해석 ① 오르다, 올라가다 ② 밀다 ③ 무게를 재다
④ 차이점 ⑤ 사라지다
해설 ④는 명사이고 나머지 ①, ②, ③, ⑤는 동사이다.

2 해석 당신이 무언가를 강하게 누를 때 만들어내는 힘
① 양초 ② 실험 ③ 불꽃 ④ 압력 ⑤ 속임수

3 해석 ① 고르다, 선택하다 – 고르다, 선택하다
② 불필요한 – 필요한 ③ 팽창하다 – 수축하다

④ 나타나다 – 사라지다 ⑤ 가라앉다 – 뜨다, 떠가다
해설 ①은 유의어 관계이고 나머지 ②~⑤는 반의어 관계이다.

4 해석 (1) 돌이 강 밑바닥으로 가라앉았다.
(2) 너는 다른 이들과 너 자신을 비교하는 것을 그만해야 한다.
(3) 이 재료는 땀을 흡수하고 당신을 시원하게 해 줄 것이다.
해설 (1) sink 가라앉다(–sank–sunk)
rise 오르다(–rose–risen)
(2) compare 비교하다 confuse 혼란시키다
(3) absorb 흡수하다 expand 팽창하다

5 해석 (1) 마술사는 장미를 보여줬고 그 다음에 그것을 새로 바꿨어!
(2) 가장 단단한 재료가 다이아몬드라는 것이 믿어지니?
(3) 나는 건강을 지키기 위해 잠을 충분히 자는 것이 필요하다고 생각한다.
해설 (1) turn A into B A를 B로 바꾸다
(2) material 재료, 물질
(3) necessary 필요한

6 해석 · 당신이 지난번에 나와 이야기를 나누었던 그 사람인가요?
· 회의는 내가 기대했던 것보다 더 길게 지속되었다.
해설 last 지난; 계속하다, 지속하다

7 해설 sign up for ~을 신청하다, 가입하다

Listening & Speaking Test   pp. 48-49

01 (1) Which (2) wait **02** Which, to **03** ②
04 Which, which **05** ④ **06** ② **07** 1–4–2–3
08 ③ **09** ① **10** ②

01 해설 (1) Which flavor/activity/color/movie ...? 어떤 맛/활동/색/영화 …?
(2) I can't wait to ... 나는 몹시 ~하고 싶다

02 해석 A: 너는 어느 마술을 배우고 싶니?
B: 나는 풍선 마술을 배우고 싶어. 나는 그것을 몹시 해 보고 싶어!
해설 Which ... ?는 선택을 묻는 질문에 대한 표현이고, I can't wait to ...는 희망과 기대를 나타내는 표현이다.

138   정답과 해설

03 해석 A: 나는 배드민턴 수업을 듣고 싶어. 함께하는 거 어떠니?

B: 물론이지. 나는 그것을 빨리 하고 싶어!

해설 I can't wait to …는 희망과 기대를 나타내는 표현이다.

04 해석 A: 어느 달걀이 신선하고, 어느 것이 그렇지 않니?

B: 물에 가라앉는 달걀은 신선해. 달걀이 물에 뜨면 그것들은 신선하지 않은 거야. 그것을 먹으면 안 돼.

해설 Which …?는 어떤 것을 선택하고자 하는지를 묻는 표현이다.

05 해석 A: 너는 과학관에서 어떤 프로그램을 하고 싶니?

B: 나는 번개를 만들고 싶어.

① 맛 ② 방법 ③ 날씨 ④ 프로그램 ⑤ 악기

해설 번개를 만드는 것은 과학관에서 할 수 있는 ④ '프로그램' 중의 하나라고 볼 수 있다.

06 해설 ① A: 나는 어느 동아리에 가입할지 결정했어.

B: 결정했다고? 어느 동아리인데?

② A: 나는 그녀의 콘서트에 어서 가고 싶어.

B: 내가 얼마나 오랫동안 너를 기다렸는지 아니?

③ A: 봐. 이 놀이 기구는 정말 재미있어 보여.

B: 그러니까! 나는 그것을 몹시 타 보고 싶어.

④ A: 너는 어느 샌드위치를 먹고 싶니?

B: 나는 이거랑 큰 콜라를 먹을래.

⑤ A: 난 내일 현장 학습 가는 게 너무 신나.

B: 나도. 나는 그것을 정말 기대하고 있어.

해설 ② A의 말 I can't wait to …는 희망과 기대를 나타내는 표현인데 그 응답으로 질책의 의미를 담은 B의 말이 오는 것은 자연스럽지 않다.

07 해석 A: 나는 마술과 과학에 관한 책을 읽고 있어.

- 그거 흥미롭구나.

- 응. 이 책은 과학을 사용한 100가지 마술을 소개하고 있어. 나는 그것의 절반 정도를 배웠어.

- 멋지다. 그 마술 중 몇 개를 보여 줄 수 있니?

- 물론이지. 나는 풍선 마술을 지금 보여 줄 수 있어.

B: 좋아! 어서 보고 싶어.

해설 A가 읽고 있는 책의 주제를 말하고 있으므로 어떻게 생각하는지 응답하는 말이 오는 것이 알맞다. 그 다음에 책에 대한 설명과 책에 나오는 마술을 배웠다는 말이 오고 마술을 보여 줄 수 있는지 요청하는 말로 이어지는 것이 자연스럽다. 마지막으로 요청에 긍정으로 대답하는 말이 오면 B의 I can't wait to see it.으로 연결되는 것이 자연스럽다.

08 해석 A: 저 소녀를 봐. 그녀는 로봇을 조종하고 있어.

B: 정말 재미있어 보인다. 나는 그것을 어서 해 보고 싶어.

해설 I can't wait to + 동사원형

= I'm dying to + 동사원형

= I'm eager to + 동사원형

= I'm longing to + 동사원형

= I'm looking forward to -ing 나는 ~을 몹시 하고 싶다

09-10

전문해석 영실: 건기가 너무 오래 지속되고 있습니다. 농부들이 걱정이 많습니다.

세종: 우리가 그들을 돕기 위해 무언가를 해야 한다.

영실: 특별한 시계를 만드는 것은 어떨까요? 그것이 시간과 계절을 알려줄 겁니다. 건기를 대비하기 위해 그것을 사용할 수 있습니다.

세종: 좋은 생각 같구나. 그러나 누가 그것을 만들겠느냐?

영실: 제가 한번 해 보겠습니다. 저는 시간과 계절에 대해 많이 알고 있습니다.

세종: 좋다. 네가 만든 시계를 빨리 보고 싶구나.

09 해석 ② 나는 몇 시인지 알고 싶다.

③ 나는 시계를 만드는 것을 기대하고 있다.

④ 네가 어떻게 그 시계를 발명했는지 알려 달라.

⑤ 나는 시계를 만들 누군가를 기다리고 있다.

해설 ① 영실은 자신이 시간과 계절에 대해 많이 알고 있으니 시계를 만들겠다고 했다. 따라서 시계를 빨리 보고 싶다는 응답이 오는 것이 가장 적절하다.

10 해석 ① 누가 시계를 만들 것인지

② 언제 건기가 시작됐는지

③ 왜 농부들이 걱정하는지

④ 시계가 어떻게 농부들을 도와줄지

⑤ 영실은 무엇에 대해 많이 아는지

해설 ② 언제 건기가 시작됐는지에 대해서는 언급되지 않았다.

① 시계는 영실이 만들 것이다.

③ 농부들은 건기가 너무 오래 지속되어서 걱정한다.

④ 시계는 시간과 계절을 알려줄 것이므로 건기를 대비하는데 사용할 수 있다.

⑤ 영실은 시간과 계절에 대해서 많이 안다.

A (1) It (2) How come (3) to (4) Why
B (1) to jump (2) of her (3) to wash (4) to travel
C (1) you knew about it (2) rude of you to
(3) this TV isn't working (4) it is impossible to fix
D (1) Why → How come 또는 Ann looks → does Ann look
(2) How come → Why 또는 are there → there are
(3) to not → not to (4) for he → of him

A 해석 (1) 그가 나를 도와주다니 정말 친절해.
(2) 도대체 왜 Tina는 나타나지 않는 거니?
(3) 모든 사람들이 아름다워 보이고 싶어 하는 것은 당연하지 않니?
(4) 왜 그것은 똑같이 느껴지는 거지?

해설 (1) 진주어 to help me의 가주어가 와야 하므로 It이 알맞다.
(2) How come ...?은 '도대체 왜 ...?'라는 의미이고 How come 뒤에는 「주어＋동사＋...?」의 어순으로 쓴다.
(3) 가주어 it의 진주어로 to부정사구와 that절이 올 수 있는데 괄호 뒤에 동사원형(wash)이 있으므로 to가 알맞다.
(4) Why는 How come과 비슷한 의미이지만 「Why＋조동사＋주어＋동사원형＋...?」의 어순으로 쓴다.

B 해석 (1) 강에 뛰어드는 것은 안전하지 않다.
(2) 그녀가 나에게 쿠키를 가져다주다니 착하지 않니?
(3) 식사 전에 손을 씻는 것은 필요하다.
(4) 각양각색의 여러 나라들을 여행하는 것은 재미있었니?

해설 (1), (3), (4) It is ~ to ...는 '...하는 것은 ~하다'라는 의미이다. 이때 주어 자리에는 가주어 it이 오고 진주어로 to부정사가 온다.
(2) to부정사의 의미상 주어를 쓰는 경우 「for/of＋목적격」의 형태로 쓴다. 형용사가 사람의 성격(nice)을 나타내고 있으므로 of her로 써야 한다.

C 해석 (1) 어째서 너는 그것에 대해 그렇게 잘 알고 있니?
(2) 네가 그에게 그렇게 말한 것은 무례하다.
(3) 도대체 왜 이 TV가 작동이 안되는 거지?
(4) 나는 이 컴퓨터를 고치는 것이 불가능하다고 생각한다.

해설 (1), (3) How come ...?은 '어째서/도대체 왜 ...?'라는 의미로 How come 뒤에는 「주어＋동사＋...?」의 어순으로 쓴다.
(2), (4) It is ~ to ...는 '...하는 것은 ~하다'라는 의미이다. to부정사의 의미상 주어를 나타내고 싶을 때는 「for/of＋목적격」으로 쓴다.

D 해석 (1) 왜 Ann은 그렇게 슬퍼 보이니?
(2) 어째서 이렇게 많은 사람들이 있니?
(3) Alex가 살이 찌지 않는 것은 어렵다.
(4) 그가 그렇게 말하는 것은 예의 바른 일이다.

해설 (1), (2) Why는 How come과 비슷한 의미이지만 「Why＋조동사＋주어＋동사원형＋...?」의 어순으로 쓰고 How come 뒤에는 「주어＋동사＋...?」의 어순으로 쓴다.
(3) It is ~ to ...는 '...하는 것은 ~하다'라는 뜻으로 부정의 의미를 나타낼 때는 to 앞에 not을 붙인다.
(4) to부정사의 의미상 주어를 쓰는 경우 앞의 형용사가 사람의 성격(polite)을 나타내고 있으므로 for he는 of him으로 써야 한다.

01 ⑤ **02** ① **03** ⑤ **04** ⑤ **05** ②

01 해석 운전하는 동안 스마트폰을 사용하는 것은 위험하다.
해설 It is ~ to ...는 '...하는 것은 ~하다'라는 의미로 빈칸에는 to부정사인 to use가 오는 것이 알맞다.

02 해석 A: 어째서 너는 그렇게 늦게 도착한 거니?
B: 교통 체증이 너무 심했기 때문이야.

해설 B가 대답으로 이유를 말했으므로 이유를 물어보는 표현인 How come이 들어가는 것이 알맞다. How come 뒤에는 「주어＋동사＋...?」의 어순으로 쓴다.

03 해석 ① 우리가 죽음을 두려워하는 것은 당연하지 않니?
② 나는 너의 친구들에게 관심 갖는 것이 어렵지 않다고 생각한다.
③ 네가 어린 남동생을 돌보다니 너무 착하구나.
④ 선크림을 바르는 것이 필요하다는 것을 아니?
⑤ Brown 박사님은 과학 실험을 하는 것이 재미있다고 생각한다.

해설 ① to부정사의 의미상 주어를 쓰는 경우 「for＋목적격」의 형태로 써야 하므로 for we가 아니라 for us로 써야 한다.
② It is ~ to ...는 '...하는 것은 ~하다'라는 의미이다. to부정사가 진주어일 때 가주어는 that이 아니라 it을 쓴다.
③ It is ~ for/of 목적격 to ...의 어순이 되어야 하므로 It's so nice of you to take care of your little brother.가 되어야 한다.
④ It is ~ to ...일 때 to 뒤에는 동사원형이 나와야 하므로 to put이 되어야 한다.

04 해석 ① 너는 오늘 밤 왜 그렇게 초조해 보이니?
② 어째서 그는 너에 대해서 모두 다 알고 있는 거니?
③ 왜 그 쌍둥이들은 똑같이 생기지 않았니?
④ 도대체 왜 James는 시험에 떨어졌니?
⑤ 도대체 왜 여기에 아무도 없는 거니?

해설 How come 뒤에는 「주어＋동사＋…?」의 어순이 온다. Why는 How come과 비슷한 의미이지만, 「Why＋조동사＋주어＋동사원형＋…?」의 어순으로 쓰이는 것에 유의한다. 그러므로 ⑤는 How come there is no one here?가 되어야 한다.

05 해석 해외에서 공부하는 것이 필요하다고 생각하니?
① 여기에서 기차역까지 얼마나 머니?
② 먼저 사과하는 것은 어려울지도 모른다.
③ 네 방에 무슨 일이 있었던 거니? 방 좀 치워라!
④ 비가 많이 내렸기 때문에 나는 축구하는 것을 멈췄다.
⑤ 얼마나 아름다운 날이었는지!

해설 ② 주어 자리에 가주어 it을 둔 구문으로 예시 문장과 it의 쓰임이 같다.
① 거리를 나타내는 it이므로 비인칭 주어이다.
③ 앞 문장의 your room을 가리키는 대명사 it이다.
④ 날씨를 나타내는 it이므로 비인칭 주어이다.
⑤ 날짜를 나타내는 it이므로 비인칭 주어이다.

Reading & Writing Test
pp. 54-55

01 his tricks **02** ⑤ **03** ④ **04** ①
05 The water rose into the glass. **06** ① **07** ③
08 속을 들여다볼 수 없는 컵을 사용하는 것이 필요하다.
09 ⓒ How come the coin moves? 또는 Why does the coin move? **10** ③

01-02
전문해석 특별 과학 마술 쇼에 오신 것을 환영합니다! 마술을 보는 것은 항상 신나는 일입니다. 그리고 마술 뒤에 숨겨진 비밀을 알아내는 것은 더 신나는 일입니다. 어떤 사람들은 마술의 비밀이 과학이라고 생각합니다. 오늘 학교 마술 동아리 회원인 Ken은 마술 공연을 위해 과학을 사용할 것입니다. 그는 우리에게 어떤 마술을 보여 줄까요? 빨리 보고 싶군요.

01 해설 them은 Ken이 선보이는 마술이므로 his tricks이다.

02 해석 ① Ken은 누구입니까?
② 이 쇼의 제목은 무엇입니까?
③ Ken은 이 쇼를 공연하기 위해서 무엇을 사용할 것입니까?
④ 화자는 마술을 보는 것에 대해 어떻게 생각합니까?
⑤ 화자는 Ken의 마술을 보기 위해서 얼마나 기다렸습니까?

해설 ⑤ 화자가 Ken의 마술을 보기 위해 얼마나 기다렸는지는 언급되지 않았으므로 대답할 수 없다.
① Ken은 학교 마술 동아리의 회원이다.
② 이 쇼의 제목은 Super Science Magic Show이다.
③ Ken은 이 쇼를 하기 위해 과학을 사용할 것이다.
④ 화자는 마술을 보는 것이 신난다고 생각한다.

03-05
전문해석 Ken: 여기에 물이 담긴 접시가 있습니다. 이제 저는 접시 한가운데에 초를 놓을 것입니다. 그다음에 초에 불을 켜고 유리컵으로 초를 덮어 보겠습니다. "수리수리마수리!"
지나: 물을 보세요! 어째서 물이 유리컵 속으로 올라간 거지요?
Ken: 공기가 뜨거워지면 팽창해서 더 높은 압력을 만듭니다. 공기가 차가워지면 수축해서 더 낮은 압력을 만듭니다. 불꽃이 다 타버렸을 때 유리컵 속의 공기는 식어버렸습니다. 공기가 식었을 때 기압이 낮아졌습니다. 그래서 유리컵 밖의 공기 압력이 더 높아졌습니다. 높아진 압력의 공기가 물을 유리컵 속으로 밀어 넣었습니다.

03 해설 in the middle of ~ 중간에 cover A with B A를 B로 덮다

04 해설 ① the water ② air ③ air ④ the air ⑤ the air로 ①은 물을 가리키고 나머지는 모두 공기를 가리킨다.

05 해석 불꽃이 다 타버린 후에 그 물에는 무슨 일이 일어나는가?
해설 Ken의 설명과 Jina의 말을 종합해 보면 불꽃이 다 타버린 후에 물이 유리컵 속으로 올라왔다는 것을 알 수 있다.

06-08
전문해석 Ken: 이제, 이 컵들 중 하나에 물을 채워 보겠습니다. 여러분을 헷갈리게 하려고 이 컵들을 섞어 보겠습니다. 지나, 어떤 컵에 물이 있을까요?

지나: 쉽네요! 가운데 컵이에요.

Ken: 좋습니다, 확인해 봅시다. 보이죠? 물이 없네요.

지나: 와! 어째서 물이 사라진 거죠?

Ken: 마술 전에, 저는 특별한 물질을 컵 중 하나에 넣어 두었습니다. <u>그 물질은 물을 흡수하고 그것을 젤리로 변하게 했습니다.</u> 그러고 나서 젤리는 컵 바닥에 달라붙었습니다. 여러분이 이 마술을 해 보고 싶다면, 속을 들여다볼 수 없는 컵을 사용하는 것이 필요합니다.

06 해석 ① 어떤 ② 무슨 ③ 왜 ④ 어떻게 ⑤ 언제
해설 어떤 컵 안에 물이 담겨 있는지 묻고 있으므로 '어떤 …?'이라는 뜻인 which가 들어가야 알맞다.

07 해설 컵 중의 하나에 특별한 물질을 넣었는데 그 물질이 물을 흡수해서 젤리로 변했고 젤리는 컵 바닥에 달라붙었다는 흐름이 자연스러우므로 주어진 문장은 ③에 오는 것이 알맞다.

08 해석 이 마술을 시도해 보기 위해 필요한 것은 무엇인가?
해설 Ken의 설명 중 it's necessary to use cups that you can't see through에서 알 수 있다.

09-10

전문해석 동전이 춤을 출 수 있는가? 그것을 실험해 보자. 동전 한 개와 하나의 병이 필요하다. 시작하기 전에 병을 차게 하는 것이 중요하다.
첫째, 동전을 병의 입구에 두어라. 그런 다음, 잠시 동안 손으로 병을 잡아라. 그러면 동전이 위아래로 움직인다.
어째서 동전이 움직이는가?
손이 병 내부의 찬 공기를 데운다. 공기가 따뜻해지면 그것은 팽창한다. 팽창한 공기가 병에서 빠져나오려고 한다.

09 해설 ⓒ How come …?은 '도대체 왜 …?'라는 의미로 How come 뒤에는 「주어＋동사＋…?」의 어순으로 쓴다. 유사한 표현으로 Why …?도 쓸 수 있는데 「Why＋조동사＋주어＋동사원형＋…?」의 어순으로 쓰인다.

10 해설 '병을 차게 하는 것이 중요하다.'라는 의미의 문장이므로 It is ～ to … 구문을 쓸 수 있다. 따라서 to부정사인 ③ to cool이 알맞다.

---

01 ④	**02** ④	**03** ①	**04** out	**05** ③
06 ⑤	**07** ②	**08** ⑤		**09** I can't wait to
learn	**10** ②	**11** ⑤	**12** ③	**13** ⑤
14 ⑤	**15** ③	**16** ④	**17** ①	**18** ②
19 ④	**20** ②	**21** ⑤	**22** ③	**23** ①

24 It is important to cool the bottle. **25** The expanding air **26** How come **27** ③

28 |예시 답안| can't wait to go to an amusement park

29 (1) boring for him[Mr. Smith] to watch soccer games (2) fun for her[Luna] to play computer games (3) nice of her[Ann] to help her mother

30 (1) How come you didn't call me last night? 또는 Why didn't you call me last night? (2) Which color do you prefer?

01 해석 ① (불을) 켜다 ② 혼동하다, 혼란시키다 ③ 냉동고 ⑤ ~을 신청하다

02 해석 ① 지속하다 - 계속하다
② 고르다 - 선택하다
③ 필요한 - 필수의
④ 번개 - 천둥
⑤ 마술, 마법 - 마술, 속임수
해설 ①, ②, ③, ⑤는 유의어 관계이고 ④는 자연 현상을 나타내는 단어로 짝 지어졌다.

03 해석 무언가에 대해 깊게 생각하고 그 차이점이나 유사점을 발견하다
① 비교하다 ② 사라지다 ③ 팽창하다
④ 무게를 재다 ⑤ 가라앉다
해설 무언가에 대해 깊게 생각하고 그 차이점이나 유사점을 발견하는 것은 ① compare(비교하다)이다.

04 해석 ·다행히 건물이 다 타버리기 전에 소방관들이 도착했다.
·맛있는 수박을 고르는 것은 쉽지 않다.
해설 burn out 타 버리다   pick out 고르다
어휘 luckily 다행히   firefighter 소방관

05 해석 A: 너는 어떤 운동을 배우고 싶니?
B: 음, 나는 태권도를 배우고 싶어.

① 네가 가장 좋아하는 스포츠는 뭐니?

② 너는 언제 태권도를 배우고 싶니?

④ 너는 어떤 종류의 운동을 좋아하니?

⑤ 너는 왜 태권도를 배우니?

해설 B가 태권도를 배우고 싶다고 대답하고 있으므로 어떤 운동을 배우고 싶은지 묻는 질문이 오는 것이 알맞다.

06 해석 A: 물컵에 물고기가 있을 때 물컵은 무게가 더 나가나요?

B: 응, 그렇단다. 우리는 그것을 실험하기 위해 손가락을 사용할 수 있단다. 우선 물 한 컵의 무게를 잴 거야. 그다음에 비교하기 위해 물속에 내 손가락을 넣고 무게를 잴 거란다.

A: _____

①, ②, ③, ④ 그 차이를 빨리 보고 싶어요.

⑤ 그 차이를 보게 되어 유감이에요.

해설 A의 질문에 대한 해결 방법을 설명한 B의 대답으로 보아 기대를 표현하는 응답이 오는 것이 알맞다.

I can't wait to = I'm dying to = I'm eager to = I'm longing to = I'm looking forward to -ing 나는 ~을 몹시 하고 싶다

07 해석 ① A: 너는 내일 여행이 준비됐니?

B: 응. 나는 그것을 몹시 기대하고 있어.

② A: 나의 선물 어땠니?(내 선물이 맘에 들었니?)

B: 나는 너에게 선물을 빨리 주고 싶어.

③ A: 너는 개와 고양이 중, 어느 동물이 좋니?

B: 나는 고양이를 좋아해. 나는 개 애호가가 아니야.

④ A: 그는 왜 지금 깨어 있니?

B: 그는 밤에 산타가 오는 것을 몹시 보고 싶어 해.

⑤ A: 오른쪽과 왼쪽 중, 버스 정류장은 어느 쪽인가요?

B: 당신은 거기에 가기 위해 오른쪽으로 가야 할 것 같아요.

해설 ② 선물이 어땠는지 묻는 A의 말에 선물을 빨리 주고 싶다는 B의 응답은 자연스럽지 않다.

08-09

전문해석 A: 미나야, 우리 테니스 동아리에 가입할래?

B: 재미있겠다, 하지만 나는 이번 가을에 특별 수업을 신청했어.

A: 어떤 수업을 신청했는데?

B: 마술 수업을 신청했어. 나는 거기서 새로운 마술 기법을 어서 배우고 싶어.

08 해석 ① 테니스 ② 과학 ③ 춤 ④ 영어 ⑤ 마술

해설 다음 문장에서 새로운 마술 기법을 배우고 싶다고 했으므로 ⑤ '마술(magic)' 수업을 신청했다는 것이 알맞다.

09 해설 I can't wait to … 나는 몹시 …을 하고 싶다

10 해석 · 그에게 하루 종일 TV를 보는 것은 즐거운 일이다.

· 그녀가 그녀의 친구를 돕다니 친절하다.

해설 It is ~ to …에서 to부정사의 의미상 주어를 나타내고 싶을 때는 for/of를 이용한다. 앞에 나온 형용사가 상황에 대한 의견을 나타낼 때는 「for + 목적격」을, 사람의 성격을 나타낼 때는 「of + 목적격」을 사용한다. 첫 번째 문장은 하루 종일 TV를 보는 상황이 흥미롭다는 것이므로 for가, 두 번째 문장에서 친구를 돕는 것이 친절하다는 것은 사람의 성격이므로 of가 적절하다.

11 해석 나는 Sam이 컴퓨터 게임을 하는 것을 매우 지루해한다고 생각한다. 어째서 그는 그렇게 느꼈는가?

해설 ⑤ How come …?은 '도대체 왜 …?'라는 의미로 How come 뒤에는 「주어 + 동사 + …?」의 어순으로 쓴다. 그러므로 두 번째 문장은 How come he felt that way?가 되어야 알맞다.

12 해석 ① 점점 더 더워지고 있다.

② 가장 가까이에 있는 병원까지 얼마나 머니?

③ 자전거를 타는 것은 쉽지 않니?

④ 어젯밤에 비가 엄청 왔지?

⑤ 오늘이 무슨 요일이니?

해설 ①, ②, ④, ⑤의 it은 날씨, 거리, 날짜 등을 나타내는 비인칭 주어이고, ③의 it은 가주어이다.

13 해석 ① 너는 책을 많이 읽는 것이 중요하다고 생각하니?

② 해를 똑바로 보는 것은 위험하지 않니?

③ Dennis가 그런 식으로 행동하는 것은 무례했어.

④ 나에게 해외여행을 하는 것은 흥미로워.

⑤ 부모님이 그들의 자녀를 사랑하는 것은 당연하다고 생각해.

해설 ⑤ It is ~ to …는 '…하는 것은 ~하다'라는 의미로 love가 아니라 to love로 써야 알맞다.

14 해석 ① 도대체 왜 너는 나를 방문하지 않니?

② 왜 그들은 어젯밤에 나타나지 않았니?

③ 도대체 왜 너는 시험에 떨어졌니?

④ 왜 White 씨는 어제 너에게 전화했니?

⑤ 도대체 왜 Sue는 Ryan과 헤어졌니?

[해설] How come …?은 '도대체 왜 …?'라는 의미로 How come 뒤에는 「주어＋동사＋…」의 어순으로 쓴다. Why는 How come과 비슷한 의미이나, 「Why＋조동사＋주어＋동사원형＋…?」의 어순으로 쓴다. 그러므로 ① How come you stop visiting me? ② Why didn't they show up last night? ③ How come you failed the exam? ④ Why did Ms. White call you yesterday?로 써야 한다.

[어휘] break up with ~와 헤어지다, 결별하다

15-17

[전문해석] 특별 과학 마술 쇼에 오신 것을 환영합니다! 마술을 보는 것은 항상 신나는 일입니다. 그리고 마술 뒤에 숨겨진 비밀을 알아내는 것은 더 신나는 일입니다. 어떤 사람들은 마술의 비밀이 과학이라고 생각합니다. (그것은 어려운 주제이지만, 몇몇 학생들은 그것을 좋아합니다.) 오늘 학교 마술 동아리 회원인 Ken은 마술 공연을 위해 과학을 사용할 것입니다. 그는 우리에게 어떤 마술을 보여 줄까요? 몹시 보고 싶군요.

15 [해설] ③ '그것은 어려운 주제이지만, 몇몇 학생들은 그것을 좋아합니다.'라는 문장은 특별 과학 마술 쇼를 소개하는 글의 흐름상 자연스럽지 않다.

[어휘] subject 주제, 과목

16 [해설] ⓐ에는 It is ~ to … 구문의 진주어인 to가, ⓑ에는 '~하기 위해'라는 목적을 나타내는 부사적 용법의 to가 알맞다.

17 [해석] ① 저는 그것들을 빨리 보고 싶군요.

② 저는 그것들을 보는 것이 두렵군요.

③ 저는 그것들을 보는 것을 좋아하지 않아요.

④ 저는 그것들을 보는 것이 허락되었어요.

⑤ 저는 그것들을 보는 중이에요.

[해설] I can't wait to = I'm looking forward to -ing 나는 ~을 몹시 하고 싶다

18-20

[전문해석] Ken: 안녕하세요, 여러분. 오늘 저는 여러분에게 놀라운 무언가를 보여 주려고 합니다. 여기에 물이 담긴 접시가 있습니다. 이제 저는 접시 한가운데에 초를 놓을 것입니다. 그다음에 초에 불을 켜

고 유리컵으로 초를 덮어 보겠습니다. "수리수리 마수리!"

지나: 물을 보세요! 어째서 물이 유리컵 속으로 올라간 거지요?

Ken: 공기가 뜨거워지면 팽창해서 더 높은 압력을 만듭니다. 공기가 차가워지면 수축해서 더 낮은 압력을 만듭니다. 불꽃이 다 타버렸을 때 유리컵 속의 공기는 식어버렸습니다. 공기가 식었을 때 기압이 낮아졌습니다. 그래서 유리컵 밖의 공기 압력이 더 높아졌습니다. 높아진 압력의 공기가 물을 유리컵 속으로 밀어 넣었습니다.

18 [해설] ② '도대체 왜 …?'라는 의미의 How come …?은 「주어＋동사」의 어순을 취하므로 맞다.

① -thing으로 끝나는 단어는 형용사가 뒤에서 수식해야 하므로 something amazing이 되어야 한다.

③ 주어 air는 셀 수 없는 명사이므로 단수로 취급하여 air contracts and creates가 되어야 한다.

④ low의 비교급은 lower이다.

⑤ drop의 과거형은 dropped이다.

19 [해설] 앞 문장의 the air를 가리킨다.

20 [해석] ① Ken은 마술을 공연하는 도중에 아무것도 말하지 않았다.

② Ken은 이 마술을 위해 기압의 변화를 사용하였다.

③ 지나는 왜 물이 유리컵 속으로 올라갔는지 이미 알고 있었다.

④ 공기는 물을 밀어낼 만큼 강하지는 않다.

⑤ 기온은 기압과 아무 관련이 없다.

[해설] ① Ken은 설명하며 마술을 선보였다.

③ 지나는 어떻게 물이 유리컵 속으로 올라갔는지 물었으므로 물이 유리컵 속으로 올라가는 이유를 몰랐다고 할 수 있다.

④ 공기가 물을 밀어 넣어서 유리컵 속으로 물이 올라갔다고 했으므로 공기는 물을 밀어낼 만큼 강하다.

⑤ 공기의 온도가 높아지면 팽창하면서 압력이 높아진다고 했으므로 기온과 기압은 관련이 있다.

[어휘] temperature 온도 have nothing to do with ~와 관계가 없다

21-23

[전문해석] Ken: 이제 이 컵들 중 하나에 물을 채워 보겠습니다. 여러분을 헷갈리게 하려고 이 컵들을 섞어 보겠습니다. 지나, 어떤 컵에 물이 있을까요?

지나: 쉽네요! 가운데 컵이에요.

Ken: 좋습니다, 확인해 봅시다. 보이죠? 물이 없네요.

지나: 다른 컵들도 보여 주세요.

Ken: 보이죠? 물이 없어요.

지나: 와! 어째서 물이 사라진 거죠?

Ken: 마술 전에, 저는 특별한 물질을 컵 중 하나에 넣어 두었습니다. 그 물질은 물을 흡수하고 그것을 젤리로 변하게 했습니다. 그리고 나서 젤리는 컵 바닥에 달라붙었습니다. 여러분이 이 마술을 해 보고 싶다면, 속을 들여다볼 수 없는 컵을 사용하는 것이 필요합니다.

지나: 멋진 공연 고맙습니다. 정말 놀라웠습니다!

21 해설 물이 젤리로 바뀐 후에 컵의 바닥에 달라붙었다는 흐름이 자연스러우므로 ⑤에 들어가는 것이 알맞다.

22 해석 ① 나타났다 ② 수축했다 ④ 팽창했다 ⑤ 얼었다

해설 앞부분에서 물이 없다고 말하고 있으며 뒷부분에서도 특별한 재료가 물을 젤리로 만들었다고 설명하고 있으므로 ③ '사라졌다'가 가장 적절하다.

23 해석 ① 그 재료는 컵의 어느 부분에 달라붙었는지
② 이 마술을 마치는 데 얼마나 시간이 걸렸는지
③ 왜 Ken은 이 마술을 공연하기로 결정했는지
④ Ken은 얼마나 많은 물을 컵들에 넣었는지
⑤ Ken은 이 마술을 위해 어떤 젤리를 사용했는지

해설 ① Then the jelly stuck to the bottom.을 통해 컵의 바닥에 붙었다는 것을 알 수 있다.

24-25

전문해석 동전이 춤을 출 수 있는가? 먼저, 동전 한 개와 병 하나를 준비하라. 그 병을 차게 하는 것이 중요하다. 동전을 병의 입구에 두어라. 잠시 동안 손으로 병을 잡아라. 동전이 위아래로 움직인다.

어째서 동전이 움직이는가? 손이 병 내부의 찬 공기를 데운다. 공기가 따뜻해지면 그것은 팽창한다. 팽창한 공기가 병에서 빠져나오려고 한다.

24 해설 '…하는 것은 ~하다'라는 의미를 나타내는 It is ~ to …를 이용한다.

25 해석 병 안의 팽창한 공기가 동전을 춤추게 만든다.

해설 팽창한 공기가 병에서 빠져나오려고 하면서 입구에 있는 동전을 움직이게 만들었으므로 빈칸에 알맞은 말은 The expanding air(팽창한 공기)이다.

26-27

전문해석 **북대서양 – 버뮤다 삼각 지대**
많은 비행기와 선박이 버뮤다 삼각 지대에서 사라졌다. 도대체 왜일까? 그것은 여전히 미스터리이다.

미국 – Death Valley(죽음의 계곡)의 움직이는 바위들
어째서 바위들이 스스로 움직이는 걸까? 몇몇 과학자들이 오랫동안 그것들의 움직임을 자세히 지켜봤다. 이제 우리는 얼음과 바람이 바위들을 움직인다는 것을 알고 있다.

26 해설 버뮤다 삼각 지대와 죽음의 계곡에서 움직이는 바위들의 미스터리에 관한 이유를 묻는 의문사가 들어가는 것이 적절하고, 두 번째 빈칸의 뒷부분이 「주어＋동사＋…?」의 어순이므로 How come이 알맞다.

27 해석 ① 바위들이 어떻게 움직이는가
② 세계의 해결된 미스터리
④ 과학이 모든 것을 해결한다
⑤ 실종의 원인

해설 해결되었거나 해결되지 않은 세계의 미스터리와 과학적 원리에 대한 글이므로 ③ '세계의 미스터리와 과학'이 제목으로 알맞다.

28 해석 A: 나는 내일 놀이동산에 가는 것이 신나.
B: 나도 그래. 나는 어서 놀이동산에 가고 싶어.

해설 내일 놀이동산에 가는 것에 신난다는 A의 말에 B가 Me too.라고 대답했으므로 놀이동산에 가는 것을 기대하는 표현이 이어지는 것이 알맞다.

I can't wait to = I'm dying to = I'm eager to = I'm longing to = I'm looking forward to -ing 나는 ~을 몹시 하고 싶다

29 해석 (1) Smith 씨는 축구 경기를 보는 것에 흥미가 없다.
→ 그에게 축구 경기를 보는 것은 지루하다.
(2) Luna는 컴퓨터 게임 하는 것을 좋아한다.
→ 그녀에게 컴퓨터 게임을 하는 것은 재미있다.
(3) Ann은 그녀의 엄마를 도와주고 있는 중이다.
→ 그녀가 그녀의 엄마를 돕다니 착하다.

해설 It is ~ to … 구문을 활용하여 완성한다. 의미상의 주어를 쓰는 경우 앞의 형용사가 상황에 대한 의견일 때는 「for＋목적격」, 사람의 성격을 나타낼 때는 「of＋목적격」으로 쓴다.

30 해설 (1) How come …?은 '도대체 왜 …?'라는 의미이고 How come 뒤에는 「주어＋동사＋…?」의 어순이 오는 것에

유의한다. 같은 의미로 Why …?를 써서 「Why＋조동사＋주어＋동사원형＋…?」의 어순으로 나타낼 수 있다.
(2) '어떤'이라는 의미의 의문사 which를 사용한다.

때 앞에 형용사가 의견을 나타낼 경우에는 「for＋목적격」을, 사람의 성격을 나타낼 경우에는 「of＋목적격」의 형태를 쓴다. 과거에 있었던 일을 나타내고 있으므로 과거 시제를 쓰는 것에 유의한다.
(어휘) in hospital 입원한   rule 규칙
P.E. class 체육 수업

서술형 평가
p. 60

1 (1) can't wait to meet[see/visit] her
　(2) like to ride a bike
　(3) Which flavor[ice cream] do you like to have
2 (1) you to visit me
　(2) was difficult for me to understand
　(3) was nice of you
3 |예시 답안|
　(1) I like soccer better.
　(2) I like English.
　(3) I like window seats better.

1 (해석) (1) Q: 나는 네가 다음 주에 런던에 있는 고모를 방문할 거라고 들었어.
　　　A: 맞아. 그녀를 만난 지 꽤 오래되었어. 그래서 나는 그녀를 얼른 만나고/보고/방문하고 싶어.
　(2) Q: 어느 것을 타고 싶나요?
　　A: 음, 저는 자전거를 타고 싶어요.
　(3) Q: 바닐라와 초콜릿 중에 어떤 맛/아이스크림을 먹고 싶나요?
　　A: 저는 초콜릿 아이스크림을 먹고 싶어요.
　(해설) (1) 고모를 만난 지 꽤 오래되어서 빨리 만나고 싶을 것이므로 I can't wait to … 표현을 활용하여 완성하도록 한다.
　(2), (3) 어떤 것을 선택할지 묻는 의문문은 Which … ?를 활용하여 완성하고, 이에 대한 응답도 주어진 질문과 그림의 내용으로 완성하도록 한다.
　(어휘) quite 꽤   since 이후로

2 (해석) Ryan에게
　(1) 나는 Eric이야. 내가 입원했을 때, 네가 나를 방문해 준 거 친절했어. 고마워.
　(2) 나는 Amanda야. 체육 시간에 경기의 규칙을 이해하는 것이 나에게는 어려웠어. 그 당시에, 네가 나를 그것들을 이해하도록 도와줬어. 고마워.
　(3) 나는 Remy야. 네가 나에게 책을 빌려줬던 거 기억하니? 네가 그렇게 해준 것 좋았어. 고마워.
　(해설) It is ～ to … 구문에서 to부정사의 의미상 주어를 나타낼

3 (해석) (1) Q: 축구와 농구 중에 너는 어떤 운동을 더 좋아하니?
　　　A: |예시 답안| 나는 축구를 더 좋아해.
　(2) Q: 너는 어느 과목을 좋아하니?
　　A: |예시 답안| 나는 영어를 좋아해.
　(3) Q: 너는 창가 좌석과 복도 좌석 중에 어느 좌석을 더 좋아하니?
　　A: |예시 답안| 나는 창가 좌석을 더 좋아해.
　(어휘) aisle seat 통로 좌석

Call it Courage

Word Check
p. 62

A (1) 낙담한 (2) 모든 곳에, 어디나 (3) 모으다 (4) 사막
(5) 토너먼트 (6) ~와 달리 (7) weak (8) achievement
(9) semi-final (10) shoot (11) still (12) nail

B (1) give it a try (2) proud (3) courage (4) shaky
(5) match

C (1) Although (2) bare (3) against (4) fall into
(5) off (6) In fact

B 해석 (1) 무언가를 하려고 시도하다
(2) 소유한 물건이나 한 일에 대해 기쁜
(3) 비록 위험하거나 아주 어렵더라도 옳거나 훌륭하게 행동하는 능력
(4) 단단하지 않고 쓰러질 것 같은
(5) 사람들이나 팀이 서로에 대항해 경쟁하는 운동 경기

C 해설 (1) although 비록 ~일지라도
(2) bare 벌거벗은, 맨-
(3) against ~에 맞서
(4) fall into ~에 빠지다 by mistake 실수로
(5) take off (옷 · 신발 등을) 벗다
(6) in fact 사실은

Word Test
p. 63

1 ③ 2 semi-final 3 (1) completely (2) ugly (3) about
4 (1) historic (2) until (3) desert 5 at[At] 6 try
7 villagers, courage, proud

1 해석 ① 흔들리는 - 안정적인 ② 자랑스러워하는 - 부끄러운 ③ 탁월한 - 뛰어난 ④ 불가능한 - 가능한 ⑤ 낙담한 - 격려의, 기운을 북돋는
해설 ③은 유의어 관계이고 나머지는 반의어 관계이다.

2 해석 결승전에서 누가 경쟁하게 될지 결정하는 두 시합 중의 하나

3 해석 (1) 그 경험은 나를 완전히 변화시켰다.
(2) 나는 오리들이 못생겨 보인다고 생각하지 않는다.
(3) 내가 지금 막 너에게 같은 것을 물어보려고 했었다.

해설 (1) completely 완전히 although 비록 ~일지라도
(2) ugly 못생긴, 추한 windy 바람이 많이 부는
(3) be about to 막 ~하려고 하다

4 해석 (1) 나는 유럽에 있는 역사적인 장소에 가 보고 싶다.
(2) 오늘 할 수 있는 일을 내일까지 절대 미루지 마라.
(3) 그 나라의 지역은 대부분 사막이다.
해설 (1) historic 역사적으로 중요한
(2) until ~까지
(3) desert 사막

5 해석 · 나는 이번에는 그의 생각을 비웃을 수 없었다.
· 처음에 그들은 우리가 가망이 없다고 생각했다.
해설 laugh at 비웃다 at first 처음에는

6 해석 · 포기하지 마. 그냥 한번 시도해 봐.
· 최선을 다하는 것이 항상 중요하다.
해설 give it a try 시도해 보다 try one's best 최선을 다하다

7 해설 villager 마을 사람 courage 용기
feel proud of ~을 자랑스러워하다

Listening & Speaking Test
pp. 66-67

01 Have you heard of Picasso? **02** give up → don't give up **03** you heard of[about] the Gobi Desert
04 ⑤ **05** ⓐ Have ⓑ up **06** ⑤ **07** 3-1-4-2
08 ② **09** ③ **10** ③

01 해설 '…에 대해 들어 봤니?'라는 의미를 나타내는 Have you heard of[about] …?으로 표현할 수 있다.

02 해석 여러분은 건강해지기 위해 무엇을 할 수 있나요? 첫째, 매일 운동하려고 노력하세요. 둘째, 건강에 좋은 음식을 먹도록 하세요. 패스트푸드는 너무 많이 먹지 마세요. 이 조언들이 실천하기에 어렵게 들리나요? 한 번에 하나씩 하고 포기하세요(→ 포기하지 마세요).
해설 마지막에 어려워도 포기하지 말라고 하는 것이 문맥상 자연스럽다.

03 해석 고비 사막에 대해서 아는 것이 있니?
해설 상대방이 알고 있는지 여부를 묻는 말은 Have you heard of[about] … ?으로 표현할 수 있다.

04 해석 A: 올해의 '못생긴 스웨터 파티'에 대해 들어 봤니?

　B: ＿＿＿＿＿＿＿＿＿＿＿＿＿

해설 무언가에 대해 들어 본 적이 있냐는 질문에 대한 대답은 Yes, I have. / Of course, I have. / No, I haven't. 등으로 할 수 있다.

05 해석 당신은 Thomas Edison에 대해 들어 본 적이 있나요? 그는 어렸을 때 잘 읽지 못했어요. 또한 그는 왼쪽 귀의 청력을 모두 잃어버렸죠. 그런데도 그는 훌륭한 과학자가 되었어요. 비록 당신에게 어려움이 있을지라도 Edison처럼 포기하지 마세요.

해설 ⓐ heard라는 과거분사가 있는 것으로 보아 현재완료 시제를 사용한 의문문임을 알 수 있으므로 Have가 알맞다.
ⓑ give up은 '포기하다', give off는 '발산하다'라는 뜻으로 문맥상 '포기하지 말라'는 의미가 되어야 하므로 up이 알맞다.

06 해석 ① A: 파티는 12월 5일에 열려, 그렇지?
　B: 맞아. 너는 갈 거야?
② A: 이 숙제는 나에게 너무 어려워.
　B: 힘을 내고 그냥 최선을 다해.
③ A: 학생회관 앞에서 만나자.
　B: 좋아. 거기서 보자.
④ A: 나는 사막을 걸어서 건너는 사람들에 관한 TV쇼를 봤어.
　B: 오직 걸어서? 와, 놀랍다.
⑤ A: 비록 네게 어려움이 있더라도 포기하지 마.
　B: 천만에요.

해설 ⑤ 포기하지 말라는 격려의 말에, 고맙다는 말에 대한 대답인 You're welcome.으로 대답하는 것은 어색하다.

07 해석 너는 학교 아이스하키 팀에 지원해 볼 거니?
- 잘 모르겠어.
- 왜 몰라?
- Tony와 Brad도 지원을 한다고 들었어. 걔들은 정말 잘해.
- 음, 너도 아이스하키 잘하잖아, 그러니까 포기하지 마!

해설 학교 아이스하키 팀에 지원할 것인지 묻는 질문에는 지원 여부에 대한 응답이 오는 것이 자연스럽다. 지원 여부를 말하는 응답에 이유를 묻는 말이 이어지고, 그 대답으로 이유를 설명하는 말이 오는 것이 알맞다. 자신 없음을 표현한 이유에는 포기하지 말라고 격려하는 표현이 이어지는 것이 자연스럽다.

08 해석 A: 이 과학 프로젝트는 나에게 너무 어려워.
　B: 음, 너는 과학을 잘하잖아. 포기하지 마!
① 힘내! ③ 해 봐! ④ 너는 할 수 있어. ⑤ 조금만 참고 버텨.

해설 ② Just forget it.은 '그냥 잊어버려.'라는 뜻으로 격려하는 말과 바꿔 쓸 수 없다.

09-10

전문해석 A: Emily, 토요일에 있을 경기로 들떠 있니?
B: 그렇지는 않아요. 우리는 강한 팀과 경기를 하거든요. 우리가 질 것 같아요.
A: 그런 말 하지 마. 2004년 유로컵 경기 때의 그리스 팀에 대해 들어 봤니?
B: 아니요, 들어보지 못했어요. 그들이 어땠는데요?
A: 그들은 약한 팀이어서 모든 사람들은 그들이 질 거라고 생각했어.
B: 무슨 일이 일어났는데요?
A: 그들은 한 팀으로 경기하며 열심히 노력했어. 마침내 그들이 유로컵에서 우승했지. 그러니까 포기하지 마.
B: 고마워요, 아빠. 우리도 최선을 다할게요.

09 해설 Don't give up.은 상대방에게 포기하지 말라고 격려하는 표현이다.

10 해석 ① Emily는 토요일 경기에 대해 걱정하고 있다.
② Emily의 팀은 강한 팀과 경기를 할 것이다.
③ 그리스 팀은 2004년 유로컵에서 최선을 다하지 않았다.
④ 그리스 팀은 2004년 유로컵에서 우승했다.
⑤ Emily의 아빠는 Emily가 최선을 다하고 포기하지 않기를 원한다.

해설 ③ 그리스 팀이 열심히 했다(worked hard)라고 했으므로 '최선을 다하지 않았다'를 '최선을 다했다'로 바꿔야 한다.

Grammar Check
p. 69

A　(1) say　(2) go　(3) promise　(4) although
B　(1) repeat　(2) read　(3) (to) carry
C　(1) makes her look great
　(2) let me use your car
　(3) We had people shout
　(4) although it was true
D　(1) the rain → it was raining[rainy] 또는
　　although → despite[in spite of]
　(2) to think → think
　(3) talking → talk
　(4) very cold → was very cold

A 해석 (1) 왜 그렇게 말하니?(무엇이 네가 그렇게 말하게 하니?)

(2) 유나의 부모님은 그녀가 혼자 밖에 나가게 하지 않았다.

(3) 나는 그가 집에 일찍 오기를 약속하게 했다.

(4) Jim은 낙담했음에도 불구하고 최선을 다했다.

해설 (1)~(3) 「사역동사 make/let/have + 목적어 + 목적격 보어(동사원형)」으로 쓰고 '(목적어)가 (동사원형)하게 시키다/만들다'라고 해석한다.

(4) 접속사 although는 문장과 문장을 연결할 때 쓴다. still은 부사로 '여전히, 그럼에도 불구하고'라는 의미이다.

B 해석 (1) 그는 내가 그의 말을 따라하게 했다.

(2) 나의 엄마는 내가 그것을 읽게 하지 않을 것이다.

(3) 민수의 반 친구들은 그가 상자를 옮기는 것을 도왔다.

해설 (1), (2) 사역동사는 목적격 보어로 동사원형을 취한다.

(3) 동사 help는 목적격 보어로 동사원형이나 to부정사를 취한다.

C 해석 (1) 이 드레스는 그녀를 멋져 보이게 한다.

(2) 제가 당신 차를 사용하게 해 주실 수 있나요?

(3) 우리는 사람들이 "해봐!"라고 소리치게 했다.

(4) 비록 그것이 사실이었지만, 그들은 그것을 믿지 않았다.

해설 (1) 주어가 This dress로 단수이므로 문장의 동사는 makes와 look 중에서 makes가 적절하다. 따라서 「사역동사 make + 목적어(her) + 목적격 보어(look)」로 써야 한다.

(2) Can you 다음에 올 동사로 use와 let 중 사역동사 let을 먼저 쓴 후 「목적어(me) + 목적격 보어(use)」의 순서로 써야 한다.

(3) 주어 자리에는 주격인 We를 쓴 뒤 사역동사 had를 쓰고, 「목적어(people) + 목적격 보어(shout)」의 순서로 써야 한다.

(4) 「접속사(although) + 주어(it) + 동사(was) + 보어(true)」의 순서로 써야 한다.

D 해석 (1) 비록 비가 내렸지만, Amy는 축구를 했다.

(2) 그 영화는 내가 전쟁에 대해 생각해 보게 만들었다.

(3) 다른 사람들이 그 문제에 대해 이야기하게 하지 마세요.

(4) 비록 날씨는 매우 추웠지만, 그들은 놀기 위해 밖으로 나갔다.

해설 (1) 접속사 although 뒤에는 「주어 + 동사」가 와야 하므로 the rain을 it was raining[rainy]로 고쳐야 한다. 명사 the rain을 그대로 쓰려면 although를 같은 의미를 나타내는 전치사 despite[in spite of]로 고쳐야 한다.

(2) 사역동사 make는 목적격 보어로 동사원형을 취하므로 to think를 think로 고쳐야 한다.

(3) 사역동사 let은 목적격 보어로 동사원형을 취하므로 talking을 talk로 고쳐야 한다.

(4) 접속사 although 뒤에는 「주어 + 동사」가 와야 하므로 very cold에 be동사 과거형 was를 넣어 was very cold로 고쳐야 한다.

Grammar Test
p. 70

01 ⑤ **02** ③ **03** ⑤ **04** ② **05** ④

01 해석 나는 그 노래를 매우 좋아하지만 가사를 이해할 수 없다.

= 비록 나는 그 노래를 매우 좋아하지만, 가사를 이해할 수 없다.

해설 문장과 문장이 연결되어야 하면서 '비록 ~일지라도'라는 의미를 가진 접속사 Although가 알맞다.

02 해석 나의 엄마는 내가 식물에 물을 주도록 (주는 것을) 허락했다 / 했다 / 시켰다 / 들었다.

해설 목적격 보어가 water로 동사원형이므로 목적격 보어로 동사원형을 취하는 사역동사(make/let/have)와 지각동사(see/hear/watch/feel/smell), help 동사가 올 수 있다. 동사 want는 목적격 보어로 to부정사를 취한다.

03 해석 ① 어려움에도 불구하고 최선을 다하라.

② 언제나 어려움은 있다, 최선을 다하라.

③ 최선을 다할 때, 어려움이 있다.

④ 비록 네가 최선을 다하더라도, 어려움은 있다.

해설 ① 접속사 although 뒤에는 「주어 + 동사」로 이루어진 문장이 와야 한다.

② 두 개의 절을 이어서 한 문장으로 쓸 때는 두 절 사이에 접속사가 와야 한다.

③, ④ 주어진 우리말 문장과 의미가 다른 문장이다.

04 해석 ① 내가 너를 위해 그것을 하게 해줘.

② 그들이 먼저 가게 하는 게 어때?

③ 나는 나의 아버지가 미소 짓게 하고 싶다.

④ 너는 이 일이 일어나게 할 거야?

⑤ 너의 음식은 나의 엄마를 생각나게 한다.

해설 사역동사는 목적격 보어로 동사원형을 취한다.

① doing → do ③ to smile → smile

④ happening → happen ⑤ to think → think

05 해석 ① 그는 나이가 많음에도 불구하고 꽤 강하다.

② 비록 그들은 가난하지만 행복해 보인다.

③ 나쁜 상황에도 불구하고 그들은 최선을 다했다.

④ 그녀는 바쁜 일정에도 불구하고 자신의 일을 사랑한다.

⑤ 비록 그는 프랑스에서 태어났지만 한국인이다.

해설 ④ despite는 전치사로 뒤에 명사(구)를 쓴다. 뒤에 「주어 + 동사」 형태의 문장이 왔으므로 despite 대신 접속사 although를 써야 한다.

Reading & Writing Test ———————— pp. 72-73

01 ⓐ the boats ⓑ a floating field **02** ② **03** ⑤
04 ② **05** ③ **06** ② **07** ③
08 평소에 축구를 하던 고향의 경기장이 미끄러웠기 때문에
09 discouraged → proud **10** ②

01-03

전문해석 소년들은 낡은 배와 나무 조각들을 모았다. 그들은 배를 합치고 그것들 위에 나무를 못으로 박았다. 매우 열심히 일한 후, 그들은 마침내 물 위에 떠 있는 경기장을 가지게 되었다. 그것은 흔들리고 곳곳에 못이 있었다. 공과 소년들은 종종 바다에 빠져서 축구장은 항상 젖어 있고 미끄러웠다. 그들은 신발이 없어서 맨발로 축구를 해야 했다. 그런데도 그들은 상관하지 않았다. 사실은 그들은 훌륭한 기술을 쌓았고 축구를 더 즐겼다.

01 해설 ⓐ 못을 박을 대상이자 같은 문장에 있는 복수 명사를 찾아야 하므로 them은 the boats를 가리킨다.
ⓑ 흔들리고 못이 곳곳에 있는 것으로 앞 문장의 단수 명사를 찾아야 하므로 It은 a floating field를 가리킨다.

02 해석 ① 마른 ② 젖은 ③ 녹색의 ④ 안전한 ⑤ 따뜻한
해설 공과 소년들이 물에 빠지면서도 계속 경기했으므로 경기장은 젖은(wet) 상태일 것이다.

03 해석 ① 누가 물에 떠 있는 경기장을 만들었습니까?
② 물에 떠 있는 경기장은 무엇으로 만들어졌습니까?
③ 물에 떠 있는 경기장은 왜 항상 젖어 있었습니까?
④ 왜 소년들이 맨발로 축구를 했습니까?
⑤ 누가 소년들에게 축구화와 유니폼을 사주었습니까?
해설 ⑤ 누군가가 소년들에게 축구화와 유니폼을 사주었다는 내용은 글에 언급되어 있지 않다.

04-05

전문해석 어느 날, 한 소년이 축구 토너먼트에 관한 포스터를 가져왔다. 소년들은 시도해 보기로 했다. (사람들은 그들의 생각을 비웃었다.) 그들이 떠나려고 할 때, 마을 사

람들이 그들에게 새 신발과 축구복을 주었다. 심지어 몇몇은 경기를 보러 왔다. 이것은 소년들을 더욱 기분 좋게 만들어 주었다. 처음에 사람들은 그들을 가장 약한 팀으로 보았다. 하지만, 토너먼트가 시작되었을 때, 그 축구팀은 모두를 놀라게 했다.

04 해설 토너먼트에 나가는 소년들에게 마을 사람들이 신발과 축구복을 사 주고, 심지어 경기도 보러 갔다는 것으로 보아 ② '사람들은 그들의 생각을 비웃었다.'라는 문장은 흐름상 자연스럽지 않다.

05 해석 ① 사실 ② 마침내 ③ 하지만 ④ 예를 들어
⑤ 게다가
해설 사람들이 가장 약한 팀으로 보던 팀이 모두를 놀라게 했으므로 역접의 의미를 나타내는 ③ However(하지만)가 알맞다.

06-08

전문해석 준결승전 날, 비가 심하게 내리고 있었다. 그들은 두 골 차로 지고 있었고 이기는 것은 불가능해 보였다. "상대 팀이 너무 강해."라고 그들은 생각했다. 하지만 소년들은 포기하지 않았다. 후반전에서 그들은 신발을 벗었고 경기는 완전히 바뀌었다. 고향의 미끄러운 축구장 덕분에 그들은 빗속에서 더 잘 했다. 비록 그들은 3대 2의 점수로 졌지만, 그럼에도 불구하고 그들은 스스로가 자랑스러웠다.

06 해설 by ~의 (점수) 차로 take off 벗다
feel proud of ~을 자랑스럽게 여기다

07 해설 ③ 준결승전에서 만난 상대 팀이 강했지만 소년들은 포기하지 않았다.

08 해석 왜 소년들은 빗속에서 더 잘 했나요?
해설 소년들은 고향의 미끄러운 경기장에서 축구 연습을 했기 때문에 미끄러운 빗속에서 더 잘 할 수 있었다.

09-10

전문해석 내가 좋아하는 운동은 농구이다. 그러나 나는 처음에는 농구를 잘하지 못했다. 나는 다른 선수들과 달리 슛을 잘하지 못했다. 비록 나는 낙담했지만, 포기하지 않았다. 나는 매일 한 시간 동안 슛 하는 것을 연습했다. 이것이 내가 슛을 잘하게 해 주었다. 이제 나는 우리 팀에서 최고의 선수이다. 나는 스스로가 자랑스럽다.

09 해설 가장 좋아하는 운동이 농구인데 슛을 잘하지 못해서 낙담했던(discouraged) 글쓴이가 매일 한 시간씩 연습한 후 팀

에서 최고의 선수가 되어 이제는 자신이 자랑스럽다고(proud) 말하고 있다.

10 해석 ① 내가 가장 좋아하는 운동선수
② 농구에 대한 나의 경험
③ 세상의 운동선수들
④ 슛을 잘 연습하는 방법
⑤ 팀으로서 농구하기
해설 농구에 대한 글쓴이 자신의 경험을 쓴 글이므로 ② '농구에 대한 나의 경험'이 제목으로 알맞다.

단원평가

pp. 74 - 77

01 ②　　**02** ②　　**03** ④　　**04** to　　**05** ⑤
06 ①　　**07** Have you heard about this year's "Ugly Sweater Party?"　　**08** ④　　**09** ⑤
10 makes me feel excited
11 (1) feeling → feel　(2) to win → win
12 I was tired, I studied hard in class
13 ⑤　　**14** ①　　**15** ③　　**16** ④　　**17** ②
18 had nails everywhere　　**19** ②
20 Because the ball and the boys would often fall into the sea.　　**21** ②　　**22** ②　　**23** ⑤
24 Although I felt discouraged, I didn't give up. / I didn't give up although I felt discouraged.
25 Basketball, shooting, the best player
26 ④　　**27** ③　　**28** |예시 답안| Don't give up. / Keep at it. / You can do it. / Just give it a try.
29 (1) Minsu made his brother do his math homework.
(2) My parents let me go camping with my friends.
30 (1) Although we had no place to play soccer, we made a soccer team. / We made a soccer team although we had no place to play soccer.
(2) Although people saw us as a weak team, we played hard until the end. / We played hard until the end although people saw us as a weak team.
(3) Although we lost the semi-final, many people became our fans. / Many people became our fans although we lost the semi-final.

01 해석 ① 지다 - 이기다 ② 벗은 - 벗은 ③ ~처럼 - ~와 달리 ④ 약한 - 강한 ⑤ (옷을) 벗다 - (옷을) 입다
해설 ②는 유의어 관계이고 나머지는 반의어 관계이다.

02 해석 사람들은 나무 조각들을 <u>모으기</u> 시작했다.
① 숲을 하다 ② 모으다 ③ 놀라게 하다 ④ 빠지다
⑤ 포기하다

03 해석 어렵거나 위험한 무언가를 하려고 결심하는 능력
① 두려움 ② 경기 ③ 어려움 ④ 용기 ⑤ 토너먼트

04 해석 · 너는 무엇을 <u>하려고</u> 하니?
· 너의 도움 <u>덕분에</u>, 그것은 성공적이었다.
해설 be about to 막 ~ 하려고 하다　thanks to ~ 덕분에

05 해석 A: Steve Jobs에 대해 들어 봤니?
B: 응, 들어 봤어.
① 너는 Steve Jobs를 만났니?
② 너는 Steve Jobs에 대해 어떻게 생각하니?
③ 너는 Steve Jobs와 이야기할 거니?
④ 너는 Steve Jobs를 만나고 싶니?
⑤ 너는 Steve Jobs에 대해 아는 것이 있니?
해설 A의 말은 상대방이 알고 있는지 묻는 질문으로 ⑤와 바꿔 쓸 수 있다.

06 해석 A: 너는 학교 축구팀에 지원할 거니?
B: 잘 모르겠어. 우수한 선수들이 팀에 지원한다고 들었거든.
A: 음, 너도 축구를 잘 하니까 _____.
B: 고마워. 최선을 다해볼게.
① 포기해 ② 해 봐 ③ 힘을 내 ④ 포기하지 마 ⑤ 그냥 최선을 다해
해설 대화의 흐름상 격려의 표현이 필요하므로 포기하라는 ①은 빈칸에 알맞지 않다.

07-08
전문해석 A: Alex, 올해의 '못생긴 스웨터 파티'에 대해 들어 봤니?
B: 물론이야. 그것은 12월 5일에 열려, 맞지?
A: 맞아. 너는 갈 거야?
B: 가고 싶은데 나는 못생긴 스웨터가 없어.
A: 집에 내가 안 입는 스웨터가 하나 있어. 네가 원하면 그것을 가져도 돼.
B: 고마워, Jenny. 그러면 정말 좋을 거야.
A: 학생회관 앞에서 만나서 같이 들어가자.
B: 좋아. 그때 보자.

07 해설 상대방에게 무언가에 대해 아는지 묻는 표현으로 Have you heard about ...?을 쓸 수 있다.

08 해석 ① Alex는 '못생긴 스웨터 파티'에 대해 알고 있다.
② 올해의 '못생긴 스웨터 파티'는 12월 5일에 열린다.
③ Alex는 '못생긴 스웨터 파티'에 갈 예정이다.
④ Alex는 파티를 위해 못생긴 스웨터를 살 것이다.
⑤ Jenny는 학생회관 앞에서 Alex를 만날 것이다.

해설 Jenny가 자신이 입지 않는 스웨터를 Alex에게 주기로 했으므로 ④는 내용과 일치하지 않는다.

09 해석 여러분은 건강하기 위해서 무엇을 할 수 있나요? 첫째, 매일 운동하려고 노력하세요. 둘째, 건강에 좋은 음식을 먹도록 하세요. 패스트푸드는 너무 많이 먹지 마세요. 셋째, 식사하기 전에 손을 씻으세요. 이 조언들이 실천하기 어렵게 들리나요? 한 번에 하나씩 하고 포기하지 마세요. 그러면 여러분은 건강한 삶을 살게 될 겁니다.

해설 건강하게 살기 위한 몇 가지 조언을 따르면 건강하게 살 수 있을 것이라는 문맥이 되어야 자연스럽다. 주어진 문장은 한 번에 하나씩 하고 포기하지 말라는 격려의 말이므로 실천하기 어렵게 들리는지 묻는 문장 다음에 오는 것이 알맞다.

10 해석 A: 운동하는 것이 너를 어떤 기분이 들게 하니?
B: 그것은 나를 신나게 만들어 줘.

해설 주어진 단어에 사역동사 make가 있으므로 「사역동사 + 목적어 + 목적격 보어(동사원형)」의 형태로 쓴다. 질문이 현재 시제이고 대답의 주어가 3인칭 단수인 It이므로, 사역동사 make는 makes가 되어야 하고 목적어는 '나'이므로 me를 써야 한다. 목적격 보어로 동사원형 feel이 오고 뒤에 excited를 써야 한다.

11 해석 오늘 우리는 가장 강한 팀을 상대로 야구 경기를 했다. 우리는 사람들이 "고, 고, 라이온즈!"라고 소리치게 했고 그것이 우리 팀을 조금 더 기운 나게 해 주었다. 우리는 상대 팀이 이기도록 두지 않았다. 멋진 날이었다.

해설 「사역동사 make/let/have + 목적어 + 목적격 보어(동사원형)」의 형태로 써야 하므로 made our team feel, let the other team win으로 고쳐야 한다.

12 해석 나는 피곤했지만 수업 중에 열심히 공부했다.
= 비록 나는 피곤했지만, 수업 중에 열심히 공부했다.

해설 although는 두 개의 문장을 연결하는 접속사로 '비록 ~일지라도'라는 의미를 나타내며, 「Although + 주어 + 동사, 주어 + 동사」 또는 「주어 + 동사 + although + 주어 + 동사」의 형태로 쓴다.

13 해석 ① 제발 그를 울게 만들지 마.
② 내가 너에게 예를 하나 제시할게.

③ 나는 그녀가 피아노를 연주하는 것을 들을 수 있었다.
④ 나의 엄마는 내가 열심히 공부하기를 원한다.
⑤ 그 뉴스가 그들이 진실을 볼 수 있게 했다.

해설 ⑤ 사역동사 had의 목적격 보어는 동사원형이 되어야 하므로 seeing은 see가 되어야 한다.

14 해석 ① 비록 나는 최선을 다했지만, 실패했다.
② 나쁜 날씨에도 불구하고 나는 축구를 했다.
③ 나는 늦게 일어났지만 학교에 지각을 하지는 않았다.
④ 어려움이 있었음에도 불구하고, 우리는 마침내 해냈다.
⑤ 우리는 경기에 졌음에도 불구하고 기분이 좋았다.

해설 ② 「although + 주어 + 동사」, 「in spite of[despite] + 명사(구)」의 형태로 쓰이므로 although를 despite나 inspite of로 바꿔야 한다.
③ even though 뒤에 주어가 없으므로 got up 앞에 주어 I를 써야 한다.
④ Despite 뒤에는 「주어 + 동사」가 나올 수 없으므로 Despite를 Although로 바꿔야 한다.
⑤ in spite of 뒤에는 「주어 + 동사」가 나올 수 없으므로 in spite of를 although로 바꿔야 한다.

15-16
전문해석 Koh Panyee는 바다 가운데 떠 있는 작은 수상 마을이었다. 비록 마을의 소년들은 이전에 축구를 해 본 적이 없었지만, 그들은 TV로 축구를 보는 것을 정말 좋아했다. 어느 날, 소년들은 그들만의 축구팀을 만들기로 결정했다. 그러나 사람들은 그들의 생각을 비웃었다.
"그것은 가능해(→ 불가능해). 주위를 둘러봐. 너희가 어디서 축구를 할 거니?"
소년들은 낙담했다.
"포기하지 마! 우리만의 축구 경기장을 만들자."

15 해설 사람들이 소년들을 비웃은 것은 축구를 할 곳이 없는데 축구팀을 만들겠다는 소년들의 생각이 불가능하다고 여겼기 때문이다. 따라서 ③ possible은 impossible이 되어야 문맥상 자연스럽다.

16 해석 ① 공 ② 영화 ③ 옷 ④ 경기장 ⑤ 집
해설 마을 사람들이 축구를 할 장소가 없는데 축구팀을 만들겠다는 소년들을 비웃었지만, 소년들은 서로를 격려하며 자신들만의 축구 '경기장'을 만들겠다는 문맥이 되는 것이 자연스럽다.

17-20
전문해석 소년들은 낡은 배와 나무 조각들을 모았다. 그들은 배

를 합치고 <u>그것들</u> 위에 나무를 못으로 박았다. 매우 열심히 일한 후, <u>그들</u>은 마침내 물 위에 떠 있는 경기장을 가지게 되었다. 그것은 흔들리고 곳곳에 못이 있었다. 공과 소년들은 종종 바다에 빠져서 축구장은 항상 젖어 있고 미끄러웠다. <u>그들</u>은 신발이 없어서 맨발로 축구를 해야 했다. <u>그런데도</u> 그들은 상관하지 않았다. 사실은 <u>그들</u>은 훌륭한 기술을 쌓았고 축구를 더 즐겼다.

17 해설 ①, ③, ④, ⑤는 모두 the boys를 가리키지만 ②는 소년들이 합친 the boats를 가리킨다.

18 해설 문장의 주어가 It이고 and로 연결되는 문장임에 유의한다. and 앞에서 과거 시제 동사가 쓰였으므로 시제를 일치시킨다. nail 못   everywhere 곳곳에

19 해석 ① 그러고 나서 ② 그런데도 ③ 마침내 ④ 마침내 ⑤ 예를 들어
해설 축구 경기장은 열악했고 소년들은 신발이 없어서 맨발로 축구를 해야 하는 상황에도 상관하지 않고 축구를 더 즐겼다는 내용이 이어지므로, '그런데도, 그럼에도 불구하고'라는 뜻을 나타내는 Still이 알맞다.

20 해석 축구장은 왜 항상 젖어 있고 미끄러웠는가?
해설 공과 소년들이 종종 바다에 빠졌기 때문에 축구장은 항상 젖어 있고 미끄러웠다.

21-23
전문해석 준결승전 날, 비가 심하게 내리고 있었다. 그들은 두 골 차로 지고 있었고 이기는 것은 불가능해 보였다. "상대 팀이 너무 강해."라고 그들은 생각했다.
하지만 소년들은 포기하지 않았다. 후반전에서 그들은 신발을 벗었고 경기는 완전히 달라졌다. 고향의 미끄러운 축구장 덕분에 그들은 빗속에서 더 잘했다. 비록 그들은 3대 2의 점수로 졌지만, 그럼에도 불구하고 그들은 스스로를 자랑스럽게 여겼다. 그들은 지고 있을 때도 포기하지 않았다. 그들은 끝까지 <u>최선을 다했다.</u>

21 해석 하지만 소년들은 포기하지 않았다.
해설 상대 팀이 강하다고 생각했지만 포기하지 않고 계속 경기했다는 흐름이 되는 것이 자연스러우므로 ②에 들어가는 것이 알맞다.

22 해석 ① 가망이 없었다
② 최선을 다했다

③ 낙담했다
④ 최선을 다하지 않았다
⑤ 점수에 대해 생각했다
해설 소년들이 지고 있을 때도 포기하지 않았다는 내용으로 보아 '끝까지 최선을 다했다'라는 문맥이 되는 것이 자연스럽다.

23 해석 ① 준결승전 날에 날씨는 어땠습니까?
② 소년들은 상대 팀에 대해 어떻게 생각했습니까?
③ 준결승전의 후반전에는 어떤 일이 있었습니까?
④ 왜 소년들은 빗속에서 경기를 더 잘했습니까?
⑤ 소년들은 어떻게 준결승전에서 최종 승리했습니까?
해설 소년들이 최선을 다했지만 경기에 3대 2의 점수로 졌다고 했으므로 ⑤에는 대답할 수 없다.

24-25
전문해석 내가 가장 좋아하는 운동은 농구이다. 그러나 나는 처음에는 농구를 잘하지 못했다. 나는 다른 선수들과 달리 슛을 잘하지 못했다. 나는 낙담했다. <u>나는 포기하지 않았다.</u> 나는 매일 한 시간 동안 슛 하는 것을 연습했다. 이것이 내가 슛을 잘하게 해 주었다. 이제 나는 우리 팀에서 최고의 선수이다.

24 해설 '비록 나는 낙담했지만, 포기하지 않았다.'라는 의미가 되어야 자연스러운 문맥이 되므로 Although I felt discouraged, I didn't give up. 또는 I didn't give up although I felt discouraged.로 쓴다.

25 해석 농구는 내가 가장 좋아하는 운동이다. 비록 처음에 나는 그것을 잘하지 못했지만, 매일 슛 하는 것을 연습했다. 이것이 나를 우리 팀의 <u>최고의 선수로</u> 만들어 주었다.
해설 농구(basketball)가 글쓴이의 가장 좋아하는 운동으로 글쓴이는 슛 하는 것(shooting)을 매일 연습했으며, 그것이 글쓴이를 팀에서 최고의 선수(the best player)로 만들어 주었다고 했다.

26-27
전문해석 짐바브웨의 여자 하키 팀은 전 세계를 <u>놀라게 했다.</u> 비록 그들은 한 달만 준비할 수 있었음에도 불구하고, 그들은 1980년 올림픽 경기에서 금메달을 땄다.

26 해석 ① 충격을 주었다 ② 놀라게 했다 ③ 감동을 주었다 ④ 실망시켰다 ⑤ 놀라게 했다
해설 경기를 준비할 시간이 짧았음에도 불구하고 올림픽에서 금메달을 땄다는 두 번째 문장으로 보아, 짐바브웨 하키 팀이

전 세계를 놀라게 했다(긍정적인 의미)는 문맥이 자연스럽다. 따라서 ④ discouraged는 어울리지 않는다.

27 해석 ① 하지만 ② ~까지 ③ 비록 ~일지라도 ④ 그래서 ⑤ 그러고 나서

해설 준비 기간이 단지 한 달이었다는 내용과 올림픽에서 금메달을 땄다는 내용이 연결되어야 하므로 '비록 ~일지라도'라는 뜻의 접속사 Although를 쓰는 것이 알맞다.

28 해석 Clara는 학교 밴드에 지원해 보고 싶다. 하지만 그녀는 지원하는 것에 대해 확신하지 못한다. 그녀는 Molly와 Dylan이 밴드에 지원할 거라는 것을 들었다. 그들은 훌륭한 연주자들이다. 당신은 뭐라고 말할 것인가?

해설 밴드에 지원하고 싶지만 다른 친구들이 지원할 거라는 소식을 듣고 확신하지 못하는 Clara에게 해 줄 수 있는 격려의 말은 Don't give up.(포기하지 마.) / Just give it a try.(한번 시도해 봐.) / Keep at it.(버텨 봐.) / You can do it.(너는 할 수 있어.) 등이 있다.

29 해설 (1), (2) make/let/have 등은 '누군가에게 무언가를 하도록 시키다/허락하다/…하게 하다'라는 의미를 나타내는 사역동사로 「make/let/have + 목적어 + 목적격 보어(동사원형)」의 형태로 쓰인다.

어휘 do one's homework 숙제를 하다
go camping 캠핑을 가다

30 해석 (1) 우리는 축구를 할 장소가 없었다.
　　우리는 축구팀을 만들었다.
(2) 사람들은 우리를 약한 팀으로 보았다.
　　우리는 끝까지 열심히 경기했다.
(3) 우리는 준결승전에서 졌다.
　　많은 사람들이 우리의 팬이 되었다.

해설 (1) '비록 우리는 축구할 장소가 없었지만, 우리는 축구팀을 만들었다.'라는 의미가 되어야 한다. 「Although + 주어 + 동사, 주어 + 동사」 또는 「주어 + 동사 + although + 주어 + 동사」의 형태로 쓴다.
(2) '비록 사람들은 우리를 약한 팀으로 보았지만, 우리는 끝까지 열심히 경기했다.'라는 의미가 되어야 한다.
(3) '비록 우리는 준결승전에서 졌지만, 많은 사람들이 우리의 팬이 되었다.'라는 의미가 되어야 한다.

· p. 78 ·

서술형 평가

1 (1) you heard of[about]
　(2) me want to join
　(3) give up
2 (1) although I felt sleepy
　(2) Although it was snowing
3 |예시 답안|
　(1) Yes, I have. / No, I haven't.
　(2) Playing the drums makes me feel excited.
　(3) It makes me feel relaxed and happy.

1 해석 Amy: 안녕, Jason. 크리켓에 대해 들어 봤니?
　　Jason: 응. 그것은 영국에서 인기 있는 운동이야.
　　Amy: 맞아. 어제 TV에서 크리켓 경기를 봤어. 그것은 매우 재미있었어. 그것을 보고 나는 크리켓 팀에 참가하고 싶어졌어.
　　Jason: 좋은 생각이야. 포기하지 마. 해 봐!

해설 (1) '…에 대해 들어 본 적 있니?'라는 의미를 나타내며 상대방에게 무언가에 대해 알고 있는지 묻는 표현은 Have you heard of[about] …?으로 쓸 수 있다.
(2) 사역동사 made가 있으므로 목적어인 me를 쓰고 목적격 보어로 동사원형 want를, want의 목적어 to join을 써야 한다.
(3) Don't give up.(포기하지 마.)은 상대방을 격려할 때 사용하는 표현이다. 비슷한 표현으로 You can do it. / Hang in there. 등이 있다.

2 해석 (1) 나는 졸렸음에도 불구하고, 책 읽는 것을 끝냈다.
(2) 눈이 왔음에도 불구하고, 우리는 축구를 했다.

해설 빈칸의 앞뒤에 「주어 + 동사」의 완전한 문장이 있는 것으로 보아 '~에도 불구하고'라는 뜻의 접속사 although를 사용하여 문장을 완성한다.

3 해석 (1) Q: 너는 봅슬레이에 대해 들어 본 적이 있니?
　　　A: |예시 답안| 응, 들어 봤어. / 아니, 못 들어 봤어.
(2) Q: 무엇이 너를 신나게 하니?
　　A: |예시 답안| 드럼을 연주하는 것이 나를 신나게 해.
(3) Q: 음악을 듣는 것은 네가 어떤 기분이 들게 하니?
　　A: |예시 답안| 그것은 내가 긴장이 풀리고 행복한 기분이 들게 해.

해설 (1) 현재완료 시제를 사용하여 질문했으므로 현재완료 시제로 대답한다.
(2), (3) 사역동사 make를 사용한 질문이므로 목적어, 목적격 보어(동사원형)를 차례대로 써서 대답한다. 현재 시제를 사용하여 질문했으므로 현재 시제로 대답하는 것에 유의한다.

01 ④ **02** ③ **03** bright **04** ⑤ **05** ③
06 ① **07** ⓑ-ⓔ-ⓐ-ⓓ-ⓒ **08** ②
09 ① **10** ⑤ **11** was not as good as
12 ③ **13** ④ **14** ⑤ **15** ④
16 I can find them[the clues] somewhere inside
the room. **17** ② **18** ③ **19** ⑤ **20** ①
21 are allowed to dance **22** ④ **23** ②
24 ③ **25** ⑤ **26** Can you explain
27 (1) is as tall as (2) as smart[bright/good] as
(3) is (as) brave as a lion / is (as) wise as an owl
28 In my opinion, it's unique.
29 was hit by / was taken
30 was so moving that I couldn't stand up

01 해석 교도소와 같은 장소로부터 도망치다
① 수수께끼 ② 탐정 ③ 사건, 사고 ④ 탈출하다
⑤ 용의자, 의심하다
어휘 get away 벗어나다, 도망치다 prison 교도소

02 해석 우리는 돈으로 _____을 살 수 없다.
① 힘 ② 행복 ③ 창의적인 ④ 문화 ⑤ 전통
해설 buy의 목적어 자리에 어울리지 않는 것은 형용사인 ③
creative(창의적인)이다.

03 해석 · Edward는 친절하고 배움이 빠르다. 다시 말해
그는 친절하고 똑똑한 학생이다.
· Stacy는 주황이나 노랑 같은 밝은 색을 좋아한다.
해설 bright는 형용사로 '똑똑한' 또는 '밝은'이라는 두 가지
의미로 쓰인다.

04 해석 · 숙제는 우리의 자유 시간을 빼앗는다.
· 카드를 뒤집고 확인해라.
해설 take away 빼앗다, 제거하다 turn over 뒤집다

05-06
전문해석 A: 이 수수께끼를 한번 풀어 봐. 네 명이 한 우산 아래
에 있지만 아무도 젖지 않아. 이유를 설명할 수 있
겠니?
B: 응! 왜냐하면 맑은 날이니까.

05 해석 ① 사건 ② 단서 ③ 수수께끼 ④ 문제 ⑤ 상황

해설 대화의 내용은 수수께끼를 내고 이에 대한 답을 맞히는
상황이므로 가장 알맞은 단어는 ③ riddle(수수께끼)이다.

06 해석 ① 이유를 설명할 수 있겠니?
② 이것에 대해 어떻게 생각하니?
③ 나에게 그것을 설명하는 방법을 말해줄 수 있니?
④ 이것이 무엇을 의미하는지를 설명할 수 있겠니?
⑤ 이유를 설명할 수 있겠니?
해설 B의 응답에 Yes와 because가 있으므로 '이유'를 설
명해 달라고 요청하는 ①이 와야 함을 알 수 있다. ⑤ Do you
mind explaining the reason?의 경우 ①과 같은 의미, 같
은 상황에서 쓸 수 있는 표현이지만, B가 Yes!로 답하므로 이
대화에서는 맞지 않다. mind가 있는 문장으로 질문할 경우, 긍
정의 응답은 Of course not. 등으로 한다.

07 해석 ⓑ 저 춤추는 소녀들을 봐, 동준아. 놀랍지 않니?
ⓔ 소녀들? 난 단 한 명의 무용수만 보이는데.
ⓐ 더 자세히 봐. 그녀 뒤에 많은 팔들이 보이니?
ⓓ 와. 나는 그녀 뒤에 다른 무용수들이 있다는 걸 몰랐어.
ⓒ 맞아. 나는 10명 이상의 무용수들이 있다고 확신해.
해설 춤추는 소녀들을 보라고 하며 놀랍지 않냐고 묻는 말인
ⓑ가 가장 먼저 오고, 이에 대해 한 명의 무용수만 보인다는 대
답인 ⓔ가 오며, 이에 대한 추가적인 내용으로 이어지는 ⓐ와
ⓓ가 이어져야 하며, 10명 이상이 있는 것 같다며 마무리하는
ⓒ가 마지막으로 와야 순서가 가장 자연스럽다.

08-09
전문해석 준수: 너희 그거 아니? 학교 춤 경연 대회가 곧 열릴 거야.
Emily: 맞아. 나는 지민이네 반이 태권도 춤을 공연할
거고 Tim네 반은 K-pop 춤을 선보일 거라고
들었어.
Brian: 우리도 무엇을 해야 할지 결정해야 해.
미나: 부채춤은 어때? 내 생각에 그것은 배우기 쉽고
또한 아름다워.
Emily: 좋은 생각인 것 같아. 하지만 누가 우리를 가르
쳐 주지?
Brian: 미나가 전통 춤을 잘 춰. 미나야, 우리를 도와줄
수 있니?
미나: 물론, 그렇게. 나는 우리가 굉장히 즐거운 시간을
보낼 거라고 확신해.
준수: 좋아. 시도해 보자.

08 해석 ①, ③, ④, ⑤ 나는 확신해
② 유감이지만 ~할 것 같아

해설 확실성 정도를 표현하는 말로 I'm sure[convinced / certain / positive] ... . / I bet ... . 등이 있다. 반면 ② I'm afraid ... .는 뒤에 유감스러운 내용을 말하기 전에 예의상 덧붙이는 것으로 '유감이지만 ~할 것 같아.'라는 의미이다.

09 해설 부채춤을 공연하자고 제안한 사람은 Brian이 아니라 미나이므로 ① 민호가 대화의 내용을 잘못 이해했다.

10 해석 우리는 이 문제를 가볍게 받아들이지 않을 것이다.
해설 조동사의 수동태 형태「will + be + p.p.」형태이며, 부정문이므로 조동사 will 뒤에 not을 쓴 ⑤ This problem will not be taken lightly.가 올바르다.

11 해석 A: 어제 콘서트는 어땠니?
B: 그것은 지난번 것만큼 좋지 못했어.
A: 어제 콘서트가 지난번보다 안 좋았다는 말이지?
B: 맞아. 꽤 실망스러웠어.
해설 대화의 흐름상 '~만큼 …하지 않은'이라는 의미를 나타내야 하므로 동등 비교 as ... as를 사용하고 부정의 의미를 나타내는 not은 be동사 다음에 와야 한다. 과거 시제이므로 was not as good as로 쓴다.
어휘 disappointing 실망시키는, 실망스러운

12 해석 그는 지난주에 엄마에게 편지를 우편으로 부쳤으나 그것은 그녀에게 보내지지 않았다. 그것은 어딘가에서 분실되었다.
해설 last week이 있으므로 과거 시제를 써야 한다. but이라는 접속사로 알 수 있듯이, 엄마는 편지를 받지 못했고, 결국 분실되었다고 하는 것이 글의 흐름상 맞다. ⓐ는 그가 우편으로 부쳤으므로 능동태(mailed)가, ⓑ, ⓒ는 주어 It(편지)이 엄마에게 보내지지 못하고(was not sent), 분실된(was lost) 것이므로 수동태가 되어야 한다.

13 해석 Spencer 선생님은 아주 많은 책을 읽으셔서 모든 질문에 대답할 수 있었다.
해설 문장의 의미상 '너무 …해서 ~하다'라는 의미를 나타내야 하므로 so와 that 사이에는 형용사나 부사가 오는데, 명사가 올 경우「so + 형용사 + (a(n)) + 명사 + that ~」의 형태를 취한다. 문맥상 '모든 질문에 대답할 수 있었다'가 알맞으므로 that 뒤에도 과거 시제 could가 와야 한다.

14 해석 ① 나는 너무 피곤해서 산책할 수 없었다.
② 이 책은 너무 어려워서 나는 읽을 수가 없다.

③ 그는 유럽 여행이 취소되었을 때 슬펐다.
④ 나는 회의가 10분간 연기될 거라고 들었다.
⑤ 길이 너무 미끄러워서 우리는 포기하고 집으로 돌아가야 했다.
해설 ① '너무 …해서 ~할 수 없다'라는 의미를 나타내는 too ... to 구문을 활용해서 too tired to로 써야 한다.
② '너무 …해서 ~하다'라는 의미를 나타내는 so ... that ~ 구문을 활용해서 so difficult that으로 써야 한다.
③ '여행이 취소되었다'라는 의미가 되어야 하므로 수동태 표현인 was cancelled로 써야 한다.
④ '회의가 연기되다'라는 의미가 되어야 하므로 수동태 표현인 would be delayed로 써야 한다.

15-16
전문해석 '탈출 탑'에 오신 것을 환영합니다. 당신은 저희 탑의 첫 번째 방에 들어갈 것입니다. 당신은 탈출하기 위해서 몇 개의 수수께끼를 풀어야 합니다. 방 안 어딘가에서 단서가 발견될 수 있습니다. 자, 당신은 셜록 홈스처럼 생각할 준비가 되었나요?

15 해설 문제를 푸는 데 도움이 되는 것
① 탈출 ② 탑 ③ 수수께끼 ④ 단서 ⑤ 어딘가에

16 해설 Q: 당신은 어디에서 단서를 찾을 수 있나요?
A: 저는 방 안 어딘가에서 그것들(단서)을 찾을 수 있습니다.
해설 본문에 Clues can be found somewhere inside the room.이라는 문장에서 단서를 어디에서 찾을 수 있는지 알 수 있고 질문에서 you로 묻고 있으므로 I로 대답하며 본문의 수동태 문장을 능동태 문장으로 바꿔서 I can find them[the clues] somewhere inside the room.으로 대답하면 된다.

17-19
전문해석 Doodle 씨는 일요일 오후에 차에 치였습니다. 다행히 그는 심하게 다치지 않았지만, 그는 운전자를 보지 못했습니다. 한 경찰관이 세 명의 용의자들을 신문했습니다. A 씨는 사고가 일어났던 시간에 책을 읽고 있었다고 말했습니다. B 씨는 그의 개를 산책시키고 있었다고 말했습니다. C 씨는 아침 식사를 만들고 있었다고 말했습니다. 누가 Doodle 씨를 치었을까요? 왜 그런지 설명할 수 있나요? 답을 알았나요? 그것을 적어 보세요. 그런 다음 당신은 다음 방으로 이동할 수 있습니다.

17 해석 한 경찰관이 세 명의 용의자들을 신문했습니다.

해설 주어진 문장은 A 씨가 무엇을 했는지 말하기 전인 ②에 들어가는 것이 알맞다.

18 해석 ① 내가 이것을 끝낼 때까지 내 옆에 있어.
② 그녀는 신용 카드로 그것에 대한 값을 지불했다.
③ 그 노래는 그것을 부른 가수에 의해서 써졌다.
④ 보고서는 금요일까지 마무리되어야 한다.
⑤ 지나가는 관광객들 몇 명이 그것에 관심을 보일지도 모른다.

해설 본문과 ③에서 쓰인 by는 '~에 의해서'라는 의미로 수동태 문장에서 「by+행위자」를 나타낸다.
① ~ 옆에 ② ~으로 (수단) ④ ~까지 (완료)
⑤ pass by (~ 옆을) 지나가다

어휘 pay for ~의 값을 지불하다 interest 관심, 흥미

19 해석 ① B 씨는 용의자로서 신문받았다.
② Doodle 씨는 누가 그를 치었는지 몰랐다.
③ A 씨는 사고와 아무 관련이 없다.
④ 차 사고는 오후에 일어났다.
⑤ C 씨는 사고 당시에 부엌에 있었다.

해설 ⑤ C 씨는 사고 당시에 아침 식사를 만들고 있었다고 했으나 사고는 오후에 일어났으므로 거짓말이다. C 씨가 범인으로 사고 현장에 있었으므로 본문의 내용과 일치하지 않는다.

어휘 have nothing to do with ~와 관련이 없다

20-21
전문해석 카타칼리에는 이야기가 있습니다. 무용수들은 그들의 몸동작을 통해서 이야기합니다. 이러한 이야기들은 주로 선과 악 사이의 싸움에 관한 것입니다. 선한 역할을 맡은 무용수들은 자신의 얼굴을 초록색으로 칠합니다. 악한 역할을 맡은 무용수들은 검은색 화장을 합니다. 흥미롭게도, 카타칼리에서는 남자들만 춤추는 것이 허락됩니다. 몸동작이 매우 힘이 넘쳐서 무용수들은 수년 동안 연습을 해야 합니다.

20 해설 ① 전치사 through는 '~을 통해서'라는 뜻으로 맞는 표현이다.
② among은 '~ 사이에'라는 뜻이기는 하지만 셋 이상의 수에 쓰이는 것으로 본문에는 선과 악이라는 두 가지 사이에 써야 하므로 between이 와야 한다.
③ 선행사 Those는 사람을 지칭하므로 관계대명사 which가 아닌 who를 써야 한다.
④, ⑤는 so ... that ~ 구문이 쓰여서 '너무 …해서 ~하다'라는 의미를 나타내기 위해 쓰여야 한다.

21 해설 「be allowed to+동사원형」은 '~을 허용하다'라는 뜻으로 '오직 남자만 춤추는 것이 허용된다.'라는 의미가 되기 위해서는 are allowed to dance라고 써야 한다.

22-23
전문해석 사람들이 뉴질랜드에 방문할 때, 그들은 하카 무용수들의 무리를 만날지도 모릅니다. 그 무용수들은 무서운 얼굴로 이 전통 춤을 춥니다. 이 춤은 원래 마오리족에 의해 싸움 전에 행해졌습니다. 그들은 적에게 그들의 힘을 보여 주고 싶었습니다. 그 무용수들은 싸움 전의 야생 동물들만큼 무섭게 보였습니다. 요즈음, 뉴질랜드에서는 럭비 선수들이 다른 팀에게 그들의 힘을 보여 주기 위해서 주로 시합 전에 하카를 춥니다.

22 해석 ① ~에게 부탁하다
② ~와 친구가 되다
③ ~에게 그들의 에너지를 주다
⑤ ~에게 그들의 춤 솜씨를 뽐내다

해설 문맥상 마오리족이 싸움 전에 적에게, 럭비 선수들이 시합 전에 다른 팀에게 하카를 추는 이유가 와야 하므로 ④ '~에게 그들의 힘을 보여 주다'가 알맞다.

어휘 show off ~을 뽐내다

23 해석 ① 하카란 무엇인가?
② 하카를 공연하는 데에는 시간이 얼마나 걸리는가?
③ 마오리족은 언제 하카를 공연했는가?
④ 하카 무용수들은 과거에 어떻게 보였는가?
⑤ 요즈음 누가 주로 하카를 공연하는가?

해설 ② 하카의 공연 시간은 본문에 나와 있지 않으므로 대답할 수 없다.
① a traditional dance in New Zealand ③ before a fight
④ They looked as scary as wild animals. ⑤ rugby players가 각 질문에 대한 답이다.

24 해석 스텝 댄스는 아일랜드의 전통 춤이다. 무용수들은 다채로운 색상의 의상을 입는다. 내 생각에는 무용수들은 인형처럼 귀엽다. 무용수들은 그들의 발을 너무 빨리 움직여서 마치 나는 것처럼 보인다!

해설 무용수들이 인형처럼 귀엽다고 했으나 인형을 소품으로 사용해서 춤을 춘다는 말은 없으므로 ③이 일치하지 않는다.

25 해석 지난 주 일요일이었다. 도훈이는 집에 있었다. 갑자기 그는 옆방에서 소리를 들었다. 그가 방 안으로 들어갔을 때 창문이 깨져 있었다. 그가 창밖을 보았을 때 수진이는 야구 방망이를 들고 있었고, Ted는 그의 개에게 공을

던지고 있었다. 누가 창문을 깨뜨렸을까? 그것은 어떻게 설명될 수 있을까?

[해설] ① → heard ② → was broken ③ → was holding ④ → broke

26 [해석] Q: 이것을 사용하는 방법을 설명해 줄 수 있니?

A: 물론이야. 이 버튼을 누르기만 하면 돼.

[해설] 사용법을 알려주고 있으므로 질문에는 사용법을 설명해 달라고 해야 한다. 설명을 요청하는 말로 Can you explain …? / Can you tell me …? 등을 사용할 수 있다.

27 [해석]

	Jessy	Kate
신 장	1m 67cm	1m 67cm
수학 성적	C	A
성 품	용감한	현명한

(1) Jessy는 Kate만큼 키가 크다.

(2) 수학에서, Jessy는 Kate만큼 똑똑하지 않다.

(3) Jessy는 (사자처럼) 매우 용감하고, Kate는 (올빼미처럼) 매우 현명하다.

[해설] as … as ~는 두 비교 대상이 비슷한 성질을 가지고 있어서 동등하게 비교할 때 사용하고 as와 as 사이에는 형용사나 부사의 원급을 쓴다. 동물을 사용해서 비교할 경우 '매우 ~한'으로 해석한다.

(1) Jessy와 Kate의 키가 같기 때문에 형용사 tall을 사용하여 Jessy is as tall as Kate.로 쓰면 된다.

(2) 수학 점수를 보면 Kate가 더 높으므로 In math, Jessy isn't as smart[bright] as Kate. 또는 In math, Jessy isn't as good as Kate.로 쓰면 된다.

(3) (as) brave as a lion은 '매우 용감한', (as) wise as an owl은 '매우 현명한'이라는 의미로 관용 표현이다. 이 경우 앞의 as를 생략해도 된다. 따라서 Jessy is (as) brave as a lion, and Kate is (as) wise as an owl.이라고 쓴다.

[어휘] character 성품 owl 올빼미

28 [해석] Q: 이 사진에 대해 어떻게 생각하니?

A: 내 생각에는 그것은 독특해.

[해설] 자신의 생각을 표현하는 말에는 In my opinion, In my view, … 등이 있다. 따라서 In my opinion, it is unique.로 쓴다.

29 [해석] A: 지나야, 오늘 왜 늦었어?

B: 오늘 아침에 차 사고를 목격했어. 한 소년이 차에 치였어.

A: 오, 그는 괜찮니?

B: 내가 119에 전화를 걸었고, 그는 병원으로 실려 갔어.

[해설] 첫 번째 빈칸에는 소년이 차에 치인 것이므로 수동태 표현을 써서 A boy was hit by a car.라고 쓴다. 두 번째 빈칸에는 take A to B(A를 B로 데려 가다)라는 표현을 써서 A가 주어가 되면 수동태 형태가 되므로 he was taken to hospital로 쓴다.

30 [해석] ·영화가 매우 감동적이었다.

·나는 영화가 끝났을 때 일어날 수 없었다.

[해설] 두 문장의 관계는 '이유-결과'를 나타내고 있으므로 '너무 …해서 ~하다'라는 의미의 so … that ~ 구문을 활용해서 The movie was so moving that I couldn't stand up when it was over.라고 써야 한다.

[어휘] moving 감동적인 be over 끝나다

🐾 **중간고사 2회**   pp. 84-87

01 ①   02 ⑤   03 ①   04 ⑤   05 ⑤

06 ②   07 ⑤   08 ④   09 Can you explain how to   10 ④   11 ⓐ make ⓑ was made ⓒ will be made   12 ③   13 ③   14 ④

15 ①   16 Three suspects were questioned by a police officer.   17 ⑤

18 Come to our store on November 31.

19 ②   20 ①   21 ②

22 as scary as wild animals   23 enemy

24 ④   25 ②   26 I'm sure we'll win

27 he's as busy as a bee

28 (1) Various presents are sent to the singer by thousands of fans.

(2) the secret will not be kept by her

(3) He will be chosen for the team by the coach.

29 studied so hard that he got a perfect grade

30 First, open the door. Second, put the box in the machine. Third, close[shut] the door and then push this button.

01 [해석] ① 힘 있는 - 힘 ② 움직이다 - 움직임

③ 해결하다 - 해결 ④ 창조하다 - 창조물

⑤ 공연하다 - 공연

해설 ②~⑤는 동사와 그 파생어인 명사의 관계이다. ①은 형용사와 명사의 관계이다.

02 해설 음악을 연주하거나 연극에서 연기를 하는 등으로 관중을 즐겁게 하다
① 쥐다 ② 떨어뜨리다 ③ 격려하다 ④ 표현하다
⑤ 공연하다
어휘 entertain 즐겁게 하다 audience 관객

03 해석 ① 나는 스스로 최고에 이를 것이다.
② 당신의 여권을 살펴볼 수 있을까요?
③ 그녀는 아들에게서 눈을 떼지 못했다.
④ 이 약은 고통을 없애 줄 것이다.
⑤ 코트를 벗고 편히 계세요.
해설 ②~⑤는 모두 take가 들어가고 ①만 make가 들어간다.
어휘 make it to ~에 이르는 데 성공하다
on one's own 스스로의 힘으로
take a look at ~을 살펴보다
take one's eyes off ~에서 눈을 떼다
take away 없애다, 빼앗다 take off ~을 벗다

04 해석 ① 날씨가 더우면 당신은 이것이 필요하다. - 부채
② 많은 사람들이 일할 때 이것을 입는다. - 유니폼
③ 모든 사람은 이것을 가지고 살기를 원한다. - 행복
④ 거의 모든 나라는 고유의 이것을 가지고 있다. - 문화
⑤ 당신이 이것을 가지고 있으면 당신은 무거운 상자를 옮길 수 있다. - 의견
해설 ⑤는 strength(힘)를 의미하는 것이라 할 수 있다.

05 해석 A: 요즘 너는 아주 잘하고 있어. 계속 열심히 하렴.
    B: 고맙습니다, 엄마. 최선을 다할게요.
① 즐거운 시간 보내.   ② 그거 흥미롭구나.
③ 난 너에게 동의해.   ④ 한번 시도해 봐.
⑤ 계속 열심히 하렴.
해설 문맥상 아주 잘하고 있다는 엄마의 말에 고마움을 표시하고 있으므로 더 격려하는 의미의 ⑤가 오는 것이 알맞다.

06 해석 A: 학교에 화장하고 오는 것에 대해 어떻게 생각하니?
    B: _____
① 나는 그것에 반대야.
② 나는 네 말에 전적으로 동의한다고 생각해.
③ 내 생각에 학교가 이것을 허용해야 해.
④ 내 생각에 여학생들이 화장을 한다면 그 애들은 기분이 더 좋을 거야.
⑤ 내 생각에 학생들은 공부에만 전념해야 해.

해설 의견을 묻는 질문에는 자신의 의견을 나타내는 말로 대답해야 하므로 자신의 의견을 말하는 것이 아니라 상대의 의견에 동의한다고 하는 ②가 알맞지 않다.

07 해석 A: 너는 너의 금을 어디에 숨겼니? 거기에 가는 방법을 설명해 줄 수 있니?
    B: 우선, 두 블록을 직진해. 그다음에 왼쪽으로 돌아.
해설 Can you explain ...?은 상대에게 설명을 요청하는 표현이다.

08-09
전문해석 Emily: 수수께끼를 하나 풀어 볼래?
준수: 물론이지, 뭐야?
Emily: 한 농부가 있어. 먼저, 농부는 여우 한 마리, 오리 한 마리, 그리고 콩 한 자루를 샀어. 그런 다음, 농부는 강을 건너야 해.
준수: 뭐가 문제인데?
Emily: 배는 농부와 단지 한 가지만 더 실을 수 있어.
준수: 농부는 한 번에 오직 한 가지만 가지고 갈 수 있다는 말이야?
Emily: 응. 또한 만약 농부가 없으면 여우가 오리를 먹거나 오리가 콩을 먹을 거야. 모든 것을 강 건너로 안전하게 옮기는 방법을 설명할 수 있겠니?

08 해석 ① 머리를 (계속) 들고 있어라.
② 그가 팔 안에 안고 있는 것은 무엇이니?
③ 확실하게 이것을 꽉 쥐어라.
④ 이 엘리베이터는 약 10명을 수용한다.
⑤ 그들은 컨벤션 센터에서 회의를 열기로 결정했다.
해설 본문에 나온 hold는 '수용하다'라는 의미로 이와 같은 의미로 쓰인 것은 ④이다. ① 유지하다 ② 잡고[안고/들고] 있다 ③ 꽉 쥠 (명사) ⑤ 열다, 개최하다

09 해설 빈칸에 해당하는 부분은 '~하는 방법을 설명할 수 있겠니'로 Can you explain how to로 쓴다.

10 해석 이 문제들은 너무 쉬워서 그것들은 몇 초 만에 풀릴 수 있었다.
해설 문제는 (누군가에 의해) 풀리는 것이므로 조동사의 수동태로 쓰여야 한다. 따라서 ④는 could be solved로 쓰여야 한다. solve의 과거분사는 solved이다.

11 해석 A: 너희 모둠은 진로의 날에 무엇을 할지에 대해 결정을 했니?
    B: 글쎄, 지난주에 첫 번째 결정이 났었는데, 몇 가지 문제점이 생겼어. 그래서 또 다른 결정이 내

일 내려질 거야. 나는 그것이 마지막 결정이기를 바라고 있어.

해설 ⓐ your group이 직접 결정하는 것이므로 능동태 문장이어야 하는데 의문문이므로 동사원형 make를 쓴다.
ⓑ last week이 있으므로 과거 시제를 써야 하고 make a decision(결정을 내리다)에서 목적어인 decision이 주어 자리에 위치하므로 수동태 was made로 쓴다.
ⓒ 내일 다른 결정이 내려질 것이므로 미래 시제 조동사 will을 사용해서 조동사의 수동태인 will be made로 쓴다.

12 해석 ① 그는 외모보다 더 나이가 들었다.
② 그는 외모만큼 젊지 않다.
③ 그는 실제(나이)보다 젊어 보이지 않는다.
④ 그는 나이보다 더 젊어 보인다.
⑤ 그는 실제보다 더 젊어 보인다.

해설 ③은 실제 나이보다 젊어 보이지 않는다는 의미이고 ①, ②, ④, ⑤는 실제 나이보다 젊어 보인다는 의미이다.

13 해석 • 나는 살이 찌는 것이 매우 무섭다.
• 나는 새 모이만큼 먹는다.
① 나는 살이 찌는 것이 너무 무서워서 새 모이만큼 먹지 않는다.
② 나는 새 모이만큼 먹어서 살이 찌는 것이 매우 두렵다.
③ 나는 살이 찌는 것이 너무 무서워서 새 모이만큼 먹는다.
④ 나는 새 모이만큼 먹기 때문에 살이 찌는 것이 매우 무섭다.
⑤ 나는 새 모이만큼 먹고 그래서 나는 살이 찌는 것이 매우 무섭다.

해설 주어진 첫 번째 문장이 '결과'이고, 두 번째 문장이 '이유'이다. 따라서 두 문장을 가장 자연스럽게 연결한 것은 so … that ~ '너무 …해서 ~하다'를 사용한 ③이다.

어휘 eat like a bird 새처럼 먹다(아주 적은 양을 먹을 때 사용하는 표현) put on weight 살이 찌다(= gain weight)

14 해석 ① 그는 (말처럼) 매우 건강하다고 느꼈다.
② 그는 할 수 있는 한 많이 저축할 것이다.
③ 내가 위에서 걸을 수 있을 정도로 얼음이 매우 두꺼웠다.
④ 그녀는 너무 피곤해서 그녀의 책상에서 잠이 들었다.
⑤ 그 계획은 다른 팀에 의해서 수행되어야만 한다.

해설 ④ '이유절'의 시제와 '결과절'의 시제가 같지 않다. 그녀가 피곤했던 것은 과거의 일이므로 결과절에서도 과거형인 she fell asleep으로 써야 한다.

어휘 (as) healthy as a horse 매우 건강한
carry out 수행하다

15-16

전문해석 Doodle 씨는 일요일 오후에 차에 치였습니다. 다행히 그는 심하게 다치지 않았지만, 그는 운전자를 보지 못했습니다. 경찰관이 세 명의 용의자들을 신문했습니다. A 씨는 사고가 일어났던 시간에 책을 읽고 있었다고 말했습니다. B 씨는 그의 개를 산책시키고 있었다고 말했습니다. C 씨는 아침 식사를 만들고 있었다고 말했습니다.

15 해석 ① 다행히 ② 마침내 ③ 갑자기 ④ 아마도
⑤ 불행히도

해설 차에 치였는데 심하게 다치지 않았다고 했으므로 ① '다행히'로 연결되는 것이 알맞다.

16 해설 능동태 문장의 시제가 과거 시제이고 목적어 three suspects가 복수형이므로 동사는 were questioned를 써서 Three suspects were questioned by a police officer.로 쓰면 된다.

17-18

전문해석 Jay는 그가 가장 좋아하는 옷 가게로부터 이메일을 받습니다. 그것의 제목에는 "당신은 '행운의 날' 행사에 당첨되었습니다!"라고 쓰여 있습니다. Jay는 놀랍니다. 그는 재빨리 그것을 열어봅니다.

JayJr@kmail.com
당신은 우리의 '행운의 날' 행사에 당첨되었습니다!
축하합니다!
당신은 특별한 상품을 받게 되었습니다. '행운의 날' 행사 동안, 당신은 우리 가게에서 일곱 가지 상품을 공짜로 선택할 수 있습니다! 11월 31일에 우리 가게로 오세요. 우리는 당신을 만나기를 몹시 기대하고 있습니다.
그럼 이만,
Kay Brown

하지만, Jay는 그것을 삭제하는데 왜냐하면 그는 그 행사는 진짜가 아니라고 생각하기 때문입니다. 왜 그런지 설명할 수 있나요? 답을 알았나요? 그것을 적으면 당신은 자유롭게 가실 수 있습니다.

17 해설 ①~④는 모두 an email을 가리키지만 ⑤는 the answer를 가리킨다.

18 해설 Jay가 이 메일이 가짜라고 생각하게 된 이유는 메일에 현실과 다른 내용이 있기 때문이었다. 11월은 30일까지밖에 없으므로 11월 31일이 쓰여 있는 문장 Come to our store on November 31.를 찾아 쓴다.

19-20

전문해석 카타칼리에는 이야기가 있습니다. 무용수들은 그들

의 몸동작을 통해서 이야기합니다. 이러한 이야기들은 주로 선과 악의 싸움에 관한 것입니다. 선한 역할을 맡은 무용수들은 자신의 얼굴을 초록색으로 칠합니다. 악한 역할을 맡은 무용수들은 검은색 화장을 합니다. 흥미롭게도, 카타칼리에서는 남자들만 춤추는 것이 허락됩니다. 몸동작이 매우 힘이 넘치기 때문에 무용수들은 수년 동안 연습을 해야 합니다.

19 해석 카타칼리의 무용수들은 무슨 이야기를 표현합니까?
해설 ② 주로 '선과 악의 싸움'에 관한 것이라고 본문에 나와 있다.

20 해설 본문에는 The dancers tell stories through their body movements.라고 했고 '말'로 이야기를 전달한다는 내용은 없으므로 ①이 일치하지 않는다.

21-23
전문해석 사람들이 뉴질랜드에 방문할 때, 그들은 하카 무용수들의 무리를 만날지도 모릅니다. 그 무용수들은 무서운 얼굴로 이 전통 춤을 춥니다. 이 춤은 원래 싸움 전에 마오리 족에 의해 행해졌습니다. 그들은 적에게 그들의 힘을 보여 주고 싶었습니다. 그 무용수들은 싸움 전의 야생 동물들만큼 무섭게 보였습니다. 요즈음, 뉴질랜드에서는 럭비 선수들이 다른 팀에게 그들의 힘을 보여 주기 위해서 주로 시합 전에 하카를 춥니다.

21 해설 주어진 문장의 this dance는 ②의 앞 문장의 this traditional dance를 가리키고 ②의 뒤에는 the Maori에 대한 설명이 이어지고 있으므로 ②에 들어가는 것이 알맞다.

22 해설 as ... as ~는 '~만큼 …한'의 의미로 두 비교 대상의 비슷한 성질을 동등하게 비교할 때 사용한다. as ... as ~ 사이에는 형용사나 부사의 원급을 쓴다. 따라서 as scary as wild animals라고 표현한다. 동사 look 뒤에는 보어로 형용사가 오므로 scary라는 형용사가 와야 한다.

23 해설 다른 사람을 싫어하고, 공격하거나 해를 입히려는 누군가

24 해석 부채춤은 한국 전통의 춤입니다. 무용수들은 다채로운 한복을 입습니다. 그들은 밝은 색으로 칠해진 큰 부채를 가지고 춤을 춥니다. 그 무용수들은 다양한 종류의 아름다움을 보여 주기 위해서 부채를 우아하게 움직입니다.
해설 ④는 동사 move를 수식하므로 형용사가 아닌 부사 gracefully가 와야 한다.

25 해석 영국의 많은 수수께끼들은 글자와 소리를 사용한다.
Q1. 어떤 글자를 당신은 마실 수 있는가? – T (tea: 차)
Q2. 어떤 글자가 곤충인가? – B (bee: 벌)
Q3. 어떤 글자가 머리의 일부인가? – I (eye: 눈)
① 자연 ② 소리 ③ 이미지 ④ 동물 ⑤ 생물
해설 알파벳과 같은 발음의 단어를 수수께끼로 낸 것이므로 sounds(소리)가 알맞다.

26 해석 Q: 우리 팀이 다음 경기에서 이길 거라고 생각하니?
A: 응. 나는 다음번에 우리가 이길 거라고 확신해. 우리는 열심히 연습했어.
해설 확실성을 나타내는 표현으로 I'm sure ... 또는 I'm certain ...을 사용한다. next time이 이미 주어져 있으므로 I'm sure we'll win으로 쓴다.

27 해석 A: 요즈음 Tony는 어떻게 지내니?
B: 오, 그는 (벌처럼) 매우 바빠. 나는 몇 달 동안 그를 보지 못했어.
해설 뒤에 몇 달 동안 Tony를 보지 못했다는 말이 이어지므로 Tony가 바쁘다는 표현과 어울리며, 주어진 단어인 벌과 관련 있는 관용 표현인 as busy as a bee를 사용하여 he's as busy as a bee로 쓴다.

28 해석 (1) 수천 명의 팬들이 그 가수에게 다양한 선물을 보낸다.
→ 다양한 선물이 수천 명의 팬들에 의해 그 가수에게 보내진다.
(2) 내 생각에 그녀는 그 비밀을 지키지 않을 것 같아.
→ 내 생각에 비밀은 그녀에 의해 지켜지지 않을 것 같아.
(3) 그 코치는 팀을 위해 그를 선발할 것이다.
→ 그는 팀을 위해 그 코치에 의해 선발될 것이다.
해설 능동태를 수동태로 바꿔 쓸 때, 능동태의 목적어를 수동태의 주어로 둔다. 능동태의 동사는 「be + p.p.」로 바꾸되, be동사의 시제는 능동태의 시제에 맞추고, 수(數)는 수동태 주어와 맞춘다. 능동태의 주어는 수동태에서 「by + 목적격」으로 바꿔 수동태 문장의 끝에 둔다. 조동사의 수동태 「조동사 + be + p.p.」에서 조동사 뒤에는 동사원형이 오므로 be 원형을 그대로 씀에 유의한다.

29 해석 Ted는 매우 열심히 공부해서 만점을 받았다.
해설 before와 after의 그림을 보면 before 그림이 '이유'가 되어서 after 그림인 '결과'를 이끌어 내므로 so ... that ~ (너무 …해서 ~하다) 구문을 이용하여 (Ted) studied so hard that he got a perfect grade.라고 쓴다.

30 해석 Q: 이 기계 사용법을 설명해 줄 수 있니?

A: 물론이지. 먼저 문을 열어. 두 번째로 상자를 기계 안에 넣어. 세 번째로 문을 닫고, 그런 다음 이 단추를 누르면 돼.

해설 순서나 절차를 설명하는 '열거하기'는 first, second, third(then) ... 등을 사용한다. 따라서 First, open the door. Second, put the box in the machine. Third, close[shut] the door and then push this button.으로 쓴다.

🔌 기말고사 1회
pp. 88-91

01 ④ 02 ①, ⑤ 03 last 04 of 05 ⑤
06 ② 07 ② 08 ⓐ heard ⓑ haven't
09 ⑤ 10 How come you made her cry?
11 ⑤ 12 ⑤ 13 ③ 14 ① 15 ⑤
16 field 17 ④ 18 ④ 19 I can't wait to see his tricks. 20 ① 21 ③ 22 to use
23 ③ 24 ④ 25 ②
26 Which sport do you like to learn?
27 (1) of Sam to take care of me when I was sick
(2) was kind of Sally to help me study math
28 can't wait to 29 Although Lisa can't understand the lyrics (of the pop song)
30 My mom had[made] me do the dishes, and she had[made] my brother clean the living room.

---

01 해석 A: 어디 가는 중이니?

B: 나는 축구 연습하러 가는 중이야. 나는 학교 축구팀에 지원하려고 계획 중이야.

① 포기하다 ② ~에 빠지다 ③ ~을 고르다
④ 지원하다 ⑤ 최선을 다하다

해설 학교 축구팀에 지원하려고 계획 중이어서 축구 연습을 하러 간다는 문맥이 되는 것이 자연스럽다.

02 해석 나는 아팠음에도 불구하고 영어 숙제를 끝냈다.

①, ⑤ ~임에도 불구하고 ② ~ 때문에, ~ 이후로
③ 만약 ~한다면 ④ ~ 때문에

해설 아팠음에도 불구하고 숙제를 끝냈다는 것이 문맥상 자연스럽다.

03 해석 • 나는 지난밤을 새웠다.

• 화재가 꽤 오래 지속되었으므로 우리 모두는 걱정했다.

해설 last는 '지난', '마지막'이라는 형용사의 의미뿐만 아니라, '지속되다'라는 동사의 의미도 있다.

04 해석 • 나는 커피 대신에 주스를 마실게.

• 네 부모님께서 너를 틀림없이 자랑스러워하실 거야.

해설 instead of ~ 대신에 be proud of ~을 자랑스러워하다

05 해석 나는 얼른 코딩을 배우고 싶다.

① 나는 코딩을 배우는 것을 즐긴다.
② 나는 코딩을 배우려고 노력하고 있다.
③ 나는 코딩을 배우는 것을 허락 받았다.
④ 나는 코딩을 배우기로 결정했다.
⑤ 나는 코딩을 배우는 것이 정말 기다려진다.

해설 I can't wait to ...는 '나는 몹시 ~하고 싶다'라는 뜻으로 I'm dying to ..., I'm eager to ..., I'm longing to ..., I'm looking forward to -ing ... 등과 바꿔 쓸 수 있다.

06 해석 도대체 왜 너는 점심을 걸렀니?

① 누가 점심을 걸렀니?
② 왜 너는 점심을 걸렀니?
③ 너는 언제 점심을 걸렀니?
④ 어떻게 너는 점심을 거를 수 있었니?
⑤ 너는 점심을 거른 뒤에 어디에 갔니?

해설 How come ...?은 '도대체 왜 ...?'라는 의미로 뒤에 「주어+동사」의 어순이 온다. Why는 How come과 비슷한 의미이지만 「Why+조동사+주어+동사원형 ...?」의 어순으로 쓰는 것에 유의한다.

07 해석 ① A: 너는 고비 사막에 대해 들어 봤니?

B: 응, 들어 봤어. 그거 몽골에 있지 않니?

② A: 어떤 운동을 배우고 싶니?

B: 나도 농구를 좋아하지 않아.

③ A: 네가 오디션을 봤다고 들었어.

B: 응, 그랬어. 맞춰 봐! 나는 역할을 맡았어!

④ A: 너는 오늘 밤에 콘서트에 갈 거니?

B: 응, 가. 나는 그곳에 얼른 가고 싶어.

⑤ A: 나는 이번에 해낼 수 없을 것 같아.

B: 넌 할 수 있어! 힘내!

해설 ② 어떤 운동을 배우고 싶은지 물어보는 질문에 자신도 농구를 좋아하지 않는다는 대답은 어울리지 않는다.

08-09

전문해석 Emily: 전 축구 경기가 걱정돼요. 우리는 강한 팀하고 경기하거든요. 우리가 질 것 같아요.

아빠: 그런 말 하지 마. 2004년 유로컵에서 그리스 팀에 대해 들어 봤니?

Emily: 아니요, 들어 보지 못했어요. 그들이 어땠는데요?
아빠: 그들은 약한 팀이었어, 그래서 모두가 그들이 질 거라고 생각했단다. 하지만, 그들은 한 팀으로 경기하며 열심히 노력했어. 결국 그들이 유로컵에서 우승했어. 그러니까 <u>포기하지 마</u>.

08 해설 Have you heard about …?은 '…에 대해 들어 봤니?'라는 의미로, 들어 본 적이 없을 때는 No, I haven't.라고 대답한다.

09 해석 ① 해 봐 ② 힘내 ③ 포기하지 마 ④ 너는 할 수 있어 ⑤ 시도해 보지도 마
해설 경기에서 질 거라고 짐작해서 의기소침한 딸을 아빠가 위로하고 격려하는 내용이므로 시도해 보지도 말라는 말은 적절하지 않다.

10 해석 A: 도대체 왜 너는 그녀를 울게 만들었니?
B: 죄송해요. 저는 그녀가 울 거라고 예상하지 못했어요.
해설 죄송하다는 사죄의 말과 그녀가 울 것이라고 예상하지 못했다는 B의 대답으로 보아 '도대체 왜 너는 그녀를 울게 만들었니?'라고 묻는 질문이 오는 것이 자연스럽다. How come 뒤에는 「주어＋동사＋…?」의 어순이 온다.

11 해석 • 몇몇 사람들에게는 쇼핑하는 것은 지루할지도 모른다.
• 네가 그렇게 말한 것은 무례했다.
해설 It is ～ to …에서 진주어인 to부정사의 의미상 주어를 나타내고 싶을 때는 for나 of를 이용한다. 상황에 대한 의견을 나타낼 때는 「for＋목적격」을, 사람의 성격을 나타낼 때는 「of＋목적격」으로 쓴다. 첫 번째 문장은 상황에 대한 의견이므로 for가, 두 번째 문장은 성격에 대한 의견이므로 of가 적절하다.

12 해석 나는 늦게 일어났다. 나는 제시간에 학교에 도착했다.
해설 두 문장을 연결할 때 '나는 늦게 일어났음에도 불구하고 제시간에 학교에 도착했다.'라는 의미가 되는 것이 자연스러우므로 '비록 ～일지라도, ～임에도 불구하고'의 의미를 나타내는 접속사 although, though, even though 등을 써서 연결할 수 있다.

13 해석 Tina가 우리를 초대한 것은 친절했다.
① 화창하지 않았지만 우리는 소풍을 갔다.
② 너의 학교에서 그의 집까지 얼마나 머니?
③ 네가 미래를 예측하는 것은 가능하지 않다.
④ Julie는 나에게 편지를 보냈고 나는 그것을 받아서 기뻤다.

⑤ 내가 축구 경기에 졌을 때, 아빠는 나에게 그것을 되풀이해서 생각하지 말라고 말했다.
해설 주어진 문장의 it은 가주어로 쓰였다. ①은 날씨를 나타내는 비인칭 주어, ②는 거리를 나타내는 비인칭 주어, ③은 가주어, ④는 a letter를 가리키는 대명사, ⑤는 I lost the soccer game을 가리키는 대명사로 쓰였다.

14 해석 네가 몇 시에 떠나야 하는지 내게 알려줄 수 있니?
해설 사역동사 let은 목적격 보어로 동사원형을 취한다.

15-17
전문해석 소년들은 낡은 배와 나무 조각들을 모았다. 그들은 배를 합치고 그것들 위에 나무를 못으로 박았다. 매우 열심히 일한 후, 그들은 마침내 물 위에 떠 있는 축구장을 가지게 되었다. 그것은 흔들리고 곳곳에 못이 있었다. 공과 소년들은 종종 바다에 빠져서 경기장은 항상 젖어 있고 미끄러웠다. 그들은 신발이 없어서 맨발로 축구를 해야 했다. 그런데도 그들은 상관하지 않았다. 사실 그들은 훌륭한 기술을 쌓았고 축구를 더 즐겼다.

15 해설 ⓐ work는 셀 수 없는 명사이므로 much가 알맞다.
ⓑ enjoy는 목적어로 동명사를 취한다.

16 해설 공과 소년들이 종종 물에 빠져서 경기장(field)이 항상 젖고 미끄러웠다고 했다.

17 해석 ① 소년들이 축구장을 짓기 위해 무엇을 사용했는지
② 축구장이 어디에 위치해 있는지
③ 축구장이 왜 젖고 미끄러웠는지
④ 공이 무엇으로 만들어졌는지
⑤ 소년들이 신발을 가지고 있었는지 없었는지
해설 ④ 공이 무엇으로 만들어졌는지 언급되지 않았다.
① 소년들은 낡은 배와 나무를 이용해서 축구장을 만들었다.
② 소년들이 축구장을 직접 만들어 물 위에 떠 있는 축구장을 갖게 되었고 축구를 하다가 바다에 종종 빠졌다고 했으므로 축구장이 바다 위에 있다는 것을 알 수 있다.
③ 소년들이 종종 바다에 빠져서 축구장은 젖고 미끄러웠다.
⑤ 소년들은 신을 신발이 없어서 맨발로 축구를 했다.

18-20
전문해석 특별 과학 마술 쇼에 오신 것을 환영합니다! 마술을 보는 것은 항상 신나는 일입니다. 그리고 마술 뒤에 숨겨진 비밀을 알아내는 것은 더 신나는 일입니다. 어떤 사람들은 마술의 비밀이 과학이라고 생각합니다. 오늘

학교 마술 동아리 회원인 Ken은 마술 공연을 위해 과학을 사용할 것입니다. 그는 우리에게 어떤 마술을 보여 줄까요? 저는 그의 마술을 어서 보고 싶군요.

18 해석 ① 그 소년은 마실 무언가가 필요하다.
② 운반할 짐이 너무 많다.
③ 우리가 그토록 오랜 시간 후에 당신을 만나게 되어 정말 기쁩니다.
④ 나의 꿈은 언젠가 전 세계를 여행하는 것이다.
⑤ Sarah는 그의 마술에 감춰진 비밀을 알아내기 위해 마술사를 빤히 쳐다보았다.

해설 ⓐ와 ④는 to부정사의 명사적 용법으로 쓰여 '~하는 것'이라는 의미를 나타낸다.
①, ② 명사를 수식하는 to부정사의 형용사적 용법으로 쓰여 '~할'이라는 의미를 나타낸다.
③ 감정의 원인을 나타내는 to부정사의 부사적 용법으로 쓰여 '~하게 되어'라는 의미를 나타낸다.
⑤ 목적을 나타내는 to부정사의 부사적 용법으로 쓰여 '~하기 위해서'라는 의미를 나타낸다.

19 해설 I can't wait to …는 '얼른/몹시/빨리 …하고 싶다'라는 의미이다.

20 해설 글쓴이가 Ken이 어떤 마술을 보여줄지 알고 있는지 아닌지는 알 수 없다.

21-22
전문해석 Ken: 이제 이 컵들 중 하나에 물을 채워 보겠습니다. 여러분을 헷갈리게 하려고 이 컵들을 섞어 보겠습니다. 지나, 어떤 컵에 물이 있을까요?
지나: 쉽네요! 가운데 컵이에요.
Ken: 좋습니다, 확인해 봅시다. 보이죠? 물이 없네요.
지나: 다른 컵들도 보여 주세요.
Ken: 보이죠? 물이 없어요.
지나: 와! 어째서 물이 생겨난(→ 사라진) 거죠?
Ken: 마술 전에, 저는 특별한 물질을 컵들 중 하나에 넣어 두었습니다. 그 물질은 물을 흡수하고 그것을 젤리로 변하게 했습니다. 그러고 나서 젤리는 컵 바닥에 달라붙었습니다. 여러분이 이 마술을 해 보고 싶다면, 속을 들여다볼 수 없는 컵을 사용하는 것이 필요합니다.

21 해설 컵에 특별한 재료를 넣어 물을 사라지게 하는 마술에 대한 글이므로 ③ '어째서 물이 나타난 거죠?'가 아니라 '어째서 물이 사라진 거죠?'라는 말이 나와야 자연스럽다.

22 해설 '당신이 속을 들여다볼 수 없는 컵을 사용하는 것이 필요하다'라는 의미의 문장이므로 It is ~ to … 구문을 이용한다. 따라서 to부정사 형태인 to use로 써야 한다.

23 해석 내가 가장 좋아하는 운동은 농구이다. 그러나 처음에 나는 그것을 정말로 잘하지 못했다. 나는 다른 선수들처럼 슛을 잘 할 수 없었다. 나는 낙담했음에도 불구하고, 포기하지 않았다. 나는 매일 한 시간씩 슛 하는 것을 연습했다. 이것은 내가 슛을 잘 하게 만들었다. 이제 나는 우리 팀에서 가장 잘 하는 선수이다.
① 글쓴이가 가장 좋아하는 운동은 무엇인가?
② 글쓴이는 처음에는 어떻게 느꼈는가?
③ 얼마나 많은 선수들이 글쓴이의 팀에 있는가?
④ 무엇이 글쓴이가 슛을 잘 하게 만들었는가?
⑤ 지금은 팀에서 누가 가장 잘 하는 선수인가?

해설 ③ 글쓴이의 팀에 몇 명이 있는지는 언급되지 않았다.
① 글쓴이가 가장 좋아하는 운동은 농구이다.
② 처음에 글쓴이는 낙담했다.
④ 매일 한 시간씩 한 연습이 글쓴이가 슛을 잘 하게 만들었다.
⑤ 지금은 글쓴이가 팀에서 가장 잘하는 선수이다.

24-25
전문해석 **북대서양 – 버뮤다 삼각 지대**
많은 비행기와 선박이 버뮤다 삼각 지대에서 사라졌다. 도대체 왜일까? 그것은 여전히 미스터리이다.
미국 – 죽음의 계곡의 움직이는 바위들
어째서 바위들이 스스로 움직이는 걸까? 이 바위들은 각각 무게가 300킬로그램까지 나간다. 몇몇 과학자들이 오랫동안 그것들의 움직임을 자세히 지켜봤다. 이제 우리는 얼음과 바람이 바위들을 움직인다는 것을 알고 있다.
이집트 – 피라미드
피라미드를 만드는 데 사용된 몇몇 바위들은 무게가 약 70톤인 것들도 있다. 어떻게 그 시대에 그렇게 무거운 바위를 옮기는 것이 불가능(→ 가능)했을까? 그것은 여전히 미스터리이다.

24 해설 ④ 피라미드를 짓는 데 사용된 바위 중에 70톤이나 되는 무거운 바위를 움직이는 것이 어떻게 '가능했는지' 묻는 것이 자연스럽다.

25 해석 ① 위의 세 가지 미스터리 중에 어느 것이 풀렸습니까?
② 얼마나 많은 비행기와 배가 버뮤다에서 사라졌습니까?
③ 과학자들은 왜 죽음의 계곡에 있는 바위들이 움직이는 것을 지켜보았습니까?

④ 무엇이 죽음의 계곡에 있는 바위들을 움직입니까?
⑤ 이집트에 있는 피라미드를 만들기 위해 무엇이 사용되었습니까?

해설 ② 얼마나 많은 비행기와 배가 버뮤다에서 사라졌는지 정확한 숫자는 언급되지 않았다.
① 세 가지 중 죽음의 계곡의 미스터리는 해결되었다.
③ 과학자들은 어째서 바위들이 스스로 움직이는지 알아내기 위해 지켜보았다.
④ 얼음과 바람이 죽음의 계곡에 있는 바위를 움직인다.
⑤ 이집트의 피라미드를 짓기 위해 바위가 사용되었다.

26 해석 Q: _____?
A: 나는 농구 배우는 것을 좋아해.

해설 농구 배우는 것을 좋아한다고 대답했으므로 '너는 어떤 운동을 배우는 것을 좋아하니?'라는 질문이 오는 것이 알맞다.

27 해석

Sam은 착하다.	그는 내가 아팠을 때 돌보아 주었다.
Sally는 친절하다.	그녀는 내가 수학 공부하는 것을 도와 주었다.

해설 It is ~ to ... 구문에서 to부정사의 의미상 주어를 쓰는 경우, 앞의 형용사가 사람의 성격을 나타낼 때는 「of + 목적격」의 형태로 쓴다.

28 해석 당신의 엄마는 동물원에 당신을 데려가기로 약속했고, 그것은 당신을 굉장히 신나게 했다.
→ 엄마, 저는 얼른 동물원에 가고 싶어요.

해설 무언가를 몹시 기대하고 있을 때 사용할 수 있는 표현 중 wait를 사용한 것은 I can't wait to ...이다.

29 해석 John: 너는 무엇을 듣고 있니?
Lisa: 나는 팝송 한 곡을 듣고 있어.
John: 너는 가사를 이해할 수 있니?
Lisa: 아니, 못해. 하지만 나는 그것이 무척 좋아.
→ 비록 Lisa는 (그 팝송의) 가사를 이해하지는 못하지만, 그 노래를 매우 좋아한다.

해설 although 뒤에는 「주어 + 동사」로 이루어진 절이 온다는 것에 유의한다.

30 해설 '~하게 하다(시키다)'의 의미를 나타내는 사역동사는 have나 make가 있다. 사역동사는 목적격 보어로 동사원형을 취한다.

---

pp. 92-95

기말고사 2회

01 ③   02 ④   03 ②   04 ④   05 ⑤
06 ⑤   07 2-1-3   08 Which class did you sign up for?   09 ④   10 ③   11 know, to keep, to jump   12 ②   13 It was kind of him to take me to the bus stop.   14 ③   15 ②
16 How come it rose into the glass?   17 ⑤
18 ③   19 ⑤   20 ③   21 feeling → feel
22 ⑤   23 어째서 동전이 움직이게 되었는지에 대한 원리   24 ⑤   25 ②   26 How come you broke the window?   27 don't give up
28 (1) had[made], clean his room
(2) had[made] him do his homework
29 have you heard of[about] the Bermuda Triangle
30 It's not easy for children to read this book.

01 해석 ① 오르다, 올라가다 - 내려가다
② (옷을) 벗다 - (옷을) 입다 ③ 필요한 - 필요한
④ 수축하다 - 팽창하다
⑤ 낙담한 - 격려의, 기운을 북돋는
해설 ③은 유의어 관계이고 나머지는 반의어 관계이다.

02 해석 · 맛있는 멜론을 고르는 것은 어려워.
· 나는 학교 볼링 동아리에 지원할 거야.
해설 pick out 고르다 try out for 지원하다

03 해석 옷을 입지 않고 있거나 덮여 있지 않은
① 마른 ② 벌거벗은, 맨- ③ 넓은
④ 흔들리는, 휘청거리는 ⑤ 자랑스러워하는

04 해석 ① 그것은 물, 비, 나무, 또는 식물이 거의 없는 큰 땅이다. - 사막
② 그들은 마을에 사는 사람들이다. - 마을 사람들
③ Holmes 씨는 마술에 감춰진 그것을 알 수 없었다. - 속임수
④ 그것의 열기는 너무 대단해서 사람들이 가깝게 갈 수 없었다. - 압력
⑤ Kate는 두려웠음에도 불구하고 그것을 가지고 시도해 보기로 했다. - 용기
해설 ④ 열기가 너무 뜨거워서 사람들이 가까워질 수 없는 것은 불꽃, 불길(flame)이다.

05 해석 A: 너는 고기와 해산물 중에 어느 것을 더 좋아하니?
B: 나는 해산물을 더 좋아해.

① 네 해산물 요리는 (맛이) 어땠니?
② 해산물을 어떻게 요리해 드릴까요?
③ 어떤 종류의 해산물을 좋아하니?
④ 너는 해산물을 어디서 먹고 싶니?

해설 B가 해산물을 더 좋아한다고 대답했으므로 어느 것을 더 좋아하는지 묻는 질문이 오는 것이 알맞다.

06 해석 A: 나는 내가 면접에서 떨어질까 봐 두려워.
B: 나는 네가 그럴 것이라고 생각하지 않아. 그냥 계속해 봐!

해설 Just go for it!은 '그냥 계속 해 봐'라는 의미로 격려할 때 사용하는 표현이다.

07 해석 Alex, 너는 올해의 '못생긴 스웨터 파티'에 대해 들어 봤니?
- 응, 들어 봤어. 나도 가고 싶지만 나는 못생긴 스웨터가 없어.
- 집에 내가 입지 않는 스웨터가 하나 있어. 네가 원하면 가져도 좋아.
- 고마워. 그러면 정말 좋을 거야.

해설 '못생긴 스웨터 파티'에 대해 들어본 적 있는지 묻는 질문에는 들어본 적이 있고 파티에 가고 싶지만 못생긴 스웨터가 없어 갈 수 없다는 대답이 오는 것이 자연스럽다. 그에 대한 응답으로 입지 않는 여벌의 못생긴 스웨터가 있는데 원하면 주겠다는 제안과 감사 표현으로 연결되는 흐름이 자연스럽다.

08-09
전문해석 Brian: 미나야, 우리 테니스 동아리에 가입할래?
미나: 흥미롭게 들리지만, 나는 이번 가을에 특별한 수업을 신청했어.
Brian: 어떤 수업을 신청했니?
미나: 마술 수업을 신청했어. 거기서 새로운 마술 묘기를 어서 배우고 싶어.
Brian: 멋지네! 전에 마술 묘기를 배운 적이 있니?
미나: 응, 전에 몇 가지 배웠어.

08 해설 어떤 수업을 신청했는지 묻는 질문이므로 Which class로 시작하는 것이 적절하다.

09 해석 ①, ②, ③, ⑤ 나는 마술을 몹시 배우고 싶어.
④ 나는 마술 배우는 것을 허락받았어.

해설 마술 수업을 신청했다고 했으니 그에 대한 기대감을 나타내는 표현이 이어지는 것이 자연스럽다.

10 해석 우리 엄마는 내가 방 청소를 하도록 시키셨다.
① 허락했다 ② 요청했다 ④ 말했다 ⑤ 원했다

해설 목적격 보어가 동사원형(clean)이므로 사역동사 made가 들어가는 것이 알맞다.

11 해설 제가 유념해야 할 두 가지를 알려드리겠습니다. 수영장에서 수영모를 쓰고 있는 것은 필수입니다. 그리고 준비 운동을 하기 전에 물에 뛰어드는 것은 안전하지 않습니다.

해설 사역동사 let의 목적격 보어는 동사원형이다. It is ~ to ... 구문에서 진주어는 to부정사로 쓴다.

12 해설 ① 도대체 왜 여기에 아무도 없니?
② 그가 잘못했음에도 불구하고, 그는 계속 미소를 지었다.
③ 헬멧을 쓰는 것은 중요하다.
④ Jason은 그 남자가 그의 짐을 운반하게 했다.
⑤ 그녀는 우울했음에도 불구하고 일하러 갔다.

해설 ② Although 뒤에는 주어와 동사가 있는 절이 온다. 따라서 Although he made a mistake, he kept smiling. 또는 Despite his fault, he kept smiling.으로 써야 한다.

13 해설 A: 누가 너를 버스 정류장에 데려다주었니?
B: Luke가 데려다주었어. 그가 나를 버스 정류장에 데려다준 것은 친절했어.

해설 It is ~ to ...에서 to부정사의 주어를 나타내고 싶을 때는 「for/of+목적격」의 형태로 쓴다. kind는 성격을 나타내는 형용사이므로 「of+목적격」을 사용한다.

14 해설 도대체 왜 William은 시험에 떨어졌니?
① 그가 공부를 열심히 했기 때문이지.
② 나는 그가 학교에 갔다고 들었어.
③ 그는 아파서 공부할 수가 없었어.
④ 잘 모르겠지만, 그는 노래를 잘해.
⑤ 그는 어제 과학 시험을 치렀어.

해설 How come ...?은 '도대체 왜 …?'라는 의미를 나타내며, 대답으로는 질문에 해당하는 적당한 이유가 나오는 것이 알맞다.

15-17
전문해석 Ken: 오늘 저는 여러분에게 놀라운 무언가를 보여 주려고 합니다. 여기에 물이 담긴 접시가 있습니다. 이제 저는 접시 한가운데에 초를 놓고 불을 켜고, 유리컵으로 그것을 덮어 보겠습니다. "수리수리마수리!"
지나: 어째서 물이 유리컵 속으로 올라간 거지요?
Ken: 공기가 뜨거워지면 팽창해서 더 높은 압력을 만듭니다. 공기가 차가워지면 수축해서 더 낮은 압력을 만듭니다. 불꽃이 다 타버렸을 때 유리컵 속의 공기는 식어 버렸습니다. 공기가 식었을 때

기압이 낮아졌습니다. 그래서 유리컵 밖의 공기는 압력이 더 높아졌습니다. 높아진 압력의 공기가 물을 밀어서 유리컵 속으로 밀어 넣었습니다.

15 해석 ① 무언가 ② 초 ③ 유리컵 ④ 높은 압력 ⑤ 유리컵

해설 ①은 a dish, ③, ④는 air, ⑤는 the air (outside the glass)를 의미한다.

16 해설 How come 뒤에는 「주어＋동사＋…?」의 어순이 오므로 did it rise를 it rose로 고쳐야 한다.

17 해석 ① 누가 쇼를 공연했습니까?
② Ken은 물이 유리컵 속으로 올라오기 전에 무슨 말을 했습니까?
③ 공기가 뜨거워질 때 기압은 어떻게 변화합니까?
④ 물은 왜 유리컵 안으로 올라왔습니까?
⑤ Ken은 초를 켜기 위해 무엇을 사용했습니까?

해설 ⑤ Ken이 양초를 켜기 위해 무엇을 사용했는지는 언급되지 않았다.
① 쇼를 공연한 것은 Ken이다.
② Ken은 'Abracadabra!'라는 말을 했다.
③ 공기가 뜨거워지면 기압이 높아진다.
④ 유리컵 안의 기압은 낮아지고, 유리컵 밖의 기압은 높아지면서 공기가 유리컵 속으로 물을 밀어 올렸기 때문에 물이 유리컵 안으로 올라왔다.

18-19
전문해석 Koh Panyee는 바다 한가운데 떠 있는 작은 수상 마을이었다. 마을에 있는 소년들은 이전에 축구를 해 본 적이 없었다. (하지만 그들은 TV로 축구를 보는 것을 좋아했다.) 어느 날, 소년들은 그들만의 축구팀을 만들기로 결정했다. 그러나 사람들은 그들의 생각을 비웃었다.
"그것은 불가능해."
"왜 그렇게 말하는 거죠?"
"주위를 둘러봐. 너희가 어디서 축구를 할 거니?"
마을 사람들이 옳았다. 소년들은 축구를 할 장소가 없었다. 그들은 <u>낙담했다.</u>

18 해석 하지만 그들은 TV로 축구를 보는 것을 좋아했다.

해설 But 앞에는 대조적인 내용이 와야 하므로 소년들은 축구를 해 본 적이 없다는 내용 뒤인 ③에 오는 것이 알맞다.

19 해석 ① 지루한 ② 감동한 ③ 신난 ④ 자랑스러운
⑤ 낙담한

해설 축구를 하고 싶으나 축구를 할 장소가 없다는 것을 깨달은 소년들은 낙담했을 것이다.

20-22
전문해석 어느 날, 한 소년이 축구 토너먼트에 관한 포스터를 가져왔다. 그들은 한번 해 보기로 결정했다. 그들이 떠나려고 할 때, 마을 사람들이 그들에게 새 신발과 축구복을 주었다. 심지어 몇몇은 경기를 보러 왔다. 이것은 소년들의 기분을 더 좋게 만들었다. 처음에 사람들은 그들을 가장 약한 팀으로 보았다. 그러나 토너먼트가 시작되었을 때, 그 축구팀은 모두를 놀라게 했다.
준결승전 날, 비가 심하게 내리고 있었다. 그들은 두 골 차로 지고 있었고, 이기는 것은 불가능해 보였다. 그러나 소년들은 포기했다(→ 포기하지 않았다) 후반전에서 그들은 신발을 벗었고 경기는 완전히 바뀌었다. 고향의 미끄러운 축구장 덕분에 그들은 빗속에서 더 잘했다. 비록 그들은 3대 2의 점수로 졌지만, 그럼에도 불구하고 그들은 스스로를 자랑스럽게 여겼다. 그들은 지고 있을 때 포기하지 않았다. 그들은 끝까지 최선을 다했다.

20 해설 소년들이 경기에 지고 있었지만 포기하지 않았다는 내용이 되어야 자연스러우므로 ③은 But the boys didn't give up.이 되어야 알맞다.

21 해설 동사가 made로 사역동사이므로 목적격 보어는 동사원형이어야 한다. 따라서 feeling을 feel로 고쳐 써야 한다.

22 해석 ① 마을 사람들은 소년들이 토너먼트를 시작할 때 소년들을 비웃었다.
② 마을 사람들 중 누구도 소년들의 축구 경기를 보러 오지 않았다.
③ 소년들은 자신 있었고 그들이 이길 거라고 생각했다.
④ 소년들은 포기하지 않았고 경기에서 이겼다.
⑤ 소년들은 미끄러운 경기장 덕분에 잘 경기할 수 있었다.

해설 고향의 미끄러운 경기장 덕분에 소년들은 비 오는 미끄러운 경기장에서 더 잘 경기했다.

23 해설 동전이 춤을 출 수 있는가? 그것을 실험해 보자. 동전 한 개와 하나의 병이 필요하다. 시작하기 전에 병을 차게 하는 것이 중요하다. 첫째, 동전을 병의 입구에 두어라. 그런 다음, 잠시 동안 손으로 병을 잡아라. 그러면 동전이 위아래로 움직인다. 어째서 동전이 움직이는가?

해설 글의 마지막에서 어째서 동전이 움직이는지 의문을 제시했으므로 동전이 움직인 원리에 대한 설명이 이어지는 것이 알맞다.

24-25
전문해석 그리스 팀은 큰 희망 없이 2004년 유로컵에 참여했다. 그들은 24년 만에 처음으로 토너먼트에 참가하는

것이었다. 그들은 결승전에서 강한 포르투갈 팀을 만났다. 그럼에도 불구하고 그들은 경기에서 이겼고 그것은 역사적인 순간이었다.

대한민국 여자 핸드볼 팀은 2004년 올림픽 경기에서 메달을 땄다. 비록 사람들은 그들을 약한 팀으로 보았지만, 그들은 덴마크 팀을 상대로 열심히 경기했다.

24 [해석] ① 짜증나는 ② 우울한 ③ 추한 ④ 비극적인 ⑤ 역사적인

[해설] 24년 만에 토너먼트에 참가한 그리스 팀이 강한 팀인 포르투갈을 이겼으므로 역사적인 순간이라는 문맥이 되어야 알맞다.

25 [해설] ②, ③이 '~에도 불구하고'라는 뜻이지만 「주어 + 동사」가 이어지는 것으로 보아 Although만 쓸 수 있다. ① ~ 때문에, ~ 이후로 ④ 만약 ~한다면 ⑤ ~까지

26 [해석] Q: 도대체 왜 창문을 깨뜨렸니?
A: 죄송해요, 엄마. 저는 창문을 깨뜨릴 의도가 아니었어요.

[해설] 죄송하다며 창문을 깨뜨릴 의도가 아니라는 대답을 했으므로 창문을 왜 깨뜨렸는지 물어보는 것이 적절하다. How come 뒤에는 주어와 동사로 이루어진 절이 오는 것에 유의한다.

27 [해석] Mary: 나는 내일 과학 시험이 있는데 시험에 떨어질 것 같아.
태호: Mary, 포기하지 마. 너무 늦은 건 없어.

[해설] 태호는 시험을 앞두고 걱정하는 Mary를 격려하고 있으므로 don't give up이라는 표현이 오는 것이 알맞다. give up 포기하다

28 [해석]

Tom이 해야 할 일
• 방 청소하기   • 숙제 하기

Tom의 엄마는 Tom이 방 청소를 하게 시켰다. 그다음에 그녀는 그가 숙제를 하도록 했다.

[해설] 사역동사 make나 have를 사용하며, 목적격 보어로 동사원형을 쓰는 것에 유의한다.

29 [해석] 당신은 버뮤다 삼각 지대에 대한 TV 프로그램을 보았고, 친구인 Amy에게 그녀가 그것에 대해 들어봤는지 물어보고 싶다.
→ Amy, 버뮤다 삼각 지대에 대해 들어 봤니?

[해설] 상대방이 알고 있는지 물어보는 표현은 Have you heard of[about] ...?를 쓸 수 있다.

30 [해설] '-가 …하는 것은 ~하지 않다'는 It is not ~ for - to ...로 표현한다. 상황에 대한 의견을 나타내므로 to부정사의 의미상 주어는 「for + 목적격」의 형태로 쓴다.

듣기평가 1회

pp. 96 - 97

01 ④	02 ②	03 ②	04 ③	05 ①
06 ①	07 ④	08 ③	09 ②	10 ④
11 ③	12 ⑤	13 ④	14 ③	15 ②
16 ⑤	17 ③	18 ⑤	19 ①	20 ④

01 M: Are you going to bring Jenny something to eat?
W: Yeah. How about a tuna sandwich and cola?
M: Don't you remember she doesn't like fish or cola? Let's just buy an egg sandwich and juice.
W: What flavor of juice shall we buy? There are several kinds, like orange, grape, and apple.
M: Well, orange will be fine for her.
W: Okay. I'm sure she'll like them.

[해석] M: 너 Jenny에게 먹을 것을 가져다줄 거지?
W: 응. 참치 샌드위치랑 콜라 어떨까?
M: 그녀가 생선이나 콜라를 안 좋아한다는 것을 잊었니? 그냥 달걀 샌드위치와 주스를 사자.
W: 어떤 맛의 주스를 사야 할까? 오렌지, 포도, 사과 같은 종류가 몇 개 있는데.
M: 음, 오렌지가 그녀에게 좋을 것 같아.
W: 그래. 그녀가 좋아할 것이라고 확신해.

[해설] 생선이나 콜라를 안 먹는 Jenny를 위해 달걀 샌드위치와 오렌지 주스를 선택했다.

[어휘] tuna 참치 flavor 맛

02 W: May I help you?
M: Yes, I'd like to buy a cap for myself.
W: Okay. We have many kinds of cap here. How about these ones with a little bear?
M: Well, which one is more popular, the navy one or the white one?
W: The navy one.
M: Oh, okay. I like navy, but I don't like the bear.
W: Then how about the navy cap with the letter L?
M: That looks great. I'll take that one.

[해석] W: 도와드릴까요?

M: 네, 저는 제가 쓸 모자를 사고 싶은데요.

W: 네. 저희는 많은 종류의 모자가 있어요. 작은 곰이 그려진 것은 어떠세요?

M: 음, 어느 것이 더 인기 있나요, 남색이요 아니면 흰색이요?

W: 남색이요.

M: 오, 그렇군요. 저는 남색은 좋은데 곰이 싫어요.

W: 그러면 문자 L이 있는 남색 모자는 어때요?

M: 멋져 보여요. 그걸로 할게요.

[해설] 남자는 남색 모자가 좋다고 했고 여자가 마지막에 문자 L이 쓰여 있는 모자를 추천했을 때 그걸로 선택하겠다고 했다.

[어휘] popular 인기 있는   letter 글자, 문자

03 B: What are you doing, Mom?

W: I'm trying to send this photo to my friend with a messaging app, but I don't know how to do it.

B: Well, open a chat room with your friend and tap the 'PLUS' button.

W: Okay. I've done that.

B: Then choose the photo and tap the 'SEND' button. That's it! See, you're sending the photo to your friend.

W: Oh! It's not that difficult to send a photo with this app. Thanks.

[해석] B: 뭐 하세요, 엄마?

W: 친구한테 메시지 앱으로 이 사진을 보내려고 하는데 어떻게 하는지 모르겠구나.

B: 음, 친구 분과의 대화방을 열고 '플러스' 버튼을 누르세요.

W: 그래. 했어.

B: 그리고 사진을 선택해서 '보내기' 버튼을 누르면 돼요. 그게 다예요! 보세요, 엄마가 지금 친구한테 사진을 보내고 있죠.

W: 오! 이 앱으로 사진을 보내는 것은 그렇게 어렵지 않구나. 고맙다.

[해설] 메시지 앱으로 사진 보내는 방법을 모르겠다는 엄마에게 아들이 그 방법을 설명하고 있다.

[어휘] chat 대화   tap (가볍게) 두드리다

04 M: I've heard that you're going to Hong Kong.

W: Yes, I am. I'm going there this weekend.

M: What are you going to do there?

W: I'm planning to go to Disney Land.

M: Really? I bet you really like Disney cartoons and movies, don't you?

W: Yes. I can't wait to see all the Disney cartoon characters.

[해석] M: 네가 홍콩에 간다는 이야기를 들었어.

W: 응, 맞아. 나 이번 주말에 거기에 가.

M: 거기서 무엇을 할 거야?

W: 나는 디즈니랜드에 갈 계획이야.

M: 정말? 나는 네가 디즈니 만화와 영화를 진짜 좋아한다고 확신해, 그렇지 않니?

W: 응. 나는 모든 디즈니 만화 등장인물들을 얼른 보고 싶어.

[해설] I can't wait to …는 '~을 몹시/얼른 하고 싶다'라는 의미로 기대를 표현하는 말이다.

[어휘] cartoon 만화   character 등장인물

05 M: Hello, everyone. I'd like to introduce my favorite movie. I watched it three days ago, and it's still playing in theaters. This movie is about a boy who is chasing a dream. I was touched the most when the boy sang for his grandmother. I loved this movie because all the songs in it made me feel better. I listen to them every day.

[해석] M: 안녕하세요, 여러분. 저는 제가 가장 좋아하는 영화를 소개하고 싶습니다. 저는 그것을 3일 전에 봤는데 그 영화는 아직 영화관에서 상영 중입니다. 이 영화는 꿈을 좇는 한 소년에 대한 내용입니다. 그 소년이 할머니를 위해 노래를 부를 때 저는 가장 감동을 받았습니다. 이 안에 나오는 모든 노래들이 제 기분을 좋게 만들어 줘서 저는 이 영화가 아주 좋았습니다. 저는 매일 그 노래들을 듣습니다.

[해설] 영화를 본 시기, 영화의 내용, 가장 감동받은 장면, 영화를 좋아하는 이유는 언급되었지만, 영화 제목은 언급되지 않았다.

[어휘] introduce 소개하다   still 여전히   play 상영하다
chase 좇다, 쫓다   touched 감동한

06 M: How may I help you?

W: Hi. There are no towels left in my room. Could anyone bring some?

M: Sure. We have big ones and small ones. What kind do you want?

W: I want big ones.

M: Okay. Do you need anything else?

W: Well, I'm going to walk around here tomorrow. Can I have a map of Seoul?

M: Of course. We will bring you some towels and a map soon.

해석 M: 무엇을 도와드릴까요?

W: 안녕하세요. 제 방에 남은 수건이 없는데요. 누군가가 좀 가져다주실 수 있을까요?

M: 물론이죠. 저희는 큰 수건과 작은 수건이 있습니다. 어느 종류를 원하시나요?

W: 큰 것으로 주세요.

M: 알겠습니다. 더 필요한 것 있으세요?

W: 음, 내일 저는 주변을 돌아다녀 볼 거예요. 서울 지도를 하나 얻을 수 있을까요?

M: 물론이죠. 수건과 지도를 곧 가져다드리겠습니다.

① 호텔 ② 약국 ③ 은행 ④ 백화점 ⑤ 안내 센터

해설 방으로 수건을 가져다달라는 여자의 요청에 알았다고 대답하며 더 필요한 것이 있는지 묻는 남자의 말로 보아 호텔에서 이루어지는 대화로 볼 수 있다.

07 W: What are you reading?

M: I'm reading an article about the super moon. Have you heard about it? It's supposed to rise tonight.

W: No, I haven't, but I'm curious about it. Do you have any special plans for tonight?

M: I usually jog then rest at night, but I want to go see the super moon.

W: So do I! Let's go see what it looks like.

해설 W: 무엇을 읽고 있니?

M: 난 슈퍼문에 대한 기사를 읽고 있어. 너 그것에 관해 들어봤니? 그것이 오늘 밤에 뜰 예정이래.

W: 아니, 들어 본 적은 없지만 그것에 관해 궁금해. 너 오늘 밤에 특별한 계획 있니?

M: 난 밤에 보통 조깅하고 쉬지만, 오늘은 슈퍼문을 보러 나가고 싶어.

W: 나도 그래! 가서 어떻게 생겼는지 보자.

해설 슈퍼문을 보러 나가고 싶다는 남자의 말에 여자가 자신도 그러하다며 보러 가자고 답했으므로 두 사람은 달을 관찰하러 나갈 것이다.

어휘 article 기사 rise 뜨다 jog 조깅하다

08 B: I'm home, Mom.

W: Tom, what's wrong? You look different today.

B: Well, I had an argument with my friend, Sue.

W: Oh, did you? You were getting along with her, right?

B: Yes, but we talked about the history exam. And I think I upset her.

W: Oh, sorry to hear that. Keep your chin up.

Why don't you apologize to her when you go to school tomorrow?

B: Yeah, I think I should do that.

해설 B: 저 집에 왔어요, 엄마.

W: Tom, 무슨 일 있니? 오늘 좀 달라 보이는구나.

B: 음, 저 오늘 제 친구 Sue와 말다툼했어요.

W: 오, 그랬니? 너는 그 애와 잘 지냈잖아, 그렇지?

B: 네, 하지만 저희는 역사 시험에 대해 이야기했어요. 그리고 제가 그녀를 화나게 한 것 같아요.

W: 오, 그것 참 유감이구나. 힘내. 내일 학교에 가면 그녀에게 사과하는 것이 어떨까?

B: 네, 그렇게 해야 할 것 같아요.

① 수줍음을 많이 타는 ② 행복한 ③ 걱정스러워 하는 ④ 신이 난 ⑤ 지루한

해설 남자가 친구와 말다툼을 했는데 내일 학교에 가서 사과해야겠다는 말로 보아 걱정스러워 하고 있음을 알 수 있다.

어휘 argument 언쟁, 말다툼 upset 화나게 하다
get along with ~와 잘 지내다
keep one's chin up 힘을 내다 apologize 사과하다

09 B: Wow, you play tennis well. Did you take lessons?

G: Thanks. I took lessons before, and I like it. Actually, I find all ball sports really fun.

B: Oh, then do you want to be a tennis player?

G: I think that I like teaching tennis more than just playing it. So I want to teach tennis in the future.

B: Oh, I think you'll be good at teaching it as well.

해설 B: 와, 너 테니스 잘 친다. 수업을 받았었니?

G: 고마워. 전에 수업을 받기도 했었고 테니스 치는 걸 좋아해. 사실 나는 공으로 하는 모든 운동이 재미있어.

B: 오, 그러면 넌 테니스 선수가 되고 싶니?

G: 나는 단지 테니스를 치는 것보다 가르치는 것이 더 좋은 것 같아. 그래서 미래에 테니스를 가르치고 싶어.

B: 오, 너는 가르치는 것도 잘할 것 같아.

해설 여자는 테니스를 치는 것보다 가르치는 것이 더 좋아서 미래에 테니스를 가르치고 싶다고 했다.

10 W: Look at this picture. It looks like somebody's room. There is a bed on the left with two pillows on it. There is a table next to the bed, and you can see a few books and pencils on it. The box under the table is as big as a pillow. You can see some balls like soccer balls and basketballs on the floor.

W: 이 그림을 보세요. 누군가의 방처럼 보이죠. 왼쪽에 베개 두 개가 올라가 있는 침대가 하나 있습니다. 침대 옆에 탁자가 하나 있고 그 위에 몇몇 책과 연필들을 볼 수 있습니다. 탁자 아래에 있는 상자는 베개만큼 큽니다. 바닥에는 축구공과 농구공 같은 몇몇 공들을 볼 수 있습니다.

해설 책상 아래에 베개만큼 큰 상자가 있다고 했으나 그림에는 의자가 있다.

어휘 pillow 베개   floor 바닥

11 M: Wake up, Amy. How come you're still sleeping?
G: Oh, Dad. What's up?
M: Don't you remember that you have a doctor's appointment at 5? It's already 4:30.
G: Oh, I totally forgot about it. Can you give me a ride, Dad? I can get there on time if you drive me to the clinic.
M: Okay. Let's go. Get ready as quickly as possible.
G: Thanks, Dad.

해석 M: 일어나렴, Amy. 어째서 여전히 자고 있니?
G: 오, 아빠. 무슨 일이에요?
M: 너 5시에 진료 예약 있는 거 기억 못하는 거니? 벌써 4시 30분이야.
G: 오, 저 완전히 잊어버렸어요. 저 태워 주실 수 있어요, 아빠? 아빠가 병원까지 태워 주시면 제시간에 도착할 수 있을 것 같아요.
M: 그래. 가자. 가능한 한 빨리 준비해라.
G: 감사해요, 아빠.

해설 진료 예약 시간에 늦을까 봐 걱정한 딸이 병원까지 차로 태워 달라고 부탁하자 아빠가 알겠다고 대답하고 있다.

어휘 how come 도대체 왜, 어째서
doctor's appointment 진료 예약
give ~ a ride ~를 태워 주다   on time 제시간에

12 M: What is your new year's goal?
W: Well, I got pretty bad scores on my English tests. So I want to get good grades this year.
M: So what's your plan?
W: I think studying English every day will be helpful to me, so I'll memorize 10 English words every day.
M: That's a great idea!

해석 M: 네 새해 목표는 뭐니?
W: 음, 난 영어 점수가 꽤 나빴어. 그래서 올해는 좋은 성적을 받고 싶어.

M: 그래서 너의 계획이 뭔데?
W: 매일 영어 공부를 하는 것이 나한테 도움이 될 것 같아서 매일 영어 단어를 10개씩 외울 거야.
M: 그거 좋은 생각이다!

해설 여자는 영어 단어를 매일 10개씩 외우겠다고 했다.

어휘 goal 목표   memorize 외우다

13 W: Hi, can I see your passport and e-ticket please?
M: Here you are.
W: Which seat would you prefer, window or aisle?
M: I'd prefer a window seat.
W: Okay. Do you have any baggage to check in?
M: Yes, one suitcase.
W: Could you put it here, please?
[*A few minutes later*]
W: Here is your boarding pass. Your boarding time is 8:30. Please make sure that you are in front of Gate 7 by 8 o'clock.

해석 W: 안녕하세요, 여권이랑 전자 항공권을 보여 주시겠어요?
M: 여기 있습니다.
W: 창가와 복도 중 어느 좌석을 선호하시나요?
M: 저는 창가 좌석을 선호해요.
W: 알겠습니다. 부치실 짐 있으신가요?
M: 네, 여행 가방이 하나 있습니다.
W: 여행 가방을 여기에 놓아 주시겠어요?
[몇 분 후]
W: 여기 탑승권이 있습니다. 탑승 시간은 8시 30분입니다. 꼭 8시까지 7번 게이트 앞으로 오세요.

해설 여권과 전자 항공권을 확인하고 탑승 정보를 알려주는 것으로 보아 두 사람은 항공사 직원과 손님이다.

어휘 passport 여권   aisle 복도, 통로   baggage 짐
suitcase 여행 가방   boarding pass 탑승권
boarding time 탑승 시각

14 M: Do you know any good Korean restaurants? I have a family gathering next weekend.
W: Yes, I know one. It's near Gangnam Station.
M: Can you explain how to get there?
W: Sure. Go out of exit 3, and you'll see a bank on your left. Go past it and turn left. Then the restaurant will be on your left.
M: Gangnam Station exit 3, past the bank and then left? And then it'll be on my left. Is that right?

W: 응, 훌륭한 곳을 하나 알아. 강남역 근처에 있어.
M: 거기 가는 법을 알려줄 수 있니?
W: 물론이지. 3번 출구로 나가면 왼쪽에 은행이 보일 거야. 그것을 지나서 왼쪽으로 꺾어. 그러고 나면 그 식당이 왼쪽에 있을 거야.
M: 강남역 3번 출구, 은행을 지나서 왼쪽? 그리고 그러면 그것이 내 왼쪽에 있고. 맞지?

해설 강남역 3번 출구로 나왔을 때 왼쪽에 있는 ④가 은행이고, 은행을 지나 왼쪽으로 꺾은 후 왼쪽에 있는 것이 식당이라고 했으므로 정답은 ③이다.

어휘 gathering 모임   exit 출구

15 W: Wow, it snowed a lot yesterday.
M: Yeah, the whole world has turned white. It's beautiful.
W: It is. But the streets will be slippery, so I'm worried that children or old people might slip over. It might be difficult for them to walk on the snow.
M: You're right. Beautiful but dangerous.
W: Well, why don't you go out and clear the snow in front of the house?

해석 W: 와, 어제 눈이 많이 왔네.
M: 응, 모든 세상이 하얗게 변했어. 아름답다.
W: 맞아. 하지만 길이 미끄러울 거야, 그래서 아이들이나 노인들이 미끄러질까봐 걱정스러워. 그들에게는 눈 위에서 걷는 것이 어려울지도 몰라.
M: 네 말이 맞아. 아름답지만 위험하구나.
W: 음, 나가서 집 앞의 눈을 좀 치우는 것이 어때?

해설 눈이 많이 와서 길이 미끄러워져 사람들이 다칠까 봐 걱정하는 여자가 남자에게 나가서 집 앞의 눈을 치우는 것이 어떠냐고 물었다.

어휘 slippery 미끄러운   slip over 미끄러지다

16 M: Here is your bill. The total is $90.
W: Thanks. Oh, I think the bill is wrong. I ordered two steaks, one salad and two glasses of lemonade, not coke. So it shouldn't be $90.
M: Oh, really? Let me check.
[A few minutes later]
M: You're right. Coke is $3 cheaper than lemonade.
W: Then I have to pay $6 more. Is that right?
M: Right. Thanks.

해석 M: 여기 계산서입니다. 총 90달러입니다.
W: 감사합니다. 오, 제 생각에는 계산서가 잘못된 거 같은데요. 저는 스테이크 두 개, 샐러드 한 개 시켰고 콜라가 아니라 레모네이드 두 잔을 시켰어요. 그러니까 90달러일 리 없어요.
M: 오, 정말요? 확인해 보겠습니다.
[몇 분 후]
M: 손님 말씀이 맞네요. 콜라는 레모네이드보다 3달러 저렴합니다.
W: 그러면 제가 6달러 더 내야 하는군요. 맞나요?
M: 맞습니다. 감사합니다.

해설 총 90달러라고 했으나 계산서가 잘못되어 6달러를 더 내야 한다고 했으므로 96달러를 지불해야 한다.

어휘 bill 계산서   total 총액

17 ① W: Have you heard of *Fun Science Quiz Show*?
M: No, I haven't. What's it about?
② W: Don't give up. You're also good at singing.
M: Do you think so? Thank you.
③ G: I can't wait to go on our school picnic.
B: Me neither. I don't like shopping either.
④ G: I'm going to try out for the school music team.
B: Oh, break a leg. You can make it.
⑤ W: Which flavor of ice cream do you like?
M: Chocolate.

해석 ① W: 너는 'Fun Science Quiz Show'라는 것을 들어 본 적이 있니?
M: 아니, 들어 본 적 없어. 무슨 내용이니?
② W: 포기하지 마. 너도 노래 잘 부르잖아.
M: 그렇게 생각하니? 고마워.
③ G: 나는 학교 소풍 가는 것이 몹시 기다려져.
B: 나도. 나도 쇼핑하는 것을 싫어해.
④ G: 나는 학교 뮤지컬 팀에 지원하려고 해.
B: 오, 행운을 빌어. 너는 해낼 수 있을 거야.
⑤ W: 어떤 맛의 아이스크림을 좋아하니?
M: 초콜릿 맛을 좋아해.

해설 ③ 학교 소풍이 몹시 기다려진다는 여자의 말에 자신도 그렇다고 대답한 후 쇼핑하는 것을 싫어 한다고 말하는 것은 자연스럽지 않다.

어휘 give up 포기하다   try out for ~에 지원하다
break a leg 행운을 빌어   flavor 맛

18 M: What's wrong with your eyes? Your left eye is red.
W: Is it? It really hurts. I don't know what happened.

M: Are you wearing contact lenses?

W: Yes. Although my doctor recommend glasses, not contact lenses, I don't like wearing glasses.

M: But you should take off your lenses for now. Otherwise, they'll hurt you more.

해석 M: 네 눈 왜 그래? 왼쪽 눈이 빨개.

W: 그래? 진짜 아파. 왜 그런지 모르겠어.

M: 콘택트렌즈를 끼고 있니?

W: 응. 의사는 렌즈가 아니라 안경 쓰는 것을 권장했지만 나는 안경 쓰는 것이 싫어.

M: 그렇지만 지금은 렌즈를 빼야 해. 그렇지 않으면 더 아플 거야.

해설 ① 여자의 왼쪽 눈이 빨갛다. ② 여자는 눈이 아픈 이유를 모른다고 했다. ③ 여자는 콘택트렌즈를 끼고 있다. ④ 의사가 안경 쓰는 것을 권장했지만 여자는 따르지 않았다.

어휘 recommend 추천하다, 권장하다   take off 벗다 otherwise 그렇지 않으면

19 [Cell phone rings.]

G: What's up, dad?

M: Sally, where are you?

G: I'm on the subway back home.

M: Do you have an umbrella?

G: No, I don't.

M: It's raining so hard that you can't come home without an umbrella.

G: Oh, what should I do? Can you pick me up at the subway station?

M: _____

해석 [휴대 전화가 울린다.]

G: 무슨 일이에요, 아빠?

M: Sally, 어디니?

G: 저 집에 가는 지하철 안이에요.

M: 우산 있니?

G: 아니요, 없어요.

M: 비가 너무 많이 와서 넌 우산 없이는 집에 올 수 없어.

G: 오, 어쩌죠? 지하철역에서 저를 태워 주실 수 있어요?

M: 물론이지. 언제쯤 거기 도착하니?

② 너는 왜 우산을 샀니?

③ 물론이지. 너는 버스를 타야 해.

④ 응, 그럼. 나 우산 없어.

⑤ 그래. 내일 너를 데리러 갈게.

해설 여자의 마지막 말이 지하철역에서 태워 달라는 것이므로 남자가 여자에게 언제 도착하는지 물어보는 것이 가장 적절하다.

20 M: What are you doing?

W: I'm watching a soccer match with my favorite soccer team.

M: Oh, which do you like more, watching soccer or playing it?

W: Well, I like both. But I think I like playing more.

M: Wow, I didn't know that.

W: How about you? Which sport are you interested in?

M: _____

해석 M: 뭐 하고 있니?

W: 나는 내가 가장 좋아하는 축구팀의 축구 경기를 보는 중이야.

M: 오, 축구 보는 것이랑 하는 것 중에 무엇을 더 좋아해?

W: 음, 나는 둘 다 좋아해. 하지만 나는 축구 하는 것을 더 좋아하는 것 같아.

M: 와, 그건 몰랐어.

W: 너는? 너는 어느 운동에 관심이 있니?

M: 볼링, 그래서 나는 일주일에 두 번씩 볼링을 치러 가.

① 아니, 난 내가 운동을 좋아하는 것 같지 않아.

② 축구 하는 것? 흥미롭겠다!

③ 나는 축구팀들에 전혀 관심이 없어.

⑤ 어째서 너는 축구 보는 것을 안 좋아했니?

해설 여자가 마지막에 어느 운동에 관심이 있느냐고 물었으므로 관심 있는 운동이 무엇인지 대답하는 것이 적절하다.

어휘 match 경기

듣기평가 2회   pp. 98-99

01 ①	02 ②	03 ②	04 ⑤	05 ④
06 ③	07 ②	08 ⑤	09 ②	10 ⑤
11 ①	12 ③	13 ④	14 ②	15 ⑤
16 ②	17 ③	18 ①	19 ⑤	20 ④

01 W: Good evening. This is the weather report. We've had cloud and fine dust for the last few days. But tomorrow will be a beautiful sunny day, perfect for spending outside. This weather will continue until Saturday. On Sunday, it's likely to rain or snow.

해석 W: 안녕하세요. 기상 예보입니다. 지난 며칠 동안 흐리고 미세먼지가 있었죠. 하지만 내일은 맑고 화창할 것이며 외부 활동을 하기에 완벽한 날씨가 될 것입니다. 이런 날씨는 토요일까지 지속될 예정입니다. 일요일에는 비나 눈이 내릴 가능성이 있습니다.

해설 화창한 날이 토요일까지 지속될 것이라고 했다.

어휘 fine dust 미세먼지   continue 계속되다

02 W: I went to the store yesterday, and most of the vases there were on sale.
M: Really? Did you buy anything?
W: Yes, I bought one. It's a long white vase with a striped pattern on it.
M: I see.
W: Even though I wanted to buy a black one, it wasn't on sale. So I bought the white one.

해석 W: 어제 가게에 다녀왔는데 그곳의 대부분의 꽃병이 할인 중이더라고.
M: 그래? 뭔가 샀어?
W: 응, 하나 샀어. 줄무늬가 있는 긴 흰색의 꽃병이야.
M: 그렇구나.
W: 나는 검은색을 사고 싶었지만, 그건 할인 중이 아니었어. 그래서 흰색을 샀어.

해설 여자는 줄무늬가 있는 긴 흰색 꽃병을 샀다고 했다.

어휘 on sale 할인 중인   striped pattern 줄무늬

03 G: Dad, what does this word mean?
M: Which one? Ah, that means that he studies day and night.
G: Okay. I was reading a newspaper and I found so many difficult words.
M: Well, in my opinion, it will help you to read a lot of books. That way, you'll learn a lot of words naturally.
G: Reading books?
M: Yes, why don't you start with this one?

해석 G: 아빠, 이 단어가 무슨 뜻이에요?
M: 어느 것 말이니? 아, 이것은 이 사람이 밤낮으로 공부를 한다는 의미란다.
G: 그렇군요. 저는 신문을 읽고 있었는데 어려운 단어를 너무 많이 찾았어요.
M: 음, 내 생각에는 책을 많이 읽는 것이 네게 도움이 될 것 같구나. 그 방법으로 너는 많은 단어를 자연스럽게 익힐 수 있단다.
G: 책을 읽는 것이요?

M: 응, 이 책으로 시작하는 것이 어떠니?

해설 신문을 읽는데 어려운 단어가 너무 많다는 딸에게 아빠는 책을 많이 읽으면 단어를 자연스럽게 익힐 수 있다며 책을 많이 읽어야 한다고 주장하고 있다.

04 M: What are you going to do this weekend?
W: I might meet Andy this Saturday. How about you?
M: I'm going to climb a mountain and take some pictures there.
W: That sounds fun!
M: Yeah, so is it okay if I borrow your camera?
W: Well, I'm afraid not. How come you didn't ask me earlier? I've already promised to lend it to Andy.

해석 M: 너 이번 주말에 뭐 할 거야?
W: 나는 아마 이번 주 토요일에 Andy를 만날 거야. 너는?
M: 난 등산을 가서 거기서 사진을 좀 찍어 보려고 해.
W: 재밌겠다!
M: 응, 그래서 말인데 네 카메라를 빌릴 수 있을까?
W: 음, 미안하지만 안 돼. 어째서 더 일찍 묻지 않았니? 나는 이미 Andy한테 카메라를 빌려주겠다고 약속했어.

해설 카메라를 빌려달라는 남자의 말에 여자는 이미 Andy에게 빌려주기로 약속해서 안 된다며 거절하고 있다.

05 M: I will have a garage sale in front of my house with my neighbors this Sunday, on the 30th of October. It will last from 9 a.m. to 6 p.m. There will be books, clothes, and some plates. I'm sure you'll love the items. I'm doing this to raise money for charity. Please come and join us.

해석 M: 저는 이번 주 일요일인 10월 30일에 이웃들과 함께 저희 집 앞에서 중고 물품을 판매하려고 합니다. 오전 9시부터 오후 6시까지 계속될 예정이고요. 책, 옷, 몇몇 접시들이 있을 것입니다. 여러분이 물품들을 좋아하실 거라고 확신합니다. 저는 자선 목적의 기금을 마련하기 위해서 이것을 진행합니다. 와서 참여해 주세요.

해설 행사 날짜, 행사 시간, 판매 물품과 행사 목적은 언급되었지만 물품의 가격은 언급되지 않았다.

어휘 garage sale 중고 물품 판매
raise money for charity 자선 목적의 기금을 마련하다

06 [Cell phone rings.]
W: Hi, Jonathan. What's up? We're supposed to

meet at 12 p.m.

M: Yes, we are. But my mom made me pick up my little brother because she isn't able to do so now. So is it okay if we meet an hour later?

W: Sure. Is one hour enough for you?

M: Yes, I think so.

W: Okay. I'll be in front of City Hall then.

M: Thanks very much. See you.

[해석] [휴대 전화가 울린다.]

W: 안녕, Jonathan. 무슨 일이야? 우리 12시에 만나기로 했잖아.

M: 응, 맞아. 그런데 엄마가 지금 남동생을 데리러 가실 수 없어서 내가 그렇게 하도록 시키셨어. 그래서 우리 한 시간 늦게 만나도 될까?

W: 물론이지. 한 시간이면 충분하니?

M: 응, 그럴 것 같아.

W: 알았어. 그때 나는 시청 앞에 있을게.

M: 정말 고마워. 이따 보자.

[해설] 12시에 만나기로 했으나 1시간 늦게 만나도 괜찮은지 묻는 남자의 말에 여자가 괜찮다고 했으므로 두 사람은 1시에 만날 것이다.

[어휘] pick up ~를 (차에) 태우러 가다   enough 충분한

07 M: Hey, Helen.

W: Oh, I didn't know that you were here.

M: How come you didn't notice me? Oh, You were totally focused on this movie. What's it about?

W: It's about an Indian guy who cooks French food.

M: Are you interested in cooking?

W: Yes, I am. I want to run my own restaurant in the future, as a cook.

[해석] M: 안녕, Helen.

W: 오, 네가 여기 있는지 몰랐어.

M: 어째서 나를 알아차리지 못했니? 아, 너 완전히 이 영화에 집중하고 있었구나. 무슨 내용이니?

W: 프랑스 요리를 하는 인도 남자에 관한 내용이야.

M: 너는 요리에 관심이 있니?

W: 응, 맞아. 나는 미래에 요리사로서 나의 식당을 운영하고 싶어.

① 연기자 ② 요리사 ③ 바리스타 ④ 파티시에
⑤ 영화감독

[해설] 여자는 마지막에 요리사로서 자신의 식당을 운영하고 싶다고 했다.

[어휘] notice ~을 의식하다, 알아차리다   run 운영하다

08 M: I think I have to buy this snack for my sister.

W: Okay. I'll wait here, so go pay for it.

M: Hmm, wait. I can't find my wallet.

W: Are you sure you took it when you left home?

M: I think so. I haven't taken it out since I left the house.

W: Well, try to look for it a bit more. I'm sure it'll be in your bag.

[해석] M: 내 여동생을 위해 이 과자를 사야겠어.

W: 알았어. 여기서 기다릴 테니 가서 계산해.

M: 흠, 잠깐. 지갑을 못 찾겠어.

W: 네가 집에서 나올 때 그것을 챙긴 것은 확실하니?

M: 그런 것 같아. 집에서 나온 이후에는 그것을 꺼내지 않았어.

W: 음, 조금 더 찾아 봐. 그것이 가방 안에 있을 거라고 확신해.

① 행복한 ② 지루한 ③ 무서워하는 ④ 자랑스러운
⑤ 당황스러운

[해설] 간식을 사려는데 지갑을 찾을 수 없어 당황스러울 것이다.

[어휘] wallet 지갑   take out 꺼내다

09 W: I dropped by at the supermarket and bought some groceries.

M: Oh, did you? Let's make curry and rice for dinner tonight.

W: Sounds great! Oh, aren't there any carrots left at home? I thought we had some carrots.

M: I don't think so. We need to buy some.

W: It's already 7 o'clock. We should go to the supermarket before it closes.

M: Okay. Let's go.

[해석] W: 슈퍼마켓에 들러서 식료품을 좀 샀어.

M: 오, 그랬어? 오늘 저녁 식사로 카레라이스를 만들자.

W: 좋아! 이런, 집에 남은 당근이 없어? 당근이 있다고 생각했는데.

M: 아닐걸. 당근을 좀 사야겠어.

W: 벌써 7시야. 슈퍼마켓이 문 닫기 전에 가는 게 좋겠어.

M: 그래. 가자.

[해설] 카레라이스를 만들려는데 당근이 없다는 것을 알고 슈퍼마켓에 가자는 여자의 말에 남자가 동의하고 있다.

[어휘] drop by 들르다   grocery 식료품

10 G: Dad, I'm looking forward to going camping with my friends tomorrow.

M: That sounds fun! Did you put some jackets and blankets in your bag? It will be cold.

G: Yes, I did. I even took a lantern because it will get dark.

M: Good. How about water and food?

G: I put some bottles of water in my bag, and my friends and I will visit a market on the way to the camping site to buy some food.

M: That's a good plan.

해석 G: 아빠, 저 내일 친구들이랑 가는 캠핑이 정말 기대돼요.

M: 재밌겠구나! 재킷과 담요는 가방에 챙겼니? 추울 거야.

G: 네, 챙겼어요. 어두워질 테니까 손전등도 챙겼어요.

M: 잘했어. 물과 음식은?

G: 물을 몇 병 가방에 넣었고, 친구들과 캠핑장 가는 길에 음식을 사러 시장을 방문하기로 했어요.

M: 훌륭한 계획이구나.

① 옷 ② 담요 ③ 손전등 ④ 물 ⑤ 음식

해설 재킷과 담요, 손전등과 물은 가방에 챙겼고 음식은 가는 길에 친구들과 시장을 방문해 사기로 했다.

어휘 blanket 담요   lantern 손전등   camping site 캠핑장

11 M: Look at this plant! Isn't it yours?

W: Yeah, it is. Actually, my friend sent it to me, so I'm growing it now.

M: Are you? What do you have to do for it?

W: I just water it twice a week, and try to have it get a lot of sun.

M: Wow, you seem to be growing it well.

W: I sometimes clean its leaves as well.

해석 M: 이 식물 좀 봐. 네 것 아니니?

W: 응, 맞아. 사실 친구가 나한테 이것을 보내 줘서 지금 기르고 있어.

M: 그래? 그것을 위해서 무엇을 해 줘야 해?

W: 난 그저 일주일에 두 번 물을 주고, 햇빛을 많이 받게 하려고 해.

M: 와, 너 꽤 잘 키우고 있는 것 같아.

W: 난 또한 가끔 잎들을 닦아 주기도 해.

해설 일주일에 두 번 물을 주고 햇빛을 많이 받게 하고 가끔 잎들을 닦아 주는 것은 식물을 키우는 방법이다.

어휘 water 물을 주다   get sun 햇볕을 쬐다

12 [Telephone rings.]

M: Hello. This is BCQ Chicken.

W: Hello, I called and ordered fried chicken about 3 minutes ago.

M: Okay. Under which phone number did you make the order?

W: 0101112222. I forgot to order two cans of coke. Could you bring them with fried chicken?

M: Sure. The delivery man will be at your home in 20 minutes.

W: Thank you.

해석 [전화가 울린다.]

M: 여보세요. BCQ Chicken입니다.

W: 여보세요, 저는 약 3분 전에 전화해서 프라이드 치킨을 시켰는데요.

M: 네. 전화번호 몇 번으로 주문하셨죠?

W: 0101112222인데요. 제가 콜라 두 캔을 시키는 것을 잊었네요. 프라이드 치킨과 함께 가져다주실 수 있나요?

M: 물론이죠. 배달하는 분이 약 20분 안에 댁에 도착할 것입니다.

W: 감사합니다.

해설 3분 전에 치킨을 주문할 때 콜라 두 캔을 포함하는 것을 잊었다며 콜라를 주문하고 있다.

어휘 delivery 배달

13 G: Excuse me, Mr. Sparks.

M: Oh, Ellison. What's up? Do you have something to say?

G: Yes, I do. I didn't know that the science report was due today.

M: How come you didn't know?

G: Because I was absent last class.

M: Oh, so you haven't finished the report yet?

G: I'm sorry. Can I hand it in tomorrow?

M: Well, okay. But make sure you do hand it in tomorrow.

해석 G: 실례합니다. Sparks 선생님.

M: 오, Ellison. 무슨 일이니? 할 말이 있니?

G: 네, 맞아요. 과학 보고서의 제출 마감이 오늘까지인지 몰랐어요.

M: 어떻게 몰랐니?

G: 왜냐하면 제가 지난 시간에 결석을 했거든요.

M: 오, 그래서 너는 보고서를 아직 끝내지 않았니?

G: 죄송해요. 보고서를 내일 제출해도 될까요?

M: 음, 알았다. 하지만 꼭 내일 제출하도록 하렴.

해설 과학 보고서의 제출 기한을 내일까지 연장해 달라는 내용으로 보아 두 사람은 교사와 학생이다.

어휘 due 예정된 absent 결석한 hand in 제출하다

14 [*Telephone rings.*]

M: This is Paris.

W: Hello. I'm on my way to the restaurant, but I can't find it.

M: Okay. Where are you now?

W: I've come out of Main Station, and there's a bakery on my right.

M: Oh, we're not far from there. First, turn right and walk straight for about 2 minutes. Then the restaurant will be on your left, right opposite the post office.

W: Opposite the post office? Okay. Thanks.

해석 [전화가 울린다.]

M: Paris입니다.

W: 안녕하세요. 저는 그 식당으로 가는 중인데, 못 찾겠어요.

M: 알겠습니다. 지금 어디 계세요?

W: Main 역에서 나왔고, 오른쪽에 빵집이 하나 있어요.

M: 오, 거기서 그렇게 멀지 않아요. 먼저, 오른쪽으로 꺾으셔서 약 2분 정도 쭉 걸어오세요. 그러면 식당은 손님의 왼쪽, 우체국의 바로 반대편에 있어요.

W: 우체국 반대편이요? 알겠습니다. 감사합니다.

해설 식당은 현재 위치한 곳에서 오른쪽으로 꺾은 후 2분 정도 앞으로 쭉 걸어서 왼쪽, 즉 우체국 반대편에 있는 ②라는 것을 알 수 있다.

어휘 opposite 반대편

15 W: How come you're scratching yourself?

M: I feel itchy all over my body. Are there peanuts in this food?

W: Well, I think there are some peanuts in it. Do you have an allergy or something?

M: Yes, I have an allergy to peanuts.

W: Do you have any pills for it?

M: No, not now. I have them at home. Can you go to a drug store and get me some?

W: Of course. I'll be back soon.

해석 W: 어째서 너는 몸을 긁고 있니?

M: 나 온몸이 간지러워. 이 음식에 땅콩이 들어 있니?

W: 음, 땅콩이 조금 들어 있을 것 같아. 너 알레르기 같은 거 있니?

M: 응, 나 땅콩 알레르기 있어.

W: 너 약 가지고 있니?

M: 아니, 지금은 없어. 집에 있어. 네가 약국에 가서 좀 사다 줄 수 있니?

W: 물론이지. 곧 돌아올게.

해설 남자가 여자에게 약국에 가서 알레르기 약을 사다 줄 것을 요청했다.

어휘 itchy 간지러운 peanut 땅콩 allergy 알레르기
pill 약 drug store 약국

16 M: Can I get your order?

W: Yes, I'll have two tacos first. What drinks do you have?

M: Well, we have fruit juice, coke, and water. Which one do you want to drink?

W: Then I'll take a bottle of water. How much is that?

M: A taco is $8, and a bottle of water is $3. But a taco and water set costs $10. So you only need to pay for a set and one more taco.

W: Right. $10 for the set and $8 for the taco. Here you are.

해석 M: 주문하시겠습니까?

W: 네, 먼저 타코 두 개 주시구요. 음료수는 뭐가 있나요?

M: 음, 과일 주스, 콜라, 그리고 물이 있습니다. 어떤 음료를 원하십니까?

W: 그러면 저는 물 한 병 주문할게요. 얼마예요?

M: 타코는 하나에 8달러이고, 물은 한 병에 3달러입니다. 하지만 타코 하나와 물 한 병으로 이루어진 세트는 10달러입니다. 그러니까 세트 하나와 타코 하나 값만 지불하시면 됩니다.

W: 그렇군요. 세트 하나에 10달러와 타코 하나에 8달러. 여기 있어요.

해설 여자가 주문한 것은 타코 두 개(16달러)와 물 한 병(3달러)인데 남자는 타코 하나와 물 한 병으로 이루어진 세트(10달러)에 타코 하나(8달러)를 추가한 금액으로 지불하면 된다고 했다. 따라서 여자가 지불해야 할 금액은 18달러이다.

어휘 cost (값, 비용이) 들다

17 M: Do you have any plans for tomorrow?

W: No, nothing special. What's up?

M: Well, this Saturday is my girlfriend's birthday. I don't know what to buy for her.

W: So do you want me to help you buy her present?

M: Yes, can you do that for me? I really need your help.

W: Sure. Let me help you. In fact, it will be fun for me, too.

[해석] M: 내일 계획 있니?

W: 아니, 특별한 건 없어. 무슨 일이야?

M: 음, 이번 주 토요일이 내 여자 친구 생일이거든. 난 그녀를 위해 무엇을 사야 할지 모르겠어.

W: 그래서 내가 네가 그녀의 선물 사는 것을 도와주길 원하는 거야?

M: 응, 해 줄 수 있겠니? 난 정말 너의 도움이 필요해.

W: 물론이지. 내가 너를 도와줄게. 사실, 나에게도 재미있을 것 같아.

[해설] 남자가 자신의 여자 친구의 생일 선물을 사는 것을 여자에게 도와달라고 부탁하고 있다

18 W: Everybody has more than one of this in the house, especially in bedrooms. Although it comes in many different shapes, it's usually square or round. We usually put our head on it or hug it when we sleep. Most people put it on their bed. What is it?

[해석] W: 모든 사람이 집, 특히 침실에 하나 이상의 이것을 가지고 있습니다. 그것은 매우 다양한 모양이지만 주로 사각형 아니면 원형 입니다. 우리는 보통 잠을 잘 때 이것 위에 머리를 올리거나 이것을 껴안습니다. 대부분의 사람들은 이것을 그들의 침대 위에 올려 둡니다. 이것은 무엇일까요?

① 베개 ② 카펫 ③ 인형 ④ 커튼 ⑤ 수건

[해설] 주로 침실, 침대 위에 있고 사람들이 잘 때 이것 위에 머리를 올려 둔다고 했으므로 베개를 가리킨다.

[어휘] especially 특히 shape 모양 hug 껴안다

19 W: Wow. Those books look really heavy.

M: Yes. They are heavy, but I have to return them to the library by today.

W: Oh, okay. You borrowed too many books.

M: I think I did. I need to go. I'm in a hurry.

W: Wait, do you need some help? I can help you.

M: Really? Thank you very much.

W: _____

[해석] W: 와. 그 책들은 굉장히 무거워 보인다.

M: 응. 이것들 무거워, 하지만 난 이것들을 오늘까지 도서관에 반납해야 해.

W: 오, 알았어. 네가 책을 너무 많이 빌렸구나.

M: 그런 것 같아. 나 가 봐야 해. 나는 바빠.

W: 잠깐, 도움이 좀 필요하니? 내가 도와줄 수 있어.

M: 진짜? 정말 고마워.

W: 천만에. 도와줄 수 있어서 기뻐.

① 그 책에 대해 들어 본 적이 있니?

② 나는 너를 도와줄 시간이 없어. 미안해.

③ 너 언제 도서관에 갈 거니?

④ 응, 있어. 많은 책들이 있어.

[해설] 도움이 필요하면 도울 수 있다는 여자의 말에 남자가 고맙다고 대답했으므로 감사에 답하는 말이 이어지는 것이 적절하다.

20 W: Why do you have such a long face?

M: Hi, Jane. I think I've lost my cell phone.

W: Oh, really? Sorry to hear that.

M: I'm sure I took it from home this morning, but I don't have it now.

W: Hmm. Do you think you might have left it on the subway?

M: Well, that's possible. Then what should I do?

W: _____

[해석] W: 왜 그렇게 시무룩한 표정을 하고 있니?

M: 안녕, Jane. 내가 휴대 전화를 잃어버린 거 같아.

W: 오, 정말? 그것 참 유감이구나.

M: 나는 아침에 확실히 휴대 전화를 집에서 가지고 나왔는데, 지금은 없어.

W: 음, 지하철에 그것을 놓고 내렸을지도 모른다고 생각하니?

M: 음, 가능성이 있어. 그러면 어떻게 해야 하지?

W: 분실물 보관소에 전화해 보자.

① 너는 어떤 버스 탔었니?

② 너의 지도를 어디다가 두었니?

③ 우리가 휴대 전화를 고쳐 보는 것이 어때?

⑤ 모든 것이 다 잘 될 거야, 그러니 포기하지 마.

[해설] 남자가 휴대 전화를 지하철에 두고 내렸을 가능성이 있다고 했으므로 분실물 보관소에 연락해 보자는 말이 이어지는 것이 적절하다.

[어휘] long face 시무룩한 얼굴
lost and found center 분실물 보관소

01 ②	02 ③	03 ②	04 ⑤	05 ④
06 ①	07 ④	08 ③	09 ③	10 ④
11 ④	12 ②	13 ③	14 ⑤	15 ①
16 ②	17 ②	18 ③	19 ⑤	20 ⑤

01 W: Good evening, everyone. This is Amy Park with MBS weather report. Today, it was sunny all day across the whole country. Tomorrow, we'll have some rain in Seoul and Gyeonggi areas. But in Busan it will be cloudy unlike in central areas. On Jeju Island, there will be sunny skies like today.

해석 W: 여러분, 좋은 저녁입니다. 저는 MBS 일기 예보의 Amy Park입니다. 오늘 전국이 하루 종일 맑았죠. 내일은 서울과 경기 지역에 비가 조금 내리겠습니다. 하지만 부산은 중부와는 다르게 흐리겠습니다. 제주도는 오늘처럼 맑은 날씨가 이어지겠습니다.

해설 내일 부산은 서울, 경기 지역(비가 내릴 예정)과 달리 흐릴 것이라고 했다.

어휘 weather 날씨   whole 전체의   central 중앙의

02 M: Let me describe something. This is a means of transportation. People in big cities use it a lot. It carries many people at a time. When you use it, there are no traffic jams because it travels underground. In Seoul, it has more than nine lines. What is it?

해석 M: 제가 무언가를 묘사해 보죠. 이것은 운송 수단입니다. 대도시의 사람들은 이것을 많이 이용합니다. 이것은 한 번에 많은 사람들을 실어 나릅니다. 여러분이 이것을 이용할 때, 이것은 지하로 다니기 때문에 교통 체증이 없습니다. 서울에는 이것이 9개 이상의 노선이 있습니다. 이것은 무엇일까요?
① 버스 ② 택시 ③ 지하철 ④ 자전거 ⑤ 비행기

해설 운송 수단의 한 가지로, 대도시 사람들이 많이 이용하고 한 번에 많은 사람들을 실어 나르며 지하로 다녀서 교통 체증이 없는 것은 지하철(subway)이다.

어휘 means 수단   transportation 운송   at a time 한 번에   traffic jam 교통 체증   underground 지하로

03 M: Have you ever heard of Henri Matisse?
G: Yes, I have. He's one of the most famous painters in history.
M: That's true. Today we're going to find out what's special about his art.
G: Okay, sounds interesting!
M: After this class, you'll be given project work where you need to work together. Alright?

해석 M: 앙리 마티스에 대해 들어 본 적 있나요?
G: 네, 들어 봤어요. 그는 역사상 가장 유명한 화가 중 한 명이에요.
M: 맞아요. 오늘 우리는 그의 예술에서 어떤 점이 특별한지에 대해 알아볼 거예요.
G: 알겠어요, 재밌을 것 같아요!
M: 이 수업이 끝난 후 여러분은 함께 작업해야 하는 과제를 받게 될 거예요. 알겠죠?

해설 수업, 과제라는 말에서 선생님과 학생 사이의 대화임을 알 수 있다.

04 B: Hey, are you going to try out for the school band?
G: I'm not sure.
B: Why not? You're the best guitar player in our class!
G: I heard that Jennifer is also trying out for the band. You know how good she is.
B: Well, you're also good at it, so don't worry and just give it a try. I'm sure you'll get into the band.

해석 B: 얘, 너 학교 밴드에 지원할 거야?
G: 잘 모르겠어.
B: 왜 몰라? 네가 우리 반에서 최고의 기타 연주자잖아!
G: Jennifer도 밴드에 지원한다고 들었어. 그녀가 정말 잘하는 거 너도 알잖아.
B: 음, 너도 잘하니까 걱정하지 말고 한번 시도해 봐. 나는 네가 밴드에 꼭 들어갈 거라고 확신해.
① 행복한 ② 지루한 ③ 희망찬 ④ 신이 난 ⑤ 걱정하는

해설 여자는 학교 밴드에 지원하고 싶지만 다른 뛰어난 기타 연주자도 지원한다는 사실에 의기소침해서 걱정하고 있다.

어휘 try out for ~에 지원하다   give it a try 시도해 보다

05 W: Tom, have you heard about the Asian Cup?
M: Yes, I have. Actually, tonight there will be a semi-final game between Korea and Japan.
W: It will be so fun. What time does it start?

M: It starts at 8 o'clock. Do you want to watch it together at my place? Jenny and Dave will also come.

W: Sounds good. I'll come to your house 30 minutes before the game starts. I can't wait to see it.

해석 W: Tom, 아시안컵에 대해 들어 봤어?

M: 응, 들어 봤어. 실제로 오늘 밤에 대한민국과 일본의 준결승전이 있을 거야.

W: 정말 재미있겠다. 몇 시에 시작하니?

M: 8시에 시작해. 우리 집에서 같이 볼래? Jenny와 Dave도 올 거야.

W: 좋아. 경기가 시작하기 30분 전에 너희 집으로 갈게. 경기를 어서 보고 싶어.

해설 경기는 저녁 8시에 시작하고 경기 시작 30분 전에 여자가 남자의 집으로 간다고 했으므로 두 사람은 7시 30분에 만날 것이다.

어휘 actually 실제로 semi-final 준결승전

06 M: Eva, what do you think of these animals here?

W: Umm …. They look so bored. I feel sorry for them that they have to stay here for their whole lives.

M: I agree. In my opinion, they should live in nature, not in here without any freedom.

W: I totally agree with you.

해석 M: Eva, 너는 여기에 있는 동물들에 대해 어떻게 생각해?

W: 음…. 동물들이 너무 지루해 보여. 나는 그들이 평생 이곳에서 지내야 한다는 점이 유감이야.

M: 동의해. 내 생각에 그들은 자유 없이 이곳에 있는 것이 아니라 자연에서 살아야 해.

W: 나도 너의 생각에 전적으로 동의해.

① 동물원 ② 체육관 ③ 영화관 ④ 박물관 ⑤ 백화점

해설 자유 없이 갇혀 있는 동물들이 있는 곳에서 나누는 대화이므로 동물원에서 이루어지는 대화임을 알 수 있다.

어휘 freedom 자유

07 W: I think I eat too much fast food.

M: Oh, you shouldn't eat too much fast food.

W: I know but it's so hard not to.

M: Well, you should at least try. Try to eat healthy food. Also, you need to exercise every day.

W: Okay, I'll try to follow your tips.

M: Good. If you follow them, you'll live a healthy life.

해석 W: 나는 너무 패스트푸드를 많이 먹는 것 같아.

M: 오, 너는 너무 패스트푸드를 많이 먹어서는 안 돼.

W: 나도 알아. 하지만 그러지 않는 것은 정말 어려워.

M: 음, 그래도 시도는 해 봐야지. 건강에 좋은 음식을 먹도록 해 봐. 또한 너는 매일 운동을 해야 해.

W: 알았어, 너의 조언을 따르려고 노력해 볼게.

M: 좋아. 만약 네가 조언들을 따르면 너는 건강한 삶을 살 수 있을 거야.

해설 남자는 건강한 삶을 살기 위해 패스트푸드를 너무 많이 먹지 말고 매일 운동을 해야 한다고 조언하고 있다.

어휘 at least 적어도

08 [Telephone rings.]

M: Hello.

W: Hello, this is Beth. I'm on my way to your house now.

M: Okay. I'm waiting.

W: I stopped by an ice cream store to buy some ice cream. Which flavor do you want? I'm getting chocolate flavor for myself.

M: I'll have vanilla. Thanks.

해석 [전화가 울린다.]

M: 여보세요.

W: 안녕, 나 Beth야. 나 지금 너희 집으로 가는 중이야.

M: 응, 기다리고 있어.

W: 내가 아이스크림을 좀 사러 잠시 아이스크림 가게에 들렀거든. 너는 무슨 맛으로 먹고 싶니? 나는 초콜릿 맛으로 먹으려고 해.

M: 나는 바닐라 맛 먹을게. 고마워.

해설 여자는 남자에게 어떤 맛의 아이스크림을 먹고 싶은지 묻고 있다.

어휘 stop by 잠시 들르다 flavor 맛

09 ① M: Do you know the TV show that has singers with masks?

　 W: Yes, I love that show.

② B: Wow! Something smells really good, Mom. What are you making?

　 W: We're going to have curry for dinner.

③ M: Can you explain how to make *gimbap*?

　 W: I can't wait to see you.

④ B: I want to be a great soccer player like Park.

G: Keep up the good work. I'm sure you'll make it.

⑤ M: Hey, which class are you going to sign up for this winter?

W: Well, I want to sign up for a dance class this time.

해석 ① M: 가수들이 가면을 쓰고 나오는 TV 쇼를 아니?

W: 응, 나는 그 프로그램을 정말 좋아해.

② B: 와! 뭔가 냄새가 정말 좋은데요, 엄마. 뭘 만들고 계세요?

W: 오늘 저녁으로 카레를 먹을 거야.

③ M: 김밥을 어떻게 만드는지 설명해 줄래?

W: 나는 너를 어서 보고 싶어.

④ B: 나는 Park처럼 훌륭한 축구 선수가 되고 싶어.

G: 계속 열심히 해 봐. 나는 네가 해낼 거라고 생각해.

⑤ M: 이번 겨울에는 무슨 수업에 등록할 거니?

W: 음, 이번에는 무용 수업에 등록하고 싶어.

해설 ③ 김밥 만드는 방법을 설명해 달라는 요청에 '나는 당신을 어서 보고 싶다'라고 대답하는 것은 어색하다.

어휘 make it 해내다   sign up for ~에 등록하다

10 W: First, mix cooked rice with sesame oil and fine salt. Second, put the mixture on a piece of seaweed. Third, place all the other ingredients you prepared on the rice. Then, roll them slowly and tightly. Then, cut the roll into bite-sized pieces. Finally, your *gimbap* will be ready.

해석 W: 우선, 쌀밥을 참기름과 고운 소금과 섞으세요. 둘째, 조미한 밥을 한 장의 김 위에 올려놓으세요. 셋째, 준비한 모든 재료를 밥 위에 올립니다. 그 다음에 그것을 천천히 단단하게 말아 주세요. 그리고 나서 말아놓은 김밥을 한 입 크기로 자르세요. 최종적으로 김밥이 준비됩니다.

① 김밥 좀 먹을래요?

② 김밥에 대해 들어본 적 있나요?

③ 당신이 김밥을 왜 좋아하는지 설명해 줄 수 있나요?

④ 김밥을 만드는 방법을 설명해 줄 수 있나요?

⑤ 한국 음식에 대해 어떻게 생각해요?

해설 김밥을 만드는 방법을 순서대로 나열한 설명이므로 ④에 대한 대답이다.

어휘 sesame oil 참기름   fine salt 고운 소금
mixture 혼합 재료   seaweed 김   ingredient 재료

roll (둥글게) 말다; 둥글게 말아놓은 것
cut ~ into ~를 (몇 조각이 되게) 자르다
bite-sized 한 입 크기의

11 W: Are you excited about the match tomorrow?

M: Not really. We're playing against the strongest team. I think we'll lose.

W: Don't say that. If you play as a team and work hard, your team can win for sure.

M: Do you really think so?

W: Of course. So don't give up!

해석 W: 너는 내일 경기를 생각하면 신나니?

M: 그렇지는 않아. 우리는 가장 강한 팀과 경기를 하거든. 나는 우리가 질 것 같아.

W: 그런 말 하지 마. 만약에 너희가 한 팀으로 경기하고 열심히 하면 확실히 이길 거야.

M: 정말 그렇게 생각하니?

W: 당연하지. 그러니까 포기하지 마!

해설 가장 강한 팀을 상대로 경기할 예정이어서 질 거라고 생각하는 남자에게 여자는 포기하지 말라고 격려하고 있다.

어휘 match 경기   against …에 맞서   for sure 확실히

12 M: Emma, here's a riddle. You can see this once in a minute, twice in a moment, but never in a thousand years. What is this?

W: I have no idea.

M: The answer is the letter "M."

W: I don't get it. Can you explain why?

해석 M: Emma, 수수께끼가 있어. 너는 이것을 일 분에는 한 번 볼 수 있고, 한 순간에는 두 번 볼 수 있지만, 천 년 동안은 절대 볼 수 없어. 이게 뭐게?

W: 전혀 모르겠는데.

M: 정답은 알파벳 'M'이야.

W: 이해가 안 돼. 왜 그런지 설명해 줄래?

해설 여자가 남자에게 수수께끼의 정답을 설명해 달라고 요청했으므로 정답의 이유를 설명하는 내용이 이어질 것이다.

어휘 riddle 수수께끼   once 한 번   twice 두 번

13 B: Hi, my name is Eddie. I am from England. Although I lived in England for a long time, I can speak Korean well. My family moved here because of my dad's work. My favorite sports are soccer and tennis. I want to be an actor in the future. Thank you.

해석 B: 안녕, 내 이름은 Eddie야. 나는 영국 출신이야. 영국에서 오래 살기는 했지만, 나는 한국말을 잘해. 우리 가족은 아빠 직장 때문에 여기로 이사 왔어. 내가 가장 좋아하는 운동은 축구와 테니스야. 나는 미래에 배우가 되고 싶어. 고마워.

해설 이름, 고향, 좋아하는 운동, 장래 희망은 모두 언급했지만 나이는 언급하지 않았다.

14 W: Excuse me. Can you explain how to get to City Hall?
M: Sure. First, walk straight until you see the post office. Then, turn right and keep walking. It's right next to the school. You can't miss it.
W: Thanks a lot.

해석 W: 실례합니다. 시청에 어떻게 가는지 설명해 주실래요?
M: 물론이죠. 우선, 우체국이 보일 때까지 앞으로 걸어가세요. 그다음에 오른쪽으로 꺾어서 계속 걸어가세요. 그것은 학교 바로 옆에 있어요. 분명 찾을 거예요.
W: 정말 감사합니다.

해설 현재 위치한 곳에서 곧장 걷다가 우체국이 보이면 오른쪽으로 꺾은 후 계속 걸으면 학교 옆에 있는 ⑤가 시청이라고 했다.

15 M: How much is the bus fare?
W: It depends on your destination. Where are you going?
M: I want to go to Jihak Middle School.
W: Then it's 1 dollar. How many people?
M: Three. Here is 5 dollars.

해석 M: 버스 요금이 얼마죠?
W: 목적지에 따라 달라집니다. 어디로 가십니까?
M: 저는 지학중학교에 가고 싶어요.
W: 그러면 1달러예요. 몇 분이시죠?
M: 세 명이요. 여기 5달러입니다.

해설 지학중학교에 가는 버스 요금은 한 사람에 1달러로 세 명의 요금은 총 3달러이다. 남자가 5달러를 냈으므로 받을 거스름돈은 2달러이다.

어휘 bus fare 버스 요금
depend on ~에 달려 있다(~에 의해 결정되다)
destination 목적지

16 B: The winter vacation is coming! I'm so excited. Kelly, what do you want to do on your vacation?

G: Well, I have lots of things to do.
B: What are they?
G: First, I want to visit my grandparents in Florida. Second, I am going to take part in a winter sports camp.
B: Wow, sounds nice!
G: Also, I'll take a Chinese class as I'm going to China to study next year. Then, I'll hang out with my friends.

해석 B: 곧 겨울 방학이야! 너무 신난다. Kelly, 너는 방학에 무엇을 하고 싶니?
G: 나는 할 일이 많아.
B: 그게 뭔데?
G: 우선, 플로리다에 계시는 조부모님 댁에 방문하고 싶어. 둘째, 겨울 스포츠 캠프에 참가할 거야.
B: 와, 좋겠다!
G: 그리고 나는 내년에 중국으로 공부하러 가기 때문에 중국어 수업을 들을 거야. 그러고 나서 친구들과도 놀아야지.

해설 내년에 중국에 공부하러 가기 위해 중국어 수업을 들을 거라고 했지만 여행을 간다는 언급은 없었다.

어휘 take part in ~에 참가하다
hang out with ~와 어울리다

17 B: Today, I watched a soccer match on TV. It was very exciting.
G: Oh, really? I heard that the game itself was boring.
B: Although the game was not that exciting, the sportscaster explained the game so well. So it was impressive, because I am interested in sportscasting.
G: I didn't know that you were interested in that.
B: Oh, it's my future dream job.
G: I'm sure you'll be good at it!

해석 B: 오늘 나는 TV로 축구 경기를 봤어. 매우 신났어.
G: 오, 그래? 나는 그 경기가 지루했다고 들었어.
B: 비록 경기는 재미없었지만, 스포츠 해설자가 경기 해설을 정말 잘했어. 내가 스포츠 해설에 관심이 있어서 인상 깊었지.
G: 나는 네가 그 분야에 관심이 있는지 몰랐어.
B: 오, 그것이 나의 장래 희망이야.
G: 나는 네가 그것을 잘할 거라고 확신해!
① 축구 코치 ② 스포츠 방송 진행자 ③ 축구 선수
④ 스포츠 에이전트 ⑤ 스포츠 마케터

해설 남자는 스포츠 해설에 관심이 있다고 했고, 스포츠 해설을 하는 것이 장래 희망이라고 했다.

어휘 sportscaster 스포츠 방송 진행자
impressive 인상적인

18
W: Have you heard of Thomas Edison?
M: Of course I have. He invented the light bulb.
W: Right. Although he invented many useful things, he had difficulties.
M: Oh, I didn't know that. What were they?
W: When he was young, he couldn't read well. Also, he lost the hearing in his left ear. Still, he became a great scientist. We should be like him, and not give up easily.

해석 W: 너는 Thomas Edison에 대해 들어 봤니?
M: 물론 들어 봤어. 그가 백열전구를 발명했잖아.
W: 맞아. 비록 그가 많은 유용한 것들을 발명했지만, 그는 어려움이 있었어.
M: 오, 나는 몰랐어. 그게 뭔데?
W: 그는 어렸을 때 글을 잘 읽지 못했어. 또한 왼쪽 귀의 청력을 잃었대. 그런데도 그는 위대한 과학자가 되었어. 우리도 그처럼 되어 쉽게 포기하지 않아야 해.

해설 Edison은 왼쪽 귀의 청력을 잃었다고 했다.

어휘 invent 발명하다   bulb 전구   hearing 청력

19
B: You know what? The school music festival will be held next month.
G: That's right. I heard that Ethan's class is going to perform *samullori*.
B: We should decide what to do.
G: Why don't we sing a cappella? In my opinion, it sounds beautiful. I'm sure we can do it well if we practice hard.
B: _____

해석 B: 그거 아니? 학교 음악 축제가 다음 달에 열릴 거래.
G: 맞아. 나는 Ethan의 반이 사물놀이를 공연할 거라고 들었어.
B: 우리도 무엇을 할지 정해야 해.
G: 우리는 아카펠라를 부르는 게 어때? 내 생각에는 그것은 아름답게 들리는 것 같아. 우리가 열심히 연습하면 우리는 할 수 있을 거라고 확신해.
B: 그거 훌륭한 생각 같아.
① 아니, 괜찮아.
② 음, 모르겠어.

③ 너의 노래를 어서 듣고 싶어.
④ 너는 어떤 음악을 연주해 봤니?

해설 여자가 아카펠라 무대를 준비하자고 제안하고 있으므로 의견에 동의하는 표현이 이어지는 것이 적절하다.

어휘 be held 열리다   in one's opinion ~의 생각에

20
M: What are you reading?
W: I'm reading a book about movies and science.
M: What is it about?
W: It explains how science helps people make great movies.
M: That's cool. Can you give me an example?
W: In the movie *Avatar*, 3D technology played a big role. Since then, 3D technology has been widely used both in movies and television.
M: _____

해석 M: 너는 무엇을 읽고 있니?
W: 나는 영화와 과학에 관한 책을 읽고 있어.
M: 무슨 내용인데?
W: 이 책은 과학이 어떻게 사람들이 위대한 영화를 만들도록 돕는지 이유를 설명해 줘.
M: 멋진데. 예를 들어줄 수 있니?
W: 영화 '아바타'에서 3D 기술이 큰 역할을 했어. 그때 이후로 3D 기술이 영화와 TV 두 분야에서 널리 사용되어 왔어.
M: 그거 흥미롭구나.
① 한번 시도해 볼게.
② 네가 해낼 거라고 확신해.
③ 한 번에 하나씩 해.
④ 계속 잘 해 봐.

해설 책의 내용을 설명하는 여자의 말에 흥미로움을 표현하는 응답이 이어지는 것이 자연스럽다.

어휘 introduce 소개하다   technology 기술   widely 널리

듣기평가 4회   pp. 102 - 103

01 ①	02 ②	03 ④	04 ⑤	05 ③
06 ⑤	07 ④	08 ⑤	09 ①	10 ③
11 ③	12 ②	13 ⑤	14 ③	15 ①
16 ④	17 ④	18 ⑤	19 ③	20 ⑤

01 [*Telephone rings.*]

M: Hello.

W: Hey, David. This is Hilary. How have you been?

M: Hi, I've been doing good. How are things going there?

W: Everything is fine. It's very cold and snowy here in Seoul today. It's not so windy, though. How's the weather in Sydney now?

M: It's quite warm and sunny.

W: Wow, I wish I could be there with you.

해석 [전화가 울린다.]

M: 여보세요.

W: 안녕, David. 나 Hilary야. 잘 지냈니?

M: 안녕, 나는 잘 지내고 있어. 너는 어때?

W: 모든 것이 좋아. 오늘 서울은 굉장히 춥고 눈이 많이 내려. 그래도 바람이 많이 불지는 않아. 지금 시드니 날씨는 어때?

M: 꽤 따뜻하고 화창해.

W: 와, 나도 너와 함께 그곳에 있으면 좋겠다.

해설 오늘 서울은 바람은 많이 불지 않지만 눈이 많이 오고 매우 춥다고 했다.

02 W: This is very popular because it is so cute. Its body is yellow and it wears denim overalls and goggle. It has only one eye. Although it is a monster, many people love it. What is it?

해석 W: 이것은 정말 귀여워서 매우 인기가 많습니다. 이것의 몸은 노란색이고, 데님 작업복을 입고 고글을 쓰고 있습니다. 이것은 눈이 한 개 뿐입니다. 이것은 괴물이지만 많은 사람들은 이것을 사랑합니다. 이것은 무엇일까요?

해설 몸이 노란색이면서 눈이 한 개인데 고글을 쓰고, 데님 작업복을 입은 것은 ②이다.

어휘 denim 데님(천의 한 종류)   overall 작업복

03 W: Jason, where are you going?

M: I'm going to the mall.

W: What for?

M: This Saturday is my dad's birthday and I want to buy something for him. But I'm not sure what to buy. Do you have any good ideas?

W: Well, let me see.

해석 W: Jason, 너 어디 가는 중이니?

M: 나는 쇼핑몰에 가는 중이야.

W: 왜?

M: 이번 토요일이 우리 아빠 생신이고 나는 아빠를 위해 무언가를 사 드리고 싶거든. 그런데 뭘 사야 할지 모르겠어. 좋은 아이디어 있니?

W: 음, 글쎄.

해설 남자는 아빠의 생신 선물을 사러 쇼핑몰에 간다고 했다.

어휘 mall 쇼핑몰   what for? 왜?

04 W: Today, we'll make tacos. Which do you like more, beef or chicken?

M: Beef. Is it difficult to make tacos?

W: No. First, fill your tortilla with vegetables and meat. Then, add some sauce on top.

M: Wow, it's quite easy.

W: Then why don't you try making them at home?

해석 W: 오늘 우리는 타코를 만들 거예요. 소고기와 치킨 중에 무엇을 더 좋아하세요?

M: 소고기요. 타코 만드는 것은 어려운가요?

W: 아니에요. 우선, 토르티야를 채소와 고기로 채우세요. 그러고 나서 그 위에 소스를 뿌리세요.

M: 와, 꽤 쉽네요.

W: 그러면 집에서 한번 만들어 보는 게 어떨까요?

해설 타코를 집에서 만들어 보는 것을 제안하고 있다.

어휘 tortilla 토르티야   quite 꽤

05 B: Mom, have you heard of the new iPad?

W: Yes, I have. Isn't it a tablet PC?

B: Right. I've wanted to buy it since last year, but I heard that the new iPhone is much better to use. Which one do you think I should buy?

W: Well, I'm not sure. In my opinion, it would be better to get the cell phone instead of the iPad.

B: Okay. I agree with you.

해석 B: 엄마, 새로 나온 아이패드에 대해 들어 보셨어요?

W: 응, 그럼. 그거 태블릿 PC 아니니?

B: 맞아요. 저는 작년부터 그것을 사고 싶었는데, 새로 나온 아이폰이 사용하기에 훨씬 좋다고 들었어요. 엄마는 제가 어떤 것을 사야 한다고 생각하세요?

W: 음, 잘 모르겠네. 내 생각에는, 아이패드보다는 휴대 전화를 사는 것이 좋을 것 같구나.

B: 알았어요. 저도 엄마 말씀에 동의해요.

해설 휴대 전화를 사는 것이 좋을 것 같다는 엄마의 말에 동의하는 것으로 보아 남자는 휴대 전화를 살 것이다.

06 ① M: Do you want to play the new board game that I bought?

W: Sure, what is it?

② M: Which flavor do you want, vanilla or mango?

W: Can I have both?

③ M: Have you learned magic tricks before?

W: Yes, I learned some before.

④ M: Tonight there'll be a dance party.

W: Yeah, I can't wait to go there.

⑤ M: Did you know that some male birds dance?

W: I totally agree with you.

해석 ① M: 너는 내가 산 새로운 보드 게임을 하고 싶니?

W: 물론이지, 어떤 건데?

② M: 너는 바닐라와 망고 중에 어떤 맛을 먹고 싶어?

W: 둘 다 먹어도 될까?

③ M: 너는 마술 기법을 예전에 배워 봤니?

W: 응, 전에 몇 가지 배웠어.

④ M: 오늘 밤에 댄스 파티가 있을 거야.

W: 응, 얼른 거기 가고 싶어.

⑤ M: 너는 어떤 수컷 새는 춤을 춘다는 것을 알았니?

W: 나는 네 말에 완전히 동의해.

해설 ⑤ 무언가에 대해 알고 있는지 묻는 질문에 동의한다고 대답하는 것은 자연스럽지 않다.

어휘 trick 속임수, 기법   male 남성의, 수컷의

07 B: Hey, Jiwon, what's wrong?

G: Well, I tried out for the school tennis club but I didn't get in.

B: Oh, I'm sorry to hear that.

G: I really wanted to join that club.

B: I know you did. I'm sure you'll get in next year. Cheer up!

해석 B: 얘, 지원아, 무슨 일 있어?

G: 음, 내가 학교 테니스 동아리에 지원했었는데 가입하지 못했어.

B: 오, 유감이구나.

G: 나는 정말 그 동아리에 가입하고 싶었어.

B: 네가 그랬다는 것 알지. 나는 네가 내년에는 들어갈 거라고 확신해. 힘내!

① 수줍은 ② 지루한 ③ 신이 난 ④ 낙담한

⑤ 관심 있는

해설 테니스 동아리에 가입하지 못했다는 여자에게 남자가 격려의 말을 건네는 것으로 보아 여자는 낙담했을 것이다.

08 M: Are you interested in getting in shape and being healthy?

W: Of course, that's why I am here.

M: I know it's difficult, but you should come every day to exercise.

W: Okay, I'll try my best.

M: Now, let's begin with some warm-up exercises.

해석 M: 당신은 좋은 몸매를 유지하고 건강해지는 것에 관심이 있나요?

W: 그럼요, 그래서 여기 있는 거예요.

M: 어렵다는 걸 알지만, 매일 운동하러 오셔야 해요.

W: 네, 최선을 다할게요.

M: 그럼 준비 운동 몇 가지로 시작해 봅시다.

해설 건강해지기 위해 매일 운동하러 와야 한다는 당부와 준비 운동으로 시작하자는 남자의 말로 보아 헬스장에서 이루어지는 헬스 트레이너와 헬스장 고객 사이의 대화임을 알 수 있다.

09 G: Alex, are you going to see the school musical tonight?

B: Well, I'm not sure yet. How about you?

G: I want to, but I don't have a ticket.

B: If that's the problem, don't worry. I have two tickets. Do you want to go with me?

G: That would be so cool. What time should we meet then?

B: The show starts at 7:30, so why don't we meet an hour earlier?

G: Sure. I can't wait to see the musical.

해석 G: Alex, 너 오늘 밤 학교 뮤지컬을 보러 갈 거야?

B: 음, 아직 잘 모르겠어. 너는?

G: 가고 싶은데 입장권이 없어.

B: 만약 그게 문제라면 걱정하지 마. 내가 입장권이 두 장 있어. 나랑 같이 갈래?

G: 그럼 정말 좋지. 그러면 우리 몇 시에 만나야 하지?

B: 공연이 7시 30분에 시작하니까 1시간 일찍 만나는 게 어때?

G: 좋아. 어서 뮤지컬을 보고 싶다.

해설 공연 시작은 7시 30분이고 한 시간 전에 만나기로 했으므로 두 사람은 6시 30분에 만날 것이다.

10 M: Excuse me, can you tell me how to get to the art museum?

W: The art museum? First, go straight till you see the school. Then, turn right. Walk for one more block, turn left and keep walking. Then you'll find it right next to the bakery.

M: I see. Thanks a lot.

해석 M: 실례합니다만 미술관에 가는 방법을 알려주실래요?

W: 미술관이요? 우선, 학교가 보일 때까지 직진하세요. 그다음에 오른쪽으로 꺾으세요. 한 블록 더 걸어서 왼쪽으로 돌아서 계속 걸으세요. 그러면 빵집 바로 옆에 있는 미술관을 찾을 거예요.

M: 알겠어요. 정말 감사합니다.

해설 현재 위치한 곳에서 학교가 보일 때까지 쭉 가서 오른쪽으로 꺾은 후 한 블록 직진해서 왼쪽으로 돌아 걷다 보면 빵집의 바로 옆에 있는 ③이 미술관이라고 했다.

어휘 till ~까지

11 M: Have you ever heard of Kelly Clark? She is one of the best dancers of our time. She was born in Canada. She started dancing when she was only four years old. She lost her parents at the age of 10. So, she had to move to the USA and live with her uncle. Although her childhood was not so great, she didn't give up and tried her best.

해석 M: Kelly Clark에 대해 들어본 적 있나요? 그녀는 우리 시대의 최고의 무용수 중 한 명입니다. 그녀는 캐나다에서 태어났어요. 그녀는 겨우 4살 때부터 춤을 추기 시작했습니다. 그녀는 10살의 나이에 부모님을 잃었죠. 그래서 미국으로 가서 삼촌과 함께 살아야 했습니다. 비록 그녀의 유년기는 멋지지 않았지만, 그녀는 포기하지 않고 최선을 다했습니다.

해설 ③ 10살 때 부모님이 이혼한 것이 아니라 돌아가셨다.

어휘 at the age of ~의 나이에   childhood 유년기

12 M: What are you doing, Lisa?

W: I'm reading a book about the Gobi Desert.

M: Oh, the one in China and Mongolia?

W: Yes, that's right.

M: I've been interested in going there and experiencing life in the desert. Someday I want to cross it on foot.

W: Wow, that's amazing!

M: Can I borrow your book when you finish it?

W: Of course, you can.

해석 M: Lisa, 무엇을 하고 있니?

W: 고비 사막에 관한 책을 읽고 있어.

M: 아, 중국과 몽고에 있는 그것?

W: 응, 맞아.

M: 나는 그곳에 가서 사막에서의 삶을 경험해 보는 것에 관심이 있었어. 언젠가 나는 그곳을 걸어서 건너 보고 싶어.

W: 와, 그거 멋지다!

M: 네가 그 책을 다 읽으면 내가 빌릴 수 있을까?

W: 물론, 그럴 수 있지.

해설 남자는 여자가 책 읽기를 끝내면 자신이 그 책을 빌릴 수 있는지 물었는데 이는 여자에게 책을 빌려달라는 요청을 완곡하게 표현한 것으로 볼 수 있다.

어휘 desert 사막   cross 건너다   on foot 걸어서
borrow 빌리다

13 W: Hey, are you busy this weekend?

M: Not really. Why?

W: There will be a soccer match next week, but I lost my soccer shoes the other day.

M: Oh, how come you lost them?

W: I don't know. Anyway, can you come with me to buy some this weekend?

M: Sure, let's go.

해석 W: 얘, 너 이번 주말에 바쁘니?

M: 그렇지는 않아. 왜?

W: 다음 주에 축구 경기가 있는데 내가 며칠 전에 축구화를 잃어버렸어.

M: 오, 어쩌다 그것을 잃어버렸니?

W: 나도 모르겠어. 아무튼 이번 주말에 축구화를 사러 나와 같이 가 줄 수 있니?

M: 좋아, 가자.

해설 여자가 남자에게 주말에 같이 축구화를 사러 갈 수 있는지 물었는데 남자는 함께 가겠다고 대답했다.

어휘 the other day 일전에, 며칠 전에

14 M: Hi, Tilda. I heard that your new movie will be out soon.

W: Yes, that's true.

M: Can you tell our listeners a little bit about it?

W: Sure. It's about a woman named Linda, who

happens to live in a spaceship without knowing why. I play Linda in the movie.

M: Oh, I see. I can't wait to see it. Thank you for the interview.

해석 M: 안녕하세요, Tilda. 당신의 새 영화가 곧 개봉된다고 들었어요.

W: 네, 맞아요.

M: 우리 청취자들에게 새 영화에 대해 좀 얘기해 줄래요?

W: 물론이죠. 이 영화는 이유를 모르는 채 우주선에서 살게 된 Linda라는 이름의 여자에 관한 내용이에요. 저는 Linda 역을 연기하죠.

M: 오, 알겠어요. 어서 보고 싶군요. 인터뷰 감사합니다.

① 병원 ② 우주선 ③ 라디오 스튜디오
④ 교무실 ⑤ 영화관

해설 청취자가 있는 프로그램의 인터뷰 내용이므로 라디오 스튜디오에서 대화가 이루어지고 있음을 알 수 있다.

어휘 spaceship 우주선   play 연기하다

15 G: What was your history class about?

B: It was about how Jang Yeongsil made a special clock during the reign of King Sejong. It was very interesting.

G: Can you explain why?

B: He was not just a smart scientist. He wanted to help farmers by making a clock that told them the time and the seasons.

G: How kind of him!

B: That's what I'm saying. I want to be a scientist with a warm heart like him.

해석 G: 역사 수업이 무엇에 관한 것이었니?

B: 세종대왕 통치 기간에 장영실이 어떻게 특별한 시계를 만들었는지에 관한 내용이었어. 정말 흥미로웠지.

G: 왜 그랬는지 설명해 줄래?

B: 그는 단지 똑똑한 과학자가 아니었어. 그는 시간과 계절을 알려 주는 시계를 만들어서 농부들을 돕기 원했어.

G: 정말 친절한 분이구나!

B: 내 말이 그 말이야. 나도 그처럼 따뜻한 마음씨를 가진 과학자가 되고 싶어.

① 과학자 ② 디자이너 ③ 사서 ④ 역사학자 ⑤ 마술사

해설 남자는 장영실같이 따뜻한 마음씨를 지닌 과학자가 되고 싶다고 말했다.

어휘 during the reign of ~의 통치 기간에

16 M: Amy, have you heard about this year's mask

party?

W: Yes, I have. It's on October 11th, right?

M: That's right. Are you going to go?

W: I want to but I don't know what time it begins.

M: I think it's at 7 p.m. Do you know where it'll be held?

W: It will be held at the Student Center.

M: Then why don't we meet and go together?

W: Sounds great. Don't forget to bring a mask. See you then.

해석 M: Amy, 올해의 가면 파티에 대해 들어 봤니?

W: 응, 들어 봤어. 10월 11일에 열려, 그렇지?

M: 맞아. 너는 갈 거니?

W: 가고 싶은데 파티가 몇 시에 시작하는지 모르겠어.

M: 내 생각에는 오후 7시인 것 같아. 어디서 열리는지는 알아?

W: 학생회관에서 열릴 거야.

M: 그러면 우리 만나서 함께 가는 게 어때?

W: 좋아. 가면 가져오는 것 잊지 마. 그때 보자.

해설 ④ 대화에서 파티 참가 비용은 언급되지 않았다.

어휘 mask 가면   Student Center 학생회관

17 M: Are you ready to order?

W: Yes. I'd like to buy two pieces of cake.

M: Okay, which flavors do you want?

W: Strawberry and yogurt, please. How much are they?

M: These small pieces are 3 dollars per each, and the large ones are 5 dollars per each.

W: Okay, then can I order two large ones?

M: Sure.

해석 M: 주문하시겠습니까?

W: 네, 케이크 두 조각을 사고 싶어요.

M: 네, 어떤 맛으로 드릴까요?

W: 딸기 맛과 요거트 맛으로 주세요. 얼마죠?

M: 이 작은 조각은 3달러씩이고, 큰 조각은 5달러씩입니다.

W: 네, 그럼 큰 조각으로 주문할 수 있나요?

M: 그럼요.

해설 5달러짜리 큰 조각 케이크 두 개를 주문했으므로 지불할 금액은 총 10달러이다.

어휘 order 주문하다   piece 조각   flavor 맛 yogurt 요거트

18 W: First, fold the paper in half to make a triangle. Second, fold the triangle in half. Third, unfold and fold both corners of the triangle down to make dog's ears. Then, fold the top corner and the bottom corner to the back. Finally, draw a face.

해석 W: 우선, 종이를 반으로 접어서 삼각형을 만드세요. 둘째, 삼각형을 반으로 접으세요. 셋째, (반으로 접은 삼각형을) 펼치고 삼각형 양쪽 모서리를 아래로 접어서 개의 귀 모양을 만드세요. 그러고 나서 위와 아래쪽의 모서리를 뒤로 접어 주세요. 마지막으로, 얼굴을 그려 주세요.

① 왜 그렇게 했나요?
② 어느 것을 더 좋아하나요?
③ 그것에 대해 어떻게 생각하나요?
④ 당신에 대해 더 설명해 줄 수 있나요?
⑤ 종이접기로 개 만드는 법을 설명해 줄 수 있나요?

해설 종이를 접어 개를 만드는 방법을 설명하고 있으므로 ⑤에 대한 대답이다.

어휘 triangle 삼각형 fold 접다 unfold 펼치다
bottom 아래의

19 B: Juliet, which club did you sign up for?
G: I signed up for a magic club. I can't wait to learn new magic tricks there.
B: That sounds interesting. Have you learned magic tricks before?
G: Yes, I learned some before.
B: Then can I see them now?
G: _____

해석 B: Juliet, 너는 어느 동아리에 신청했니?
G: 나는 마술 동아리에 신청했어. 거기서 새로운 마술 묘기들을 어서 배우고 싶어.
B: 그거 재미있겠다. 예전에 마술을 배운 적이 있니?
G: 응, 몇 가지 배웠어.
B: 그러면 너의 마술을 지금 좀 볼 수 있을까?
G: 물론이야. 내가 지금 한 가지를 보여 줄게.
① 쉬울 것 같아.
② 나는 조금 먹고 싶어.
④ 언젠가 너의 묘기를 볼 수 있기를 바라.
⑤ 한 번에 하나씩 하고 포기하지 마.

해설 마술을 보여 줄 수 있는지 묻는 남자의 말에 마술을 보여 주겠다는 대답이 이어지는 것이 자연스럽다.

어휘 magic trick 마술 묘기

20 G: Dad, something smells really good. What is it?
M: I made a *bulgogi* pizza for dinner. Help yourself.
G: Wow, this looks so delicious.
M: What do you think of it?
G: _____

해석 G: 아빠, 정말 좋은 냄새가 나요. 뭐예요?
M: 내가 저녁으로 불고기 피자를 만들었단다. 마음껏 먹으렴.
G: 와, 정말 맛있어 보여요.
M: 이 피자에 대해 어떻게 생각하니?
G: 제 생각에는 정말 맛있는 것 같아요.
① 아니요, 괜찮아요.
② 재미있을 것 같아요.
③ 당신이 할 수 있을 거라고 확신해요.
④ 전적으로 당신에게 동의해요.

해설 피자에 대한 의견을 묻는 질문이므로 자신의 의견을 나타내는 표현이 이어지는 것이 자연스럽다.

어휘 Help yourself 마음껏 드세요
totally 전적으로, 완전히 taste ~ 맛이 나다

Ⓐ (1) 건너다 (2) 해결책 (3) 어딘가에 (4) 수수께끼
(5) 질문하다, 신문하다 (6) 단서, 실마리
(7) 탈출하다, 탈출 (8) 탐정, 형사 (9) 뒤집다
(10) 가로질러 (11) ～이 일어나던 때에 (12) 반, 절반
(13) 하나도 ～않다 (14) 삭제하다 (15) 적다 (16) 접다, 개다 (17) 공짜로 (18) 용의자; 의심하다
(19) ～을 …로 채우다 (20) ～에 이르는 데 성공하다

Ⓑ (1) dragon (2) finally (3) bottom (4) enter
(5) accident (6) bat (7) hide (8) straight
(9) luckily (10) bean (11) thief (12) twice
(13) disappear (14) case (15) block (16) throw
(17) triangle (18) be ready to (19) mystery (20) read

Ⓐ ① 주어 ② be동사 + 과거분사(p.p.)
③ by + 행위자(목적격) ④ not used

Self-check
1. ×, was raised 2. ×, is driven
3. ×, was given to 4. ×, Is, taken
5. ○ 6. ○

Ⓑ ① be ② will be ③ 조동사 ④ be

Self-check
1. given → be given 2. repeat → be repeated
3. do → be done 4. laughed → laughed at
5. solved → be solved 6. delay → be delayed

A Self - check

1 **해석** Tom은 가난하지만 사랑이 충만한 가정에서 자랐다.
해설 raise는 타동사로 '～을 키우다/기르다'라는 의미이다. Tom은 키워지는(양육되는) 것이므로 수동태인 was raised로 쓴다.
어휘 raise 키우다, 기르다; 들어 올리다

2 **해석** 이 엔진은 증기로 동력이 공급된다.
해설 엔진은 증기에 의해 움직여지므로 수동태로 써야 하는데, drive의 과거분사는 driven이므로 is driven으로 쓴다.
어휘 engine 엔진, 기관차   steam 김, 증기

3 **해석** 상금 1만 달러가 우승자에게 주어졌다.
해설 4형식 능동태 문장의 직접목적어가 3형식 수동태 문장의 주어가 되면 간접목적어 앞에 반드시 전치사를 쓴다. give, send, sell, tell, teach 등의 동사는 간접목적어 앞에 to를, make, buy, cook, get, find 등의 동사는 간접목적어 앞에 for를 쓴다.

4 **해석** 여기 자리 있나요?

해설 자리(seat)는 사람에 의해 채워지는 것이므로 수동태 (be + p.p.) 의문문으로서 be동사를 맨 앞에 위치시켜 Is this seat taken?으로 쓴다.
어휘 take a seat 자리에 앉다

5 **해석** 나는 그 영화가 환상적이라고 들었다.
해설 tell이 사용된 능동태 문장의 간접목적어(me)가 수동태 문장의 주어(I)가 되면, be told는 '～을 듣다'라고 해석한다.
어휘 fantastic 환상적인, 굉장한

6 **해석** 학생들은 표를 받았다.
해설 give가 사용된 능동태 문장의 간접목적어(the students)가 수동태 문장의 주어(the students)가 되면, be given은 '～이 주어지다, ～을 받다'라고 해석한다.

B Self - check

1 **해석** 너에게는 문제를 해결하기 위해 15분이 주어질 것이다.
해설 의미상 수동태가 되고 조동사가 주어졌으므로 조동사의 수동태인 「조동사(will) + be + p.p.」로 쓴다.

2 **해석** 미래에는 똑같은 실수가 반복되어서는 안 된다.
해설 조동사 수동태의 부정문은 「조동사(should) + not + be + p.p.」로 쓴다.

3 **해석** 또 다른 비극을 막기 위해서 무언가가 행해져야 한다.
해설 조동사의 수동태인 「조동사(must) + be + p.p.」로 써야 하므로 must be done으로 쓴다.
어휘 prevent 막다, 예방[방지]하다   tragedy 비극

4 **해석** Tina는 큰 실수를 했고 반 친구들에게 비웃음을 당했다.
해설 laugh는 자동사여서 수동태 문장으로 바꿔 쓸 수 없지만 laugh at은 '～을 비웃다'라는 뜻의 타동사구이므로 수동태 문장으로 바꿔 쓸 수 있다. 이때, 이런 동사구는 하나의 단어로 취급하므로 laughed 뒤에 at이 와야 한다.
어휘 make a mistake 실수하다   laugh at ～을 비웃다

5 **해석** 이 문제는 해결될 수 있나요?
해설 조동사 수동태의 의문문은 「조동사(can) + 주어 + be + p.p. ～?」로 쓴다.

6 **해석** 비행기는 얼마나 지연될까요?
해설 의문사가 있는 조동사 수동태의 의문문이므로 delay는 be delayed로 쓴다.
어휘 delay 지연시키다

Words 리뷰노트 p. 109

Ⓐ (1) 야생의 (2) 용감한 (3) 표현하다 (4) 편안한
(5) 의견, 견해 (6) 힘 (7) 적 (8) 제복, 유니폼
(9) 행하다, 공연하다 (10) 우아하게 (11) ~을 통해
(12) 무서운, 겁나는 (13) 움직임, 동작 (14) 강한, 힘이 있는
(15) ~이 허용되다 (16) ~과 같은 (17) 인기 있는
(18) 선과 악 (19) 원래, 본래 (20) 밝은, 똑똑한

Ⓑ (1) between (2) totally (3) field (4) character
(5) fan (6) traditional (7) drop (8) be good at
(9) couple (10) have fun (11) cheer (12) keep up
the good work (13) behind (14) make sounds
(15) costume (16) take a look (17) communicate
(18) try one's best (19) sound like (20) beauty

Grammar 리뷰노트 pp. 110-111

Ⓐ ① so ② 형용사/부사 ③ 동사원형 ④ couldn't

Self-check
1. ×, so sick that he took 2. ○
3. ×, so busy that he couldn't 4. ○
5. ×, so selfish that she only cares
6. ×, such a nice girl 또는 so nice a girl

Ⓑ ① 원급 ② cheap ③ not as[so] ④ no other

Self-check
1. faster → fast 2. so → as
3. cities → city / are → is 4. isn't → is
5. than → as 6. can → could

A Self-check

1 [해석] 그는 너무 아파서 하루 휴가를 얻었다.
[해설] so ... that ~은 '너무 …해서 ~하다'라는 뜻이다. 형용사 sick 뒤에 that이 와야 한다.
[어휘] take a day off 하루의 휴가를 얻다

2 [해석] 나는 건망증이 너무 심해서 종종 집에 숙제를 두고 간다.
[어휘] forgetful 잘 잊어버리는, 건망증이 있는

3 [해석] Baker 씨는 너무 바빠서 집에 갈 수 없었다.
[해설] 이유와 결과가 서로 의미가 상충된다. 따라서 could를 couldn't로 고쳐야 한다.

4 [해석] 소크라테스는 매우 현명해서 모두가 그를 존경한다.
[어휘] respect 존경하다

5 [해석] 그녀는 너무 이기적이어서 오직 자기 자신만 신경 쓴다.

[해설] so ... that ~ 구문에서 that 뒤에는 주어와 동사가 와야 한다. 문맥상 이유절의 주어와 같으므로 that 뒤에 she를 쓴다.
[어휘] selfish 이기적인 care about ~에 마음을 쓰다, 신경 쓰다

6 [해석] Tracy는 아주 친절한 소녀라서 그녀는 다른 사람들을 돕기 위해 그녀가 가진 모든 것을 줄 것이다.
[해설] 「so + 형용사/부사 + that ~」은 「such(+a(n)) + 형용사 + 명사 + that ~」 또는 「so + 형용사(+a(n)) + 명사 + that ~」으로 쓸 수 있다. 따라서 such a nice girl 또는 so nice a girl로 고칠 수 있다.
[어휘] be willing to 기꺼이 ~하다

B Self-check

1 [해석] Kevin은 돈을 버는 만큼 빨리 돈을 써 버렸다.
[해설] 「as + 형용사/부사의 원급 + as ~」 구문을 써야 하므로 faster를 fast로 고쳐야 한다.
[어휘] earn (돈을) 벌다

2 [해석] 그녀는 그녀의 언니만큼 똑똑하다.
[해설] 「as + 형용사/부사의 원급 + as ~」 구문이므로 so를 as로 고쳐야 한다.

3 [해석] 한국의 어떤 도시도 서울만큼 크지 않다.
[해설] 원급을 이용하여 최상급을 나타내는 「no other + 단수 명사 + as + 형용사/부사의 원급 + as ~」에 따라 단수 명사가 와야 하므로 cities를 city로 고쳐야 한다. 그에 따라 be 동사 또한 are가 아니라 단수형인 is로 써야 한다.

4 [해석] 세상에 어떤 동물도 고래만큼 크지 않다.
[해설] 주어에 no라는 부정어를 사용하면 그 문장은 부정문이 된다. 따라서 isn't가 아니라 is로 써야 한다.
[어휘] whale 고래

5 [해석] Alice는 나만큼 나이가 들지 않았다.
[해설] 원급 비교의 부정형을 나타내는 「not as[so] + 형용사/부사의 원급 + as ~」에 따라 than을 as로 고쳐야 한다.

6 [해석] Brown 교수님은 할 수 있는 한 크게 말했다.
[해설] '가능한 한 …한'이라는 의미의 「as ... as + 주어 + can/could」에서 can과 could는 앞의 시제와 일치시켜야 하므로 can이 아니라 could로 써야 한다.

A (1) 흡수하다 (2) 양초 (3) 차이점 (4) 비교하다
(5) 마른 (6) 기압 (7) 뜨다, 떠가다
(8) (불을) 붙이다, 켜다 (9) 필요한 (10) 냉동고
(11) 무게를 재다 (12) 마술, 속임수 (13) 맨 아래, 바닥
(14) 타 버리다 (15) 계속하다, 지속하다 (16) 마술, 마법
(17) 밀다 (18) 수리수리마수리 (19) 고르다, 선택하다
(20) ~을 신청하다, 가입하다

B (1) turn ... into ~ (2) confuse (3) sink (4) rise
(5) closely (6) ocean (7) see through
(8) contract (9) expand (10) stick to
(11) cool down (12) material (13) pressure
(14) cover (15) instead of (16) balloon (17) flame
(18) lightning (19) mix (20) experiment

Lesson 7 **G**rammar 리뷰노트   pp. 113-114

A ① dangerous ② me ③ spend ④ of, him

Self-check 1. ×, to jump 2. ×, of you 3. ×, of them
4. ○ 5. ○ 6. ×, to ride

B ① I didn't ② he looks ③ there are
④ How come

Self-check 1. isn't this washing machine working
     → this washing machine isn't working
2. didn't Jim → Jim didn't
3. did it take → it took 4. are you → you are
5. is away → was away 6. I can't → can't I

A Self-check

1 해석 준비 운동 없이 수영장에 뛰어드는 것은 위험하다.
해설 It is ~ to ... 구문에서 진주어는 to부정사로 써야 하므로 jumping이 아니라 to jump로 써야 한다.
어휘 warming up 준비 운동

2 해석 아이들에게 그렇게 행동하다니 너는 친절하구나!
해설 진주어의 동작을 하는 의미상 주어에서 사람의 성격을 나타낼 때는 「of + 목적격」을 써야 하므로 for you가 아니라 of you로 써야 한다.

3 해석 나는 그들이 다른 사람들을 계속 빤히 쳐다보는 것은 무례하다고 생각한다.
해설 진주어의 동작을 하는 의미상 주어에서 사람의 성격을 나타낼 때는 「of + 목적격」을 써야 하므로 for they가 아니라 of them으로 써야 한다.
어휘 stare at 응시하다, 빤히 쳐다보다

4 해석 너는 충분한 잠을 자는 것이 중요하다고 생각하니?

5 해석 학생들에게 학교 소풍을 가는 것은 재미있다.

6 해석 헬멧 없이 자전거를 타는 것은 안전하지 않다.
해설 It is ~ to ... 구문에서 진주어는 to부정사로 써야 하므로 ride가 아니라 to ride로 써야 한다.

B Self-check

1 해석 어째서 이 세탁기가 작동하지 않았지?
해설 How come 뒤에는 「주어 + 동사」의 어순이어야 하므로 this washing machine isn't working으로 써야 한다.
어휘 washing machine 세탁기

2 해석 어째서 Jim이 학교에 가지 않았지?
해설 How come 뒤에는 「주어 + 동사」의 어순이어야 하므로 Jim didn't go to school로 써야 한다.

3 해석 어째서 여기에 오는 데 이렇게 오래 걸렸지?
해설 How come 뒤에는 「주어 + 동사」의 어순이어야 하므로 did it take는 it took로 써야 한다.

4 해석 어째서 너는 그렇게 걱정하고 있니?
해설 How come 뒤에는 「주어 + 동사」의 어순이어야 하므로 you are so worried로 써야 한다.

5 해석 어째서 나는 그가 가버렸다는 것을 몰랐지?
해설 그가 간 것을 몰랐던 것은 과거 시점이므로, he is away가 아니라 he was away로 써야 한다.

6 해석 왜 나는 그곳에 갈 수 없는 거지?
해설 Why 뒤에는 「조동사 + 주어 + 동사원형」의 어순이어야 하므로 Why can't I go there?로 써야 한다.

Lesson 8 Words 리뷰노트 — p. 115

A (1) 벌거벗은, 맨- (2) 비록 ~일지라도 (3) 용기
(4) 못질하다 (5) 흔들리는, 휘청거리는 (6) 미끄러운
(7) 모으다 (8) 비웃다 (9) 준결승전 (10) 숙이다
(11) ~ 덕분에 (12) ~에 빠지다 (13) 결국에는
(14) 역사적으로 중요한 (15) 성과 (16) 포기하다
(17) 시도해 보다 (18) ~와 달리 (19) 마을 사람 (20) 완전히

B (1) discouraged (2) take part in (3) tournament
(4) weak (5) against (6) in fact (7) still
(8) proud (9) take off (10) lose (11) everywhere
(12) ugly (13) until (14) be about to (15) desert
(16) surprise (17) excellent (18) guess
(19) in the middle of (20) put ... together

Lesson 8 Grammar 리뷰노트 — pp. 116-117

A ① choose ② me wash
Self-check 1. to say → say 2. using → use
3. to stay → stay 4. play → to play
5. to play → play[playing] 6. winning → (to) win

B ① although ② Even if ③ of
Self-check 1. ×, Despite the rain 또는 Although it was raining [rainy]
2. ×, Although it is dangerous 3. ○ 4. ○
5. ○ 6. ×, although they tried their best

A Self-check

1 해석 너는 왜 그런 말을 하는 거니?
해설 사역동사 make의 목적격 보어로 동사원형을 써야 하므로 to say가 아니라 say로 써야 한다.

2 해석 그녀는 내가 그녀의 컴퓨터를 사용하게 하지 않았다.
해설 사역동사 let의 목적격 보어로 동사원형을 써야 하므로 using이 아니라 use로 써야 한다.

3 해석 날씨가 그들을 집에 머물러 있게 했다.
해설 사역동사 have의 목적격 보어로 동사원형을 써야 하므로 to stay가 아니라 stay로 써야 한다.

4 해석 그는 우리가 빗속에서 축구하기를 원하니?
해설 동사 want는 「want + 목적어 + to부정사」의 형태로 써야 하므로 play가 아니라 to play로 써야 한다.

5 해석 그 소년들은 사람들이 음악을 연주하는 것을 들을

수 없었다.
해설 지각동사 hear는 「hear + 목적어 + 동사원형/현재분사」의 형태로 써야 하므로 to play가 아니라 play[playing]으로 써야 한다.

6 해석 그의 용기는 그들이 결승전에서 승리하게 도왔다.
해설 준사역동사 help는 「help + 목적어 + (to)부정사」의 형태로 써야 하므로 winning이 아니라 (to) win으로 써야 한다.

B Self-check

1 해석 비가 내렸음에도 불구하고, 아이들은 밖에서 놀고 있었다.
해설 접속사 Although는 완전한 문장과 문장을 이어주므로, Although the rain이 아니라 Although it was raining[rainy]로 주어와 동사를 모두 써야 한다. 만약 명사를 그대로 쓰고자 한다면 Although 대신 전치사 Despite를 쓰면 된다.

2 해석 비록 그것이 위험할지라도, 나는 한번 시도해 볼 것이다.
해설 주어와 동사가 모두 있으므로 In spite of가 아니라 Although를 써야 한다.

3 해석 우리는 그가 멀리 있었음에도 불구하고 그의 도움을 원했다.

4 해석 대단한 성공에도 불구하고, 작은 문제가 하나 있다.

5 해석 비록 그가 그렇게 말했을지라도 너는 그를 믿을 필요가 없다.

6 해석 그들은 최선을 다했음에도 불구하고 준결승전에서 이기지 못했다.
해설 although 뒤에 주어와 동사를 모두 써야 하므로 주어 they를 써서 although they tried their best로 써야 한다.